莊子

外篇

莊子 外篇

장자(莊子) 지음 · 오현중 옮김

홍익

《장자》 외편 해제

　《장자》 내편에서는 여러 각도에서 《장자》 내편과 외·잡편 간의 차이를 고찰해 보았다. '《장자》 내편이 장주라는 인물의 단독 저술인가?'라는 문제에 대해서는 확답을 내리기가 힘들지만, 《장자》 외·잡편을 놓고 말하자면 대다수 학자의 답변이 '그렇지 않다'로 수렴될 것이다. 그만큼 《장자》 외·잡편은 구성과 내용이 복잡하며, 사상적 일관성이 부족한 대신 그만큼 풍부한 사상 자원을 담고 있다. 그렇다고 해서 《장자》 외·잡편이 그야말로 아무런 연관도 가치도 찾아볼 수 없는 '잡다한' 내용으로만 이루어진 것은 결코 아니다.

　대표적으로 《장자》 외·잡편의 중요한 한 부분을 차지하는 '황로학'을 예로 들어 설명할 수 있다. 황로학이란 노자와 장자를 비롯한 도가철학이 후대에 변용을 거듭하며 형성해낸 하나의 거대한 학풍으로 황제(黃帝)와 노자(老子)를 숭상하는 학문이라는 의미가 있다. 간단히 말해, 황로학은 도가의 '후예'인 셈이다. 그런데 문제는 황로학이 도가 사상을 그 중심에 두고 있었다고는 하나 당시 유행하던 음양가, 법가, 심지어는 도가와 대립각을 세우던 유가 사상까지도 다양하게 받아들여 한데 융합하였다는 점이다. 이런 면에서 황로학은 필연적으로 잡가적 성격을 나타낼 수밖에 없다. 황로학 자체도 하나의 고정된 학파였다기보다 당시 학풍을 보여주는 일종의 '현상'이었다고 보는 편이 더 정확할 것이다.

　그렇다면 《장자》 외·잡편에 풍부하게 포함되어 있다고 여겨지는 황로 사상은 어떻게 이해해야 하는가? 이미 황로학이 노장 사상의 '후예'라고 하였는데, 순수한 장자의 후학과 황로학을 다시 구분할 수 있을까? 이런 방식으로 문제를 거슬러 올라가다 보면, 결국 이 문제가 순수한 《장자》는 어떤 모습인가 하는 문제와 맞닿아 있음을 발견하게 된다. 앞선 해제에서도 밝혔듯, 독자가 이 문제에 지나치게 천착하지 않기를 바라는 것이 필자의 솔직한 마음이다. 이 문제는 세밀하게 살펴 따지기도 어려울뿐더러, 《장자》를 장주라는 한 불멸의 영웅이 남긴 기록으로 읽어야 할 이유가 없는 한 큰 의미를 지니지 못하기 때문이다.

철학은 시공간을 초월하는 추상의 산물이라는 점에서 기타 대다수 학문과 구별된다. 하지만 동시에 그 어떤 철학 사상도 우리가 사는 시공간을 완전히 벗어난 채 살아 숨 쉴 수 없다. 《장자》 또한 마찬가지다. 《장자》는 전국시대 중·말기를 살았던 장자와 그 후학들 손에서 공동으로 집필된 저작이다. 따라서 《장자》는 장주라는 한 인간의 초월적 지혜도 담고 있지만, 이를 추종하고 계승하고자 했던 사람들, 나아가 그들의 사상이 시대와 만나며 함께 교류하고 대화했던 흔적들까지도 여실히 담아내고 있다. 《장자》 외·잡편은 그러한 기록의 결정체다. 이를 읽는다는 것은 바로 그 시대와 세계를 읽는다는 의미다.

외편은 〈병무〉편부터 〈지북유〉편까지 총 15편으로 이루어져 있다. 내편과 외·잡편은 여러 측면에서 명확히 구별되지만, 외편과 잡편 사이에는 서로를 구분해 주는 뚜렷한 특징이 발견되지 않으므로 당시 사람들의 편집 의도를 추론할 방법이 없다. 내편의 경우 각 편의 내용이 비교적 뚜렷한 하나의 주제를 담고 있으며, 이러한 경향은 내편의 편명에 잘 드러나 있다. 반면 외·잡편의 편명은 글 첫머리를 그대로 가져왔거나 첫 부분의 핵심 키워드를 추출하여 지은 것이 대부분이다. 이러한 사실은 외·잡편 각 편의 내용을 하나의 주제로 요약하기 까다롭다는 사실을 방증한다. 외·잡편의 전반적인 내용을 살펴보면 다음과 같이 정리할 수 있다.

첫째, 인위와 자연을 구분한 뒤 인위를 배척하고 자연에 순응할 것을 주장한다. 둘째, 태초의 상태, 즉 무(無)의 상태를 참되고 근본적인 것으로 여기며 이러한 상태로 돌아가야 함을 말한다. 셋째, 청정(淸靜)·허무(虛無)·무위(無爲) 등의 원칙을 강조한다. 넷째, 유가로 대표되는 당시 주류 사상의 해악을 비판한다. 다섯째, 인간의 언어와 지식의 한계를 지적하고 이와 대비되는 도의 경지를 추구한다.

한 가지 주목할 점은 위와 같은 내용이 단순히 추상적이고 현학적인 차원에서 서술되지 않고 '도와 우주'라는 측면, '정치와 사회'라는 측면, '인간의 내면'이라는 측면에서 다양하게 전개되고 있다는 것이다. 다시 말해, 이는 세계에 대한 장자의 인식을 보여주는 것이기도 하고, 당시 현실 사회에 대한 장자의 인식을 반영하는 것이기도 하며, 인간과 인간의 정신세계에 대한 장자의 태도를 나타내 주는 것이기도 하다. 이 책을 읽을 독자들 역시 한 가지 고정된 시각이 아니라 다양한 각도에서 장자의 말을 곱씹어 보는 자세가 필요할 것이다.

莊子
外篇

일러두기

· 번역문의 기호 중 《 》, ?, !는 원문에서 쓰지 않았으나 이해를 돕고자 넣었다.

제1편

병무 駢拇

1

네 발가락과 육손이는 본성이 그러한 것이겠는가? 이는 가져야 할 것보다 더 많이 가진 것이다. 혹이나 사마귀가 본래 형체에 자라나야 할 것이겠는가? 이는 본성을 넘어선 것이다.

이처럼 인의라는 불필요한 도덕을 우리 몸에 있는 오장육부에 비교할 수 있겠는가? 이는 올바른 도덕이 아니다. 마치 네 발가락이 발가락 사이에 쓸데없는 군살을 가지고 있고, 육손이가 쓸데없는 손가락을 하나 더 가지고 있는 것과 같은 이치로, 오장육부의 본래 모습을 넘어선 것이니 인의라는 치우친 행위에 몰두하는 것은 하찮은 꾀를 남용하는 것에 불과하다.

예를 들어, 눈의 밝음을 남용하는 사람은 오색찬란함에 의해 눈이 어지러워지고 아름다운 무늬에 빠져들게 된다. 형형색색의 예복에 현혹되는 것이 그런 사례가 아니겠는가? 눈 밝기로 유명했던 이주가 바로 이러한 자이다. 귀가 밝음을 남용하는 사람은 온갖 다양한 소리에 의해 귀가 어지러워지고 화려한 가락에 마음을 빼앗기게 된다. 종, 편경, 거문고, 피리와 같은 악기와 황종, 대려와 같은 선율이 바로 그런 사례가 아니겠는가? 귀 밝기로 유명했던 사광이 바로 이러한 자이다. 불필요한 인의와 같은 도덕을 주장하는 사람은 인간의 타고난 성질은 덮어둔 채 덕행을 뽐내면서 명예를 얻고자 한다. 천하가 온통 떠들썩하도록 사람들에게 도저히 따를 수 없는 법도를 강요하는 것이 그런 사례가 아니겠는가? 증삼이나 사추가 바로 이러한 자들이다. 쓸데없는 변론을 일삼는 사람들은 마치 기왓장을 첩첩이 쌓아 올리거나 밧줄에 매듭을 묶듯이 덧붙이고 꼬아가며 말을 꾸며대며, '견백론'이니 '동이론'이니 하는 궤변에 마음을 빼앗긴다. 일시적인 명성을 위해 정신을 어지럽게 만들고, 쓸모없는 주장만을 고집하는 꼴이 아니겠는가? 양주나 묵적이 바로 이러한 자들이다.

그러므로 지금까지 말한 이 모든 것은 쓸데없이 군더더기를 만들어 내는 일들이므로 세상의 올바른 도리라고 볼 수 없다. 올바른 도리란 바로 자신이 타고난 그대로의 상태를 잃어버리지 않는 것이다. 따라서 발가락이 붙어서 태어났다고 해서 이를 잘못 뭉쳐진 것이라고 볼 수 없고, 손가락이 여섯 개여도 여분의 것이라고 볼 수 없다. 긴 것은 남는 것이 아니며, 짧은 것을 부족한 것이 아니다. 따라서 물오리의 다리가 짧다고 해서 그것을 뽑아 길게 만들어 버리면 더욱 괴롭고, 두루미의 다리가 길다고 해서 그것을 자르면 고통스러운 것과 같다. 원래부터 긴 것을 잘라서는 안 되고, 원래부터 짧은 것을 이어 붙여도 안 된다. 이를 근심하고 걱정할 이유가 하나도 없는 것이다.

내가 볼 때, 인의(仁義)란 인간의 타고난 성질이 아닌데, 세상의 인자(仁者)들은 세상에 인의가 행해지지 않는다고 왜 다들 그렇게 근심을 해대는 것인가? 붙은 발가락을 억지로 갈라버리면 아파서 울 것이고, 여섯 개 달린 손가락 가운데 한 개를 잘라내면 아파서 소리칠 것이다. 이 두

가지 경우는 한쪽은 모자라는 경우고 한쪽은 남는 경우지만 이를 억지로 바로잡으려고 할 때의 괴로움은 매한가지다.

그런데 지금 세상의 인자(仁者)들은 어리석게도 세상일을 자기 일처럼 걱정한다. 반면 불인한 자들은 타고난 성질을 잃어버리고 부귀영화만을 탐한다. 이런 모습을 보면 인의(仁義)라는 도덕은 결코 인간의 자연스러운 모습이라고 할 수 없다. 과거 하나라·은나라·주나라 삼대 왕조에서 인의의 도덕을 강조하기 시작한 이후로 천하가 얼마나 시끄러워졌던가?

駢拇枝指, 出乎性哉! 而侈於德. 附贅縣疣, 出乎形哉! 而侈於性. 多方乎仁義而用之者, 列於五藏哉! 而非道德之正也. 是故駢於足者, 連無用之肉也. 枝於手者, 樹無用之指也. 多方駢枝於五藏之情者, 淫僻於仁義之行, 而多方於聰明之用也. 是故駢於明者, 亂五色, 淫文章, 靑黃黼黻之煌煌非乎? 而離朱是已. 多於聰者, 亂五聲, 淫六律, 金石. 絲竹, 黃鐘. 大呂之聲非乎? 而師曠是已. 枝於仁者, 擢德塞性以收名聲, 使天下簧鼓以奉不及之法非乎? 而曾. 史是已. 駢於辯者, 累瓦結繩竄句, 遊心於堅白同異之間, 而敝跬譽無用之言非乎? 而楊. 墨是已. 故此皆多駢旁枝之道, 非天下之至正也. 彼至正者, 不失其性命之情. 故合者不爲駢, 而枝者不爲跂. 長者不爲有餘, 短者不爲不足. 是故鳧脛雖短, 續之則憂. 鶴脛雖長, 斷之則悲. 故性長非所斷, 性短非所續, 無所去憂也. 意仁義其非人情乎! 彼仁人何其多憂也? 且夫駢於拇者, 決之則泣. 枝於手者, 齕之則啼. 二者或有餘於數, 或不足於數, 其於憂一也. 今世之仁人, 蒿目而憂世之患. 不仁之人, 決性命之情而饕富貴. 故意仁義其非人情乎! 自三代以下者, 天下何其囂囂也?

騈拇(병무) : 병(騈)은 나란히 있다, 무(拇)는 엄지발가락. 엄지발가락과 검지발가락이 서로 붙어 있는 것을 말한다. 발가락 사이에는 살이 비어 있어야 하는데, 살로 차 있어서 붙어 있으므로 군더더기 살이 있다고 말한 것이다.

枝指(지지) : 지(枝)는 가지, 지(指)는 손가락. 손가락이 여섯 개로 태어난 것을 말한다.

贅(췌) : 혹

疣(우) : 혹

侈(치) : 많다

淫僻(음벽) : 지나치게 빠지다

黼黻(보불) : 여러 가지 색깔로 수놓아 화려하게 만든 예복

煌煌(황황) : 화려하게 빛나는 모양을 표현하는 의태어

離朱(이주) : 옛날에 눈이 밝았던 것으로 유명한 사람의 이름

五聲(오성) : 궁(宮)·상(商)·각(角)·치(緻)·우(羽)라고 하는 중국에서 사용한 음이름

六律(육률) : 황종(黃鍾)·태주(太簇)·고선(姑洗)·유빈(蕤賓)·이칙(夷則)·무역(無射)이라는 중국에서 사용한 가락의 이름

金(금)·石(석)·絲(사)·竹(죽) : 종, 편경, 거문고, 피리

黃鐘(황종) : 여섯 가락 가운데 하나

大呂(대려) : 열두 가락 가운데 하나

師曠(사광) : 옛날 음악에 뛰어났던 것으로 유명한 사람의 이름

擢(탁) : 뽑다

塞(색) : 막다

簧鼓(황고) : 피리와 북. 여기에서는 시끄러운 소리를 말한다.

曾史(증사) : 공자의 제자인 증삼과 위나라 대신인 사추를 말한다. 유가 사상에
     뛰어났던 사람들이다.

累(루) : 쌓다

瓦(와) : 기와

結(결) : 묶다

繩(승) : 밧줄

竄(찬) : 고치다

堅白同異(견백동이) : 견백론, 동이론이라고 하는 명가 학파의 이론. 여기에서는
     궤변을 뜻한다.

敝(폐) : 피폐하다

跬(규) : 발걸음

譽(예) : 명예

楊墨(양묵) : 양주와 묵적. 옛날의 유명한 사상가의 이름

鳧(부) : 물오리

脛(경) : 정강이, 종아리

續(속) : 이어 붙이다

鶴(학) : 학

齕(흘) : 씹다, 깨물다

饕(도) : 탐하다

三代(삼대) : 고대 중국의 하나라, 은나라, 주나라. 유가 사상의 시초로 불린다.

囂囂(효효) : 야단스럽게 떠드는 소리를 표현하는 의성어

해설

장자가 인위를 본격적으로 비판하고 있다. 장자는 인간이 본래 타고난 바를 긍정하고, 타고난 바에 어긋나는 인위적인 것들을 비판한다. 특히 당시 사상가들이 장자의 주된 비판의 대상이 된다. 유가에서는 인의라는 도덕을 강조하는데, 이는 장자가 보기에 인간의 본성에 어긋나는 규범이다. 본래부터 가지고 태어난 것이라면 남들과는 다르게 손가락을 여섯 개 가지고 태어났다고 해도 문제 될 것은 없다. 이 역시 자연스러운 것이기 때문이다. 하지만 유가에서는 원래부터 있지도 않은 도덕을 주장하면서 원래부터 가지고 있는 것을 버리고자 한다. 오리의 다리가 짧다고 해서 그것을 길게 늘리고 학의 다리가 길다고 해서 그것을 잘라버리면 어떻게 되겠는가?

2

갈고리, 먹줄, 그림쇠, 곱자를 가지고 모양을 바로잡으려 하는 것은 사물의 본성을 해치는 일과 같다. 밧줄, 끈, 아교, 옻칠로 사물을 고정하려고 하는 것은 사물 본래의 습성을 어기는 것과 같다. 예악에 따라 거동하고 인의를 권면하며 사람들의 마음을 어루만지고자 하는 것은 참된 본성을 어기는 일이다. 천하의 모든 사물에는 참된 본성이 있다. 참된 본성이란 다음과 같은 것을 말한다. 갈고리에 의해서 굽어진 것이 아니라 원래 굽어 있는 것, 먹줄에 의해서 곧게 된 것이 아니라 원래 곧았던 것, 그림쇠에 의해 둥글게 된 것이 아니라 원래 둥글었던 것, 곱자에 의해 네모지게 된 것이 아니라 원래 네모졌던 것, 풀이나 옻칠로 달라붙게 된 것이 아니라 원래 달라붙어 있던 것, 밧줄에 의해 묶이게 된 것이 아니라 원래 묶여 있던 것 등이 바로 그것이다.

따라서 천하의 사물은 스르륵 하고 저절로 생겨나지만 왜 생겨나는지는 그 누구도 모른다. 그 사물들이 생겨나면 제각각의 성질을 갖게 되지만, 왜 그런 성질을 갖는지는 아무도 모른다. 이러한 성질은 예나 지금이나 다를 바가 없이 항상 일정하니, 함부로 이를 손상시켜서는 안 된다. 그런데도 마치 풀이나 아교, 끈이나 밧줄로 옭아매듯 억지로 인의를 따라야 하겠는가? 이는 천하를 어지럽히는 짓이 분명하다! 작게는 방향을 헷갈리게 만드는 정도이지만, 크게는 본성을 뒤바꾸어 버리고 만다.

왜 그렇다고 할 수 있을까? 옛날의 유우씨가 인의를 내세우면서 천하를 어지럽힌 뒤로 천하의 모든 사람이 인의에 목숨을 걸게 되었다. 인의가 바로 살고자 하는 인간의 본성을 뒤바꾸어 놓은 것이라 할 수 있지 않겠는가?

且夫待鉤繩規矩而正者, 是削其性. 待繩約膠漆而固者, 是侵其德也. 屈折禮樂, 呴兪仁義, 以慰天下之心者, 此失其常然也. 天下有常然. 常然者, 曲者不以鉤, 直者不以繩, 圓者不以規, 方者不以矩, 附離不以膠漆, 約束不以纆索. 故天下誘然皆生, 而不知其所以生. 同焉皆得, 而不知其所以得. 故古今不二, 不可虧也. 則仁義又奚連連如膠漆纆索, 而遊乎道德之間爲哉? 使天下惑也! 夫小惑易方, 大惑易性. 何以知其然邪? 自虞氏招仁義以撓天下也, 天下莫不奔命於仁義, 是非以仁義易其性與?

鉤繩規矩(구승규구) : 갈고리, 먹줄, 그림쇠, 곱자. 모양을 그리는 도구다. 여기에서는 억지로 인간의 성질을 바꾸어 버리는 인위적인 제도나 도덕을 가리킨다.

繩約膠漆(승악교칠) : 밧줄, 끈, 아교, 옻칠. 역시 억지로 인간의 성질을 바꾸어
　　　버리는 인위적인 제도나 도덕을 말한다.

侵(침) : 어기다, 침범하다

屈折(굴절) : 구부리다

慰(위) : 위로하다

圓(원) : 둥글다

方(방) : 네모지다

約束(약속) : 줄로 묶다

連連(연연) : 이어져 있다

虞氏(우씨) : 순(舜)임금

奔命(분명) : 목숨을 걸다

해설

갈고리, 그림자, 밧줄, 아교와 같은 것들은 모양을 만들고 고정하는 도구다.
장자는 인간의 타고난 성질과 인위적인 제도나 도덕 간의 관계를 위와 같
은 도구를 가지고 비유적으로 설명하고 있다. 인간이 타고난 모습은 하나
가 아니고 사람마다 전부 다른데, 똑같은 모습을 만들어 내기 위한 도구로
인간을 대하면 문제가 생긴다는 것이다. 특히 유가의 도덕이 바로 그런 것
에 속한다. 장자는 도덕규범, 예절 등으로 인간의 행동을 억제해서는 안 된
다고 말하고 있다.

3

여기에 대해 시험 삼아 한번 말해보겠다. 하나라·은나라·주나라의 삼대 왕조 이후로, 천하에 외부의 사물을 기준으로 자신의 본성을 바꾸어 버리지 않은 사람이 없게 되었다. 서민들은 목숨을 걸고 이익을 따라가고, 선비들은 목숨을 걸고 명성을 따라간다. 귀족들은 목숨을 걸고 자신의 가문을 일으켜 세우고자 하고, 임금은 목숨을 걸고 천하를 차지하고자 한다. 따라서 이 여러 종류의 사람들은 각기 하는 일도 다르고 불리는 이름도 다르지만, 자신의 타고난 성질을 버리고 목숨을 바쳐 일을 이루고자 한다는 점에서는 모두 같다.

이렇게 비유할 수 있다. 어느 하인 둘이 함께 양을 치러 갔다가 양을 전부 잃어버리고 말했다. 그중 한 명에게 그사이에 무엇을 하고 있었는지 물었더니 책을 읽고 있었다고 대답했다. 다른 한 명에게도 같은 질문을 던졌는데, 그는 주사위 놀이를 하고 있었다고 대답했다. 두 사람이 한 일은 서로 다르지만, 결과적으로 양을 잃어버렸다는 점에서는 같다.

옛날 백이는 명예를 지키다가 수양산에서 죽었고, 도척은 이익을 좇다가 동릉산에서 죽었다. 이 두 사람이 죽은 까닭은 비록 다르지만, 자신의 목숨을 잃고 본성을 상하게 했다는 점에서는 같다. 그런데 사람들은 왜 백이는 훌륭하다고 말하고 도척은 나쁘다고 말하는 것인가!

세상 모든 사람은 다 자신의 목숨을 바쳐서 일에 몰두한다. 그런데 사람들은 도덕을 지키기 위해 목숨을 바치는 사람은 '군자'라고 하면서 존경하고, 재물을 위해 목숨을 바치는 사람은 '소인'이라고 하면서 무시한다. 그 둘은 모두 자신의 목숨을 걸었다는 점에서 같은 자들인데도 한쪽은 군자라 하고, 한쪽은 소인이라 한다. 목숨을 잃고 본성을 다치게 한다는 점에서 도척과 백이는 매한가지다. 그런데 어떻게 군자와 소인을 구분할 수 있겠는가?

　인간의 타고난 성질을 인의에 얽매이게 하는 사람은 증삼과 사추만큼이나 인의에 통달했다고 하더라도 내가 훌륭하다고 여기는 사람이 아니다. 인간의 타고난 성질을 갖가지 맛에 얽매이게 하는 사람은 유아(俞兒)만큼이나 통달했다고 하더라도 내가 훌륭하다고 여기는 사람이 아니다. 인간의 타고난 성질을 갖가지 소리에 얽매이게 하는 사람은 사광(師曠)만큼이나 소리에 통달했다고 하더라도 내가 생각하는 귀 밝음과는 거리가 멀다. 인간의 타고난 성질을 갖가지 색깔과 모습에 얽매이게 하는 사람은 이주(離朱)만큼이나 색깔에 통달했다고 하더라도 내가 생각하는 눈 밝음과는 거리가 멀다.

　내가 훌륭하다고 하는 것은 인의가 아니라 자신이 타고난 성정에 충실한 것을 말한다. 내가 귀가 밝다고 말하는 것은 외부의 소리가 아닌 자신의 소리를 잘 듣는 것을 의미한다. 내가 눈이 밝다고 말하는 것은 외부의 모습이 아닌 자신의 모습을 잘 보는 것을 의미한다. 자신의 모습을 보려 하지 않고 외부의 모습을 보려 하거나, 자신이 가지고 태어난 것에 만족하지 않고 다른 것을 더 얻고자 하는 사람은 남의 것을 얻고자 하는 사람이지, 자신의 것을 얻고자 하는 사람이 아니며, 남에게 적합한 것을 추구하는 사람이지, 자신에게 적합한 것을 추구하는 사람이 아니다.

　이러한 사람들은 마치 도척과 백이와 같이 모두 본성을 잃고 어긋나버린 사람들이다. 나는 진정한 도와 덕을 앞에 두고 도저히 인의의 절조를 받들거나 치우친 행위를 일삼을 자신이 없다.

　故嘗試論之, 自三代以下者, 天下莫不以物易其性矣. 小人
　則以身殉利, 士則以身殉名, 大夫則以身殉家, 聖人則以身

殉天下. 故此數子者, 事業不同, 名聲異號, 其於傷性以身爲
殉, 一也. 臧與穀, 二人相與牧羊, 而俱亡其羊. 問臧奚事, 則
挾筴讀書. 問穀奚事, 則博塞以遊. 二人者, 事業不同, 其於亡
羊均也. 伯夷死名於首陽之下, 盜跖死利於東陵之上. 二人
者, 所死不同, 其於殘生傷性均也, 奚必伯夷之是而盜跖之非
乎? 天下盡殉也. 彼其所殉仁義也, 則俗謂之君子. 其所殉貨
財也, 則俗謂之小人. 其殉一也, 則有君子焉, 有小人焉. 若其
殘生損性, 則盜跖亦伯夷已, 又惡取君子小人於其間哉? 且
夫屬其性乎仁義者, 雖通如曾史, 非吾所謂臧也. 屬其性於五
味, 雖通如俞兒, 非吾所謂臧也. 屬其性乎五聲, 雖通如師曠,
非吾所謂聰也. 屬其性乎五色, 雖通如離朱, 非吾所謂明也.
吾所謂臧者, 非仁義之謂也, 臧於其德而已矣. 吾所謂臧者,
非所謂仁義之謂也, 任其性命之情而已矣. 吾所謂聰者, 非謂
其聞彼也, 自聞而已矣. 吾所謂明者, 非謂其見彼也, 自見而
已矣. 夫不自見而見彼, 不自得而得彼者, 是得人之得而不自
得其得者也, 適人之適而不自適其適者也. 夫適人之適而不
自適其適, 雖盜跖與伯夷, 是同爲淫僻也. 余愧乎道德, 是以
上不敢爲仁義之操, 而下不敢爲淫僻之行也.

三代(삼대) : 하나라, 은나라, 주나라의 세 왕조를 가리킨다.

聖人(성인) :《장자》에서는 주로 이상적인 인간을 가리키는 데 사용되지만, 여기
　　　　　에서는 임금을 의미한다.

殉(순) : 목숨을 바치다

數子(수자) : 여러 사람

號(호) : 이름, 호칭

臧(장) : 남자 하인

穀(곡) : 어린 종

挾(협) : 끼다

筴(책) : 대나무로 만든 책

博塞(박새) : 도박, 노름

均(균) : 같다

伯夷(백이) : 사람 이름. 주나라 무(武) 임금에게 올바른 일을 주장하다가 받아들
 여지지 않자 수양산으로 들어가 굶어 죽었다.

首陽(수양) : 산 이름. 수양산

盜跖(도척) : 전설적인 도둑의 이름

東陵(동릉) : 현재 산둥성에 있는 타이산을 가리킴

殘(잔) : 해치다

貨財(화재) : 재물

俗(속) : 세속, 세상

屬(속) : 붙이다, 얽매이다

曾(증)·史(사) : 사람 이름. 증삼과 사추를 가리킨다.

俞兒(유아) : 옛날에 미식가로 유명한 사람의 이름

師曠(사광) : 옛날에 귀가 밝은 것으로 유명한 사람의 이름

聰(총) : 귀가 밝다

離朱(이주) : 옛날에 눈이 밝은 것으로 유명한 사람의 이름

適(적) : 즐기다

余(여) : 1인칭 호칭. 나

愧(괴) : 부끄러워하다

淫僻(음벽) : 빠져들다, 치우치다

操(조) : 부리다, 다루다

해설

타고나지 않은 것들을 좇다가 본성을 잃어버린 다양한 사례를 말하고 있다. 예를 들어 백이와 도척을 놓고 보면, 백이는 세상 사람들에게서 도덕적으로 훌륭하다는 평가를 받고 도척은 사람들에게서 도덕적으로 올바르지 못하다는 평가를 받는다. 백이는 인의의 도덕을 중요하게 여겨서 그것에 목숨을 바쳤는데, 도척은 도둑질을 일삼다가 결국 죽음에 이르게 되었기 때문이다.

하지만 장자는 이 둘이 별로 다르지 않다고 생각한다. 자신이 처음부터 가지고 태어나지 않은 것을 추구하여 목숨을 잃게 되었다는 점에서 이들은 서로 같다. 장자가 중요하게 생각하는 것은 태어날 때부터 지니고 있는 본래의 성질들을 잘 보존하고 발휘하는 것이다. 그것만으로도 충분히 도에 이를 수 있다.

제2편

마제 馬蹄

1

　말은 발굽이 있어서 서리나 눈을 밟을 수 있고, 털이 있어서 바람이나 추위를 막을 수 있고, 풀을 뜯고 물을 마시며 발을 높이 치켜들면서 뛰어다니곤 한다. 이것이 말의 참된 본성이다. 비록 높은 누각과 훌륭한 궁궐이 있다고 하더라도 말에게는 아무런 쓸모가 없다. 하지만 백락이 등장해서는 "말을 잘 다룰 수 있노라" 말하면서, 털을 불로 그을리고 갈기를 깎고 발굽을 갈고 인두로 지지고 굴레와 밧줄로 묶어 외양간에 몰아넣으니, 이 과정에서 열에 두셋이 죽어버리고 만다. 다시 말을 굶기고 목마르게 만든 후 달리고 뛰게 하면서 명령을 듣게 만드는데, 앞쪽에서는 재갈이나 굴레가 옭아매고 뒤쪽에서는 채찍이 몰아친다. 여기까지 오게 되면 죽는 말이 절반을 넘어선다.

　이와 비슷하게, 도자기 만드는 장인은 "나는 진흙을 잘 다룬다. 둥근 것은 그림쇠에 딱 들어맞고, 네모난 것은 곱자에 딱 들어맞는다"라고 말하고 목수는 "나는 나무를 잘 다룬다. 굽은 가지는 갈고리에 딱 들어맞고, 곧은 가지는 먹줄에 딱 들어맞는다"라고 말한다. 하지만 진흙이나 나무의 성질이 어떻게 본래부터 그림쇠, 곱자, 갈고리, 먹줄에 들어맞을 수 있겠는가? 그런데도 사람들은 대대손손 이들을 찬양하면서 "백락은 말을 참 잘 다루고, 도공이나 목수는 진흙과 나무를 잘 다룬다" 라고 말하니, 천하를 다스리는 자들의 잘못이 이와 다름이 없다.

馬, 蹄可以踐霜雪, 毛可以禦風寒, 齕草飮水, 翹足而陸. 此馬之眞性也. 雖有義臺路寢, 無所用之. 及至伯樂, 曰:"我善治馬." 燒之剔之, 刻之雒之, 連之以羈馽, 編之以皁棧, 馬之死者十二三矣. 飢之渴之, 馳之驟之, 整之齊之, 前有橛飾之患, 而後有鞭筴之威, 而馬之死者已過半矣. 陶者曰:"我善治埴, 圓者中規, 方者中矩." 匠人曰:"我善治木, 曲者中鉤, 直者應繩." 夫埴木之性, 豈欲中規矩鉤繩哉? 然且世世稱之曰:"伯樂善治馬, 而陶匠善治埴木." 此亦治天下者之過也.

蹄(제) : 발굽

踐(천) : 밟다

霜(상) : 서리

禦(어) : 막다

齕(흘) : 씹다

翹(교) : 들다

臺(대) : 누대, 건물

路寢(노침) : 임금의 처소, 궁궐

伯樂(백락) : 사람 이름. 말을 잘 기르기로 유명한 사람

燒(소) : 불타다, 불태우다

剔(체) : 깎다

刻(각) : 조각하다

雒(락) : 지지다

羈(기) : 굴레

馽(칩) : 다리 묶는 줄

編(편) : 엮다, 잇다

皁棧(조잔) : 말 먹이를 주는 판, 그릇

埴(식) : 진흙

해설

백락은 말을 잘 다루기로 이름 난 사람이다. 백락은 야생의 말을 훈련해서 사람을 잘 따르게 만든다. 그런데 백락이 말을 다루고 훈련하는 과정은 말의 타고난 성질을 억압하는 과정이다. 그러한 과정을 거치면 말은 본성을 잃고 목숨까지 잃게 되는 경우도 있다. 이 이야기는 인위적인 도덕규범과 제도가 인간의 본성에 어떤 해악을 끼치는지를 비유적으로 나타낸다.

2

내 생각에 세상을 잘 다스리는 사람들은 백락과 같이 행동하지 않는다. 저 백성들에게는 일정한 특성이 있다. 베를 짜서 옷을 입고, 밭을 갈아 먹을 것을 구한다. 이런 점을 두고 '공통적인 특성'이라고 말한다. 이는 모두 한결같은 특성이지만 서로 짜고 얻어낸 것이 아니라 타고난 것이다. 그래서 '하늘이 준 것'이라고 말한다.

옛날 덕이 지극히 발휘되던 시대에는 사람들이 유유자적하며 돌아다녔고, 눈에는 총기가 넘쳤다. 이 시절에는 산에 길이 나 있지 않았고, 연못에는 배나 다리가 없었으며, 만물이 경계를 나누지 않고 함께 모여 살았다. 날짐승과 들짐승이 무리를 이루었고, 초목이 마음껏 자라났다. 이 때문에 짐승들을 데리고 함께 다닐 수 있었고, 새 둥지에 올라가 살펴볼 수도 있었다.

이러한 시대에는 짐승들과 함께 살고 만물과 한데 어울렸으므로 사람들도 또한 군자나 소인을 구분하지 않았다. 누구도 지모나 꾀를 사용하지 않아 타고난 성품을 잃는 법이 없었고, 누구도 자신이 갖지 못한 것을 욕망하지 않았기 때문에 소박한 상태를 유지할 수 있었다. 이처럼 소박한 상태를 유지하면 타고난 성질을 지킬 수 있다. 그런데 성인이 등장하여 인(仁)을 권면하고 의(義)를 추구하는 데 급급하였으니, 천하가 혼란에 빠지기 시작했다. 또한, 방탕하게 악(樂)을 실행하고 복잡한 예(禮)를 만들어대니, 천하에 차별과 구분이 생겨나게 되었다.

온전한 통나무를 깎아내지 않고서 어떻게 술통을 만들 수 있으며, 백옥을 망가뜨리지 않고 어떻게 구슬을 만들 수 있겠는가? 마찬가지로 참된 도와 덕을 망가뜨리지 않고 어떻게 인의를 얻을 수 있으며, 타고난 성정에서 벗어나지 않고 어떻게 예악에 맞추어 행동할 수 있겠는가? 오색이 헤쳐 모이지 않고서 어떻게 갖가지 무늬가 있을 수 있으며, 오음이 뒤섞이지 않고 어떻게 음악 체계를 만들 수 있겠는가? 통나무를 상하게 해서 그릇을 만든 것을 목수의 잘못이라고 한다면, 마찬가지로 참된 도덕을 망가뜨린 것은 성인의 잘못이라 할 수 있다.

吾意善治天下者不然. 彼民有常性, 織而衣, 耕而食, 是謂同德. 一而不黨, 命曰天放. 故至德之世, 其行塡塡, 其視顚顚. 當是時也, 山無蹊隧, 澤無舟梁. 萬物群生, 連屬其鄕. 禽獸成群, 草木遂長. 是故禽獸可係羈而遊, 烏鵲之巢可攀援而闚.
夫至德之世, 同與禽獸居, 族與萬物並, 惡乎知君子小人哉!
同乎無知, 其德不離. 同乎無欲, 是謂素樸. 素樸而民性得矣.
及至聖人, 蹩躠為仁, 踶跂為義, 而天下始疑矣. 澶漫為樂, 摘
僻為禮, 而天下始分矣. 故純樸不殘, 孰為犧尊! 白玉不毀,
孰為珪璋! 道德不廢, 安取仁義! 性情不離, 安用禮樂! 五色
不亂, 孰為文采! 五聲不亂, 孰應六律! 夫殘樸以為器, 工匠
之罪也. 毀道德以為仁義, 聖人之過也.

織(직) : 실을 짜다

耕(경) : 밭을 갈다

黨(당) : 무리

放(방) : 놓다, 주다

塡塡(전전) : 유유자적하는 모습을 표현하는 의태어

顚顚(전전) : 밝게 빛나는 모습을 표현하는 의태어

蹊(혜) : 좁은 길

羈(기) : 굴레

烏鵲(오작) : 까마귀와 까치. 여기에서는 날짐승을 가리킨다.

巢(소) : 둥지

攀援(반원) : 매달려 올라가다

闚(규) : 보다

踶跂(제기) : 힘쓰다

澶漫(단만) : 함부로 하다

摘僻(적벽) : 번잡스럽다

純(순) : 순수하다

樸(박) : 통나무

犧尊(희준) : 제사에 쓰이는 술항아리

珪璋(규장) : 옥으로 만든 구슬

해설

말의 본성을 무시한 채 말을 길러서는 안 되는 것처럼 임금이 백성을 다스
릴 때에도 백성들의 본성을 잊어서는 안 된다고 말하고 있다. 장자는 인간
이 본성을 잃고 혼란에 빠지게 된 책임이 성인에게 있다고 생각한다. 여기
에서 말하는 성인이란 유가에서 추종하는 이상적 인간이며, 유가 사상을
가리키는 것으로 보아도 무방하다. 유가에서 여러 가지 도덕을 강조하면
서 인간이 자신의 본성과 다른 삶을 살게 되었다고 보는 것이다.

● 지덕지세(至德之世): 장자가 이상적으로 여긴 사회의 모습. 덕이 지극한
시대라는 뜻으로, 사람들의 타고난 성질이 간섭받지 않고 충분히 발휘될
수 있는 사회를 말한다. 이는 장자의 정치에 대한 사상을 간접적으로 드러
내주는 개념이기도 하다.

3

　말이란 육지에서 풀을 뜯어 먹고 물을 마시며 살아간다. 기쁠 때는 서
로 목을 비벼대고, 화가 나면 서로 등지고 발길질을 한다. 말이 아는 것
은 고작 이 정도다. 그런데 이런 말에게 코뚜레와 멍에를 씌우고 수레를
연결하고 이마에 장식을 달아서 단정하게 만들어 버렸으니, 말은 수레

를 연결하는 끌채를 부러뜨리고, 멍에를 벗어던지고, 차양을 들이받고, 재갈을 뱉고, 고삐를 물어뜯을 줄을 알게 되었다. 단순했던 말에게 지모가 생겨 사람에게 대항할 수 있게 된 것은 백락의 죄라고 할 수 있다.

옛날 혁서씨의 시대 때는 백성이 달리 해야 하는 바가 없이 편안히 거처하였고, 정해진 방향이 없이 자유롭게 돌아다녔다. 그저 음식을 먹고 놀이를 즐겼으며 부른 배를 두드리며 자유롭게 노닐었다. 실로 백성들은 이렇게 편안하고 여유로울 수 있었다. 하지만 성인이 등장해서는 예악의 행위로 사람들의 겉모습을 바로잡으려 했고, 인의를 내걸면서 사람들의 마음을 바로잡으려 했다. 이때부터 백성들은 지모를 사용하면서 서로 끝없이 이익을 다투게 되었으니, 이 모두가 성인의 잘못이다.

夫馬, 陸居則食草飮水, 喜則交頸相靡, 怒則分背相踶. 馬知已此矣. 夫加之以衡扼, 齊之以月題, 而馬知介倪闉扼鷙曼詭銜, 竊轡. 故馬之知而態至盜者, 伯樂之罪也. 夫赫胥氏之時, 民居不知所爲, 行不知所之, 含哺而熙, 鼓腹而遊, 民能以此矣. 及至聖人, 屈折禮樂以匡天下之形, 縣跂仁義以慰天下之心, 而民乃始踶跂好知, 爭歸於利, 不可止也. 此亦聖人之過也.

頸(경) : 목

踶(제) : 발길질하다

衡扼(형액) : 코뚜레와 멍에

倪(예) : 끝

闉(인) : 구부러뜨리다

扼(액) : 멍에

鷙(지) : 사납다

曼(만) : 느리다

詭(궤) : 망가뜨리다

銜(함) : 재갈

竊(절) : 훔치다, 물어뜯다

轡(비) : 고삐

態(태) : 태도

赫胥氏(혁서씨) : 전설의 제왕

含(함) : 입에 머금다

哺(포) : 음식물

熙(희) : 빛나다, 기뻐하다

縣跂(현기) : 내걸다

제3편

거협 胠篋

1

상자를 열고 자루를 뒤지며 궤짝을 헤집는 좀도둑을 막으려면 물건을 줄로 단단히 묶어놓고 자물쇠와 빗장으로 잠가놓아야 한다. 이것이 일반적으로 세상에서 말하는 지혜다. 하지만 큰 도둑이 찾아오면 아예 상자를 짊어지고 궤짝을 통째로 들고 주머니를 등에 멘 채 달아나 버린다. 이때 사람들이 도둑을 막기 위해 묶어둔 줄을 보면 도둑은 오히려 좋아하면서 줄이 풀어져서 떨어지지는 않을지를 걱정한다. 이렇게 본다면 사람들이 말하던 지혜란 큰 도둑을 위해 재물을 모아둔 셈이 되지 않는가?

자, 그렇다면 이렇게 한번 말해보자. 세상에서 말하는 지혜로운 자란 결국 큰 도둑을 위해 물건을 한곳에 단단히 모아두는 자가 아니겠는가? 마찬가지로 세상에서 말하는 성인이란 큰 도둑을 위해 물건을 지키고 있는 자가 아니겠는가? 왜 그런지 사례를 들어보겠다.

옛날 제나라는 이웃 마을이 서로 들여다보면 이웃 마을의 개와 닭의 울음소리를 들을 수 있었다. 이들이 그물을 쳐서 물고기를 잡고 쟁기나 곡괭이로 농사일을 하는 범위는 사방 이천 리에 달했다. 국경 안 곳곳에서는 조상의 제사를 모시는 종묘와 사직을 세우고, 읍(邑)·옥(屋)·주(州)·여(閭)·향(鄕) 등의 마을 행정구역을 나누는 등 성인이 내세운 법도를 충실히 따랐다. 그러다 하루아침에 전성자가 제나라 임금을 죽이고 나라를 훔쳤다.

훔친 것이 나라뿐이었을까? 전성자가 나라를 탈취한 순간, 성인과 지혜로운 자들이 만들어낸 제도와 규범들도 함께 훔친 것이나 다름없었다. 이에 전성자는 도적이라는 불명예를 얻기는 했으나, 정작 자신은 요임금이나 순임금처럼 편안히 제위에 있을 수 있었다. 작은 나라는 감히 전성자가 훔쳐서 세운 나라를 비난하지 못하고, 큰 나라조차 전성자를 감히 처단하지 못했으니, 전성자 이후로 전씨 가문은 대대로 제나라를 차지하였다. 그러니 이는 단지 제나라를 훔친 것이 아니다. 성인과 지혜로운 자들의 제도와 규범까지 훔쳐서 도적인 자신을 지켜낸 것으로 보아야 한다.

세상에서 말하는 지혜로운 자란 결국 큰 도둑을 위해 물건을 한곳에 단단히 모아두는 자가 아니겠는가? 마찬가지로 세상에서 말하는 성인이란 큰 도둑을 위해 물건을 지키고 있는 자가 아니겠는가? 다른 사례를 한번 살펴보자. 옛날 관용봉은 참수를 당했고, 비간은 심장이 쪼개졌고, 장홍은 창자가 뽑혔고, 오자서는 살해당해 장강에 시체가 버려지게 되었다. 이들은 모두 현명한 인물이었으나 끝내 죽임을 피하지는 못했다.

하루는 도척의 부하가 도척에게 이렇게 물었다. "도적에게도 도(道)가 있습니까?"

도척이 말했다. "어디를 가도 도가 없는 곳은 없다. 방 안에 감추어진 보물을 찾아내는 것은 성스러움이요, 먼저 들어가는 것은 용기며, 나중에 나오는 것은 의리이고, 훔칠 수 있을지 없을지를 아는 것은 지혜며,

훔친 물건을 공평하게 나누는 것은 인자함이다. 이 다섯 가지 덕목을 갖추지 않고 위대한 도적이 된다는 것은 있을 수 없는 일이다."

이 말에 비추어볼 때, 선한 자가 성인의 도를 깨닫지 못하면 천하에 자신의 뜻을 세울 수 없듯이, 도척 역시 성인의 도를 얻지 못했다면 천하에 횡행할 수 없었을 것이다. 그런데 천하에 선한 인간은 적고 선하지 않은 인간은 많으므로 성인이 천하를 이롭게 한 일은 적고 천하에 해를 끼친 일은 많다고 할 수 있다.

將為胠篋探囊發匱之盜而為守備, 則必攝緘縢, 固扃鐍, 此世俗之所謂知也. 然而巨盜至, 則負匱揭篋擔囊而趨, 唯恐緘縢扃鐍之不固也. 然則鄉之所謂知者, 不乃為大盜積者也? 故嘗試論之, 世俗之所謂知者, 有不為大盜積者乎? 所謂聖者, 有不為大盜守者乎? 何以知其然邪? 昔者齊國鄰邑相望, 雞狗之音相聞, 罔罟之所布, 耒耨之所刺, 方二千餘里. 闔四竟之內, 所以立宗廟社稷, 治邑屋州閭鄉曲者, 曷嘗不法聖人哉! 然而田成子一旦殺齊君而盜其國. 所盜者豈獨其國邪? 並與其聖知之法而盜之. 故田成子有乎盜賊之名, 而身處堯舜之安, 小國不敢非, 大國不敢誅, 十二世有齊國. 則是不乃竊齊國, 並與其聖知之法, 以守其盜賊之身乎? 嘗試論之, 世俗之所謂至知者, 有不為大盜積者乎? 所謂至聖者, 有不為大盜守者乎? 何以知其然邪? 昔者龍逢斬, 比干剖, 萇弘胣, 子胥靡, 故四子之賢而身不免乎戮. 故盜跖之徒問於跖曰: "盜亦有道乎?" 跖曰: "何適而無有道邪? 夫安意室中之藏, 聖也. 入先, 勇也. 出後, 義也. 知可否, 知也. 分均, 仁也. 五者不

備而能成大盜者, 天下未之有也." 由是觀之, 善人不得聖人
之道不立, 跖不得聖人之道不行. 天下之善人少而不善人多,
則聖人之利天下也少而害天下也多.

肱(거) : 겨드랑이, 열다

篋(협) : 상자

囊(낭) : 주머니

匱(궤) : 상자

備(비) : 준비하다, 갖추다

攝(섭) : 잡아매다

緘縢(함등) : 줄, 끈

固(고) : 단단하게 하다

扃鐍(경휼) : 자물쇠, 빗장

趨(추) : 달아나다

積(적) : 쌓다

鄰(린) : 이웃

罔罟(망고) : 그물

布(포) : 펴다

耒(뢰) : 가래(농기구)

耨(누) : 곡괭이

刺(자) : 찌르다

闔(합) : 온통, 전부

宗廟社稷(종묘사직) : 종묘(宗廟)는 왕을 모시는 사당을 가리키고, 사직(社稷)은 토
　　　　지신과 곡식의 신을 말한다. 둘 다 제사를 지내야 하는 대상을 가리킨다.

邑(읍)·屋(옥)·州(주)·閭(여)·鄕(향) : 행정구역 단위

田成子(전성자) : 제나라의 신하 진항. 임금을 죽이고 제나라를 차지하여 많은
　　　　사람에게서 비난을 받았다.

誅(주) : 베다

竊(절) : 훔치다

龍逢(용봉)·比干(비간)·장홍(萇弘)·자서(子胥) : 사람 이름. 모두 올바른 일을 하다
　　　　죽임을 당했다.

斬(참) : 베다

剖(부) : 가슴을 쪼개다

胣(이) : 창자를 가르다

靡(미) : 쓰러뜨리다, 죽이다

戮(륙) : 도살하다

해설

도둑의 비유를 들어 도덕을 강조하는 성인이 어떻게 하여 인간에게 해를
끼치는지를 설명한다. 우리가 도둑을 막기 위해 상자에 여러 가지 장치를
해둔다고 하자. 그런데 큰 도둑이 들어서 상자를 통째로 가져가 버린다면
우리가 해둔 장치는 오히려 도둑을 돕는 장치가 되어버린다. 이 비유는 온
갖 정의로운 명분을 들어 전쟁을 벌이고 나라를 탈취하는 일이 빈번했던
당시의 세태를 비판하는 의미를 담고 있다. 세상에서 추종하는 각종 도덕
과 규범이 세상의 혼란을 다스리기는커녕 가중하고 있다는 것이다.

2

따라서 옛날에 이런 말이 있다. "입술이 없으면 이가 시리고, 노나라에서 바친 술이 맛이 없어 조나라의 수도 한단이 공격받은 것처럼, 성인이 나타나자 큰 도둑이 따라서 생겨났다."

따라서 성인을 배척하고, 도둑들을 내버려 두어야 천하가 비로소 다스려질 수 있다. 강이 말라버리면 골짜기는 훵하게 드러나고, 언덕이 평평해지면 깊던 연못은 차오르기 마련이다. 마찬가지로 성인이 사라져야 도둑이 발생하지 않아 천하가 평화로워질 수 있다. 하지만 성인이 사라지지 않으면 도둑은 끊이지 않을 것이다. 성인과 같은 사람을 존중하면서 천하를 다스리고자 하는 것은 도둑을 존중하여 그들을 이롭게 하는 것과 같은 일이나 다름이 없다.

예를 들어, 천하를 다스리고자 됫박을 만들어 곡식의 양을 재고자 하면 도둑은 그 됫박을 통째로 훔쳐버릴 것이고, 저울을 만들어 무게를 재려고 하면 도둑은 그 저울을 통째로 훔쳐버릴 것이다. 증서를 만들어 신용을 확인하려고 하면 도둑은 증서를 통째로 훔쳐버릴 것이고, 인의를 만들어 그것으로 사람들을 바로잡으려 하면 도둑은 인의를 통째로 훔쳐버릴 것이다. 왜 그렇게 될 줄 아는가? 허리띠 장식을 훔친 자는 잡혀서 형벌을 받지만, 나라를 훔친 자는 오히려 제후가 된다. 제후의 문하에는 인의가 내걸려 있기 마련인데, 이는 성인이 내세운 인의나 지혜를 훔쳐서 내건 것이 아니겠는가?

따라서 도둑의 방식을 따라 제후라는 이름을 내건 채 인의를 훔치고, 됫박과 저울과 증서를 훔쳐서 이득을 보는 자들은 높은 상으로도 달랠 수 없고, 형벌로도 막을 수 없다. 도척과 같은 도둑의 이익을 크게 만들어 도저히 멈출 수 없게 만든 것은 모두 성인의 잘못이다. 따라서 "물고기는 연못을 벗어나서는 안 되고 나라의 이로운 도구는 사람들에게 보여주어서는 안 된다"라고 말하는 것이다.

저 성인이라는 존재도 세상을 다스리기 위한 하나의 도구와 같으니 천하 사람들에게 드러내 보일 것이 못 된다. 따라서 성인의 지혜를 끊어버려야 큰 도둑이 사라질 것이며, 옥과 구슬을 부숴 버려야 작은 도둑들이 발생하지 않을 것이고, 증서를 파기해야만 백성들이 소박한 마음을 가질 수 있으며, 됫박을 부수고 저울을 깨부숴야 백성들이 다투지 않을 것이고, 세상의 도덕과 제도를 없애야 백성들이 비로소 서로 생각을 토론할 수 있게 된다.

정해진 음률과 악기를 없애버리고 사광의 귀를 막아버려야 천하 사람들이 비로소 밝은 귀를 가지게 될 것이고, 화려한 무늬를 없애고 찬란한 색깔을 흩어버리며 이주의 눈을 아교로 붙여버려야 천하 사람들이 비로소 밝은 눈을 가지게 될 것이고, 갈고리, 먹줄, 그림쇠, 곱자와 같은 도구를 버리고 공수의 손가락을 꺾어버려야만 천하 사람들이 비로소 타고난 재주를 갖게 될 것이다. 그러므로 "훌륭한 기술은 마치 서투른 것처럼 보인다"라는 말이 있는 것이다. 증삼과 사추의 행실을 깎아버리고 양주와 묵적의 입에 재갈을 물리며 인의를 내다버리면 천하 사람들의 덕이 비로소 현묘한 도와 같아질 것이다.

사람들이 자신의 밝은 시력을 속에 감춘다면 천하는 어지럽지 않게 될 것이다. 사람들이 자신의 밝은 청력을 속으로만 간직한다면 천하에 근심거리가 사라질 것이다. 사람들이 지모와 기교를 속으로만 품는다면 천하가 미혹되는 일이 없을 것이다. 사람들이 자신의 덕을 속으로만 갖추어둔다면 천하에 사악함이 사라질 것이다. 증삼, 사추, 양주, 묵적, 사광, 공수, 이주 등은 모두 밖으로 자신의 재능을 드러내고 뽐내면서 천하를 어지럽게 만든 자들이다. 성인의 법도가 쓸모가 없는 것은 바로 이러한 이유 때문이다.

故曰:"脣竭則齒寒, 魯酒薄而邯鄲圍, 聖人生而大盜起." 掊擊聖人, 縱舍盜賊, 而天下始治矣. 夫川竭而谷虛, 丘夷而淵實. 聖人已死, 則大盜不起, 天下平而無故矣. 聖人不死, 大盜不止. 雖重聖人而治天下, 則是重利盜跖也. 為之斗斛以量之, 則並與斗斛而竊之. 為之權衡以稱之, 則並與權衡而竊之. 為之符璽以信之, 則並與符璽而竊之. 為之仁義以矯之, 則並與仁義而竊之. 何以知其然邪? 彼竊鉤者誅, 竊國者為諸侯, 諸侯之門, 而仁義存焉, 則是非竊仁義聖知邪? 故逐於大盜, 揭諸侯, 竊仁義並斗斛權衡符璽之利者, 雖有軒冕之賞弗能勸, 斧鉞之威弗能禁. 此重利盜跖而使不可禁者, 是乃聖人之過也. 故曰:"魚不可脫於淵, 國之利器不可以示人." 彼聖人者, 天下之利器也, 非所以明天下也. 故絕聖棄知, 大盜乃止. 擿玉毀珠, 小盜不起. 焚符破璽, 而民朴鄙. 掊斗折衡, 而民不爭. 殫殘天下之聖法, 而民始可與論議. 擢亂六律, 鑠絕竽瑟, 塞瞽曠之耳, 而天下始人含其聰矣. 滅文章, 散五采, 膠離朱之目, 而天下始人含其明矣. 毀絕鉤繩而棄規矩, 攦工倕之指, 而天下始人有其巧矣. 故曰:"大巧若拙." 削曾. 史之行, 鉗楊. 墨之口, 攘棄仁義, 而天下之德始玄同矣. 彼人含其明, 則天下不鑠矣. 人含其聰, 則天下不累矣. 人含其知, 則天下不惑矣. 人含其德, 則天下不僻矣. 彼曾史楊墨師曠工倕. 離朱, 皆外立其德, 而以燿亂天下者也, 法之所無用也.

脣(순) : 입술

竭(갈) : 없어지다

邯鄲(한단) : 조나라의 수도. 노나라의 술이 맛이 없어지면 조나라의 수도가 포
　　　위된다는 말은 서로 전혀 관련이 없어 보이는 일이 실은 서로 관련지어
　　　일어난다는 뜻이다.

圍(위) : 포위하다

掊擊(부격) : 치다

縱舍(종사) : 내버려 두다

夷(이) : 평평해지다

斗(두) : 곡식 세는 단위. 한 말(약 1.94리터)

斛(곡) : 곡식 세는 단위. 한 말(10두)

竊(절) : 훔치다

權衡(권형) : 저울

稱(칭) : 저울질하다

符璽(부새) : 계약 증서. 신용을 확인하기 위해 쓰이는 도구

矯(교) : 바로잡다

鉤(구) : 갈고리, 띠쇠

誅(주) : 목 베다

門(문) : 가문

揭(게) : 내세우다

軒冕(헌면) : 헌(軒)은 고위 관리가 타던 수레. 면(冕)은 고위 관리가 쓰던 면류관.
　　　높은 벼슬을 의미하는 말로 쓰였다.

斧鉞(부월) : 사형에 쓰이는 도끼. 형벌을 의미하는 말로 쓰였다.

擿(적) : 던지다

毀(훼) : 훼손하다

焚(분) : 태우다

破(파) : 깨뜨리다

鄙(비) : 꾸밈이 없다

掊(부) : 치다

折(절) : 꺾다

殫(탄) : 쓰러뜨리다

殘(잔) : 없애다

擢(탁) : 뽑다

鑠(삭) : 녹이다

竽(우) : 피리

瑟(슬) : 거문고

塞(색) : 막다

瞽曠(고광) : 옛날의 유명한 악사인 사광(師曠)을 가리킴

膠(교) : 풀로 붙이다

離朱(이주) : 눈이 밝은 것으로 유명한 옛 인물

攦(려) : 꺾어 부러뜨리다

工倕(공수) : 옛날의 유명한 목수

拙(졸) : 서툴다

僻(벽) : 치우치다

爍(약) : 미혹시키다

해설

계속해서 도둑의 비유를 들어 현실을 비판하고 있다. 인간이 사용하는 제

도나 규범은 오히려 인간을 해롭게 만든다. 권력을 가진 제후들은 도덕과 정의를 외치면서 전쟁을 일삼는데, 이는 마치 도둑이 성인이 만들어 놓은 규범들을 훔쳐다가 제멋대로 세상에서 사용하는 것과 같은 이치다.

3

지극한 덕이 베풀어졌던 시대를 알지 못하는가? 옛날 용성씨, 대정씨, 백황씨, 중앙씨, 율륙씨, 여축씨, 헌원씨, 혁서씨, 존로씨, 축융씨, 복희씨, 신농씨 등 위대한 제왕이 천하를 다스렸던 시대가 있었다. 이때에는 백성들이 새끼줄을 매듭지어 문자로 사용했고, 자기들이 먹는 음식을 맛있게 여겼으며, 자신들이 입는 옷을 아름답다고 여겼고, 자신들의 풍속을 즐겁게 여겼으며, 자신들이 사는 곳을 편안하게 여겼다. 이웃 나라가 서로 보일 정도로 가까워 닭과 개가 우는 소리가 들릴 정도였지만 백성들은 늙어서 죽을 때까지 서로 오가는 일이 없었다. 이러한 시대야말로 지극히 잘 다스려진 시대라 할 수 있다.

하지만 지금은 백성들이 "어떤 지역에 어진 사람이 있다"라는 말만 목이 빠지라 기다리면서, 식량을 짊어지고 이들을 찾아다니는 실정이다. 안으로는 어버이를 내팽개쳐 두고 밖으로는 임금에 대한 의무를 던져버린 채 다른 나라를 넘나드니, 수천 리 밖으로 수레바퀴 자국이 어지럽게 나 있다. 이 모두가 윗사람이 헛된 지식을 좋아했기 때문이다. 윗사람이 헛된 지식을 좋아하고 도를 무시한다면 천하는 크게 어지러워지게 된다. 어째서 그런 줄을 아는가?

활, 쇠뇌, 새그물, 주살 등의 기구를 사용하는 지식이 많아지면 새는 하늘에서 어지러움에 빠지게 될 것이다. 낚싯바늘, 미끼, 그물, 통발 등의 기구를 사용하는 지식이 많아지면 물고기는 물에서 어지러움에 빠지게 될 것이다. 울타리, 그물, 올가미 등을 사용하는 지식이 많아지면 짐승은 늪에서 어지러움에 빠진다. 거짓된 말, 교활한 말, 왜곡된 말, 견백설과 동이설과 같은 궤변 등이 많아지면, 사람들은 이 궤변에 현혹되고 말 것이다. 이렇게 되면 온 천하가 크게 혼란스러워지는데, 바로 헛된 지식을 좋아했기 때문이라고 할 수 있다.

세상 사람들은 모두 자신이 알지 못하는 것만 추구하고, 자신이 이미 알고 있는 것을 찾으려 하지 않는다. 자신이 좋지 않다고 여기는 것을 비난할 줄만 알지 자신이 좋다고 여기는 것을 비난할 줄은 모른다. 따라서 천하가 크게 어지러워지는 것이다.

따라서 위로는 해와 달의 밝음을 어그러뜨리고 아래로는 산천의 정기를 태워버리고 중간에서는 사계절의 운행을 파괴하여 땅에서 꿈틀거리는 벌레와 날벌레들까지도 모두 그 타고난 성질을 잃어버리지 않는 경우가 없다. 헛된 지식을 좋아함이 이렇게나 천하를 어지럽게 만드는구나! 하·은·주 삼대 이래로 세상은 모두 이렇게 되었다. (군주들은) 순박한 백성들은 버려두고 경박하고 아첨하는 자들만을 좋아하며, 소박한 태도로 무위를 실천하려 하지 않고 어지러운 말로 교화하기를 좋아하니, 이런 떠들썩한 교화가 세상을 혼란스럽게 만들어 버린 것이다.

子獨不知至德之世乎? 昔者容成氏, 大庭氏, 伯皇氏, 中央氏, 栗陸氏, 驪畜氏, 軒轅氏, 赫胥氏, 尊盧氏, 祝融氏, 伏羲氏, 神農氏, 當是時也, 民結繩而用之, 甘其食, 美其服, 樂其俗, 安其居, 鄰國相望, 雞狗之音相聞, 民至老死而不相往來. 若此之時, 則至治已. 今遂至使民延頸舉踵曰: "某所有賢者", 嬴糧而趣之, 則內棄其親而外去其主之事, 足跡接乎諸侯之境, 車軌結乎千里之外, 則是上好知之過也. 上誠好知而無道, 則天下大亂矣. 何以知其然邪? 夫弓, 弩, 畢, 弋, 機變之知多, 則鳥亂於上矣. 鉤餌, 罔, 罟罾笱之知多, 則魚亂於水矣. 削格, 羅落, 罝罦之知多, 則獸亂於澤矣. 知詐漸毒, 頡滑堅白, 解垢同異之變多, 則俗惑於辯矣. 故天下每每大亂, 罪在於好知. 故天下皆知求其所不知而莫知求其所已知者, 皆知非其所不善而莫知非其所已善者, 是以大亂. 故上悖日月之明, 下爍山川之精, 中墮四時之施, 惴耎之蟲, 肖翹之物, 莫不失其性. 甚矣夫好知之亂天下也! 自三代以下者是已. 舍夫種種之民而悅夫役役之佞, 釋夫恬淡無爲而悅夫啍啍之意, 啍啍已亂天下矣.

容成氏(용성씨)·大庭氏(대정씨)·伯皇氏(백황씨)·中央氏(중앙씨)·栗陸氏(율륙씨)·驪畜氏(여축씨)·軒轅氏(헌원씨)·赫胥氏(혁서씨)·尊盧氏(존로씨)·祝融氏(축융씨)·伏羲氏(복희씨)·神農氏(신농씨) : 이상 열두 사람은 모두 고대의 위대한 제왕들이다.

結繩(결승) : 새끼줄을 매듭짓다. 문자를 사용하지 않고 새끼줄을 이용해서 서로 의견을 주고받는다는 뜻이다. 여기에서 문자는 인위적인 제도에 해당하는 것으로 비판되고 있다.

延頸(연경) : 목을 길게 빼다

擧踵(거종) : 발뒤꿈치를 들다

贏糧(영량) : 식량을 짊어지다

趣(취) : 향해 가다

足跡(족적) : 발자취

車軌(차궤) : 수레바퀴 자국

弓(궁) : 활

弩(노) : 쇠뇌

畢(필) : 그물

弋(익) : 주살

機變(기변) : 그물

鉤(구) : 낚싯바늘

餌(이) : 미끼

罔罟罾笱(망고증구) : 크고 작은 그물

削格(소격) : 울타리

羅落(나락) : 그물

罝罘(저부) : 그물

漸毒(점독) : 속임수

頡滑(힐골) : 현란한 말재주

解垢(해구) : 궤변

每每(매매) : 어두운 모양

悖(패) : 어지럽다

精(정) : 미세하다

惴耎(췌연) : 꿈틀거리다

肖翹(초교) : 작고 가볍다

種種(종종) : 순박한 모양

役役(역역) : 어지러운 모양

佞(영) : 말재주

諄諄(순순) : 하찮은 지혜를 부리는 모양

해설

과거 시대는 온갖 인위적인 제도나 도구를 사용하지 않아서 사람들은 순박한 본성을 유지할 수 있었다. 하지만 하·은·주 삼대 왕조 이후로 인간의 타고난 성품을 해치는 여러 제도가 등장하여 사람들이 헛된 것을 쫓게 되었다고 말하고 있다. 이러한 비판은 유가를 겨냥한다. 유가는 하·은·주 삼대 왕조의 예악 문명을 이상적인 것으로 설정하고 이를 회복하는 것을 궁극적인 목표로 삼았기 때문이다.

제4편

재유 在宥

1

천하를 있는 그대로 자유롭게 놓아둔다는 말은 들어봤어도 천하를 다스린다는 말은 들어보지 못했다. 있는 그대로 두는 것은 천하가 타고난 그 본래의 성질을 망칠까 두려워해서고, 자유롭게 놓아두는 것은 천하가 타고난 그 성품을 바꾸어 버릴까 두려워해서다. 천하가 그 본래의 성질을 망가뜨리지 않고, 그 타고난 성품을 바꾸지 않는다면 굳이 천하를 억지로 다스릴 필요가 있겠는가?

옛날 요임금이 천하를 다스렸을 때는 세상 사람들이 떠들썩하게 자신의 본성을 기뻐하도록 만들었는데, 이는 결코 평온한 일이 아니었다. 걸왕이 천하를 다스렸을 때는 사람들이 몸과 마음을 수고롭게 하여 그 본성을 괴롭혔으니, 이는 유쾌한 일이 아니었다.

평온하지 않고 유쾌하지 않은 것은 타고난 덕에 어긋나는 일이다. 타고난 덕에 어긋나면서 오래 유지될 수 있는 것은 세상 어디에도 없다. 사람이 지나치게 기뻐하면 양기에 치우치게 되고, 지나치게 화내게 되면 음기에 치우치게 된다. 음양 어느 한쪽에 치우치다 보면 사계절의 조화로움이 깨진다. 추위와 더위가 균형을 이루지 않아 결국에는 사람의 몸을 상하게 한다. 이렇게 되면 사람들은 기쁨과 분노를 조절하지 못하게 되고 항상 변덕스럽게 행동하게 되며 스스로 생각할 수 없게 되고 결국에는 삶의 균형을 잃어버리고 만다. 이러한 상황 속에서 비로소 천하에 자신의 생각만이 옳다고 여기는 일들이 생겨나게 되었다. 이런 이후로 도척, 증삼, 사추 같은 자들이 나타나게 된 것이다.

이처럼 억지로 선함과 악함을 주장하고 만들어내는 상황이 생기므로, 온 천하를 들어 그의 선함을 칭찬하려고 해도 부족하고, 온 천하를 들어 그의 악함을 벌하려고 해도 부족한 경우가 생겨나게 된다. 천하로도 상과 벌이 부족할 만큼 지나친 상황인 것이다. (하나라·은나라·주나라의) 3대 이후로 나라를 다스리는 사람들은 시끌벅적하게 상을 주고 벌을 주고 하는데, 사람들이 자신의 타고난 성질에 어떻게 편안히 머물러 있을 수 있겠는가?

그런데도 오히려 눈 밝은 것을 좋아한다면 결국 색채에 현혹될 뿐이고, 귀 밝은 것을 좋아한다면 아름다운 음악에 마음이 빠져들게 된다. 인(仁)을 좋아하면 선한 성품을 좇다가 정신이 혼란스러워지며, 의(義)를 좋아하면 올바른 이치를 따지다가 행동이 망가지게 된다. 예(禮)를 좋아하면 기교에 집착하게 되고, 악(樂)을 좋아하면 음란함에 빠져들게 된다.

성인을 좋아하게 되면 세속의 학문에 빠져들고, 지식을 좋아하게 되면 더욱 세상을 차별적으로 바라보게 된다. 천하 모든 것이 만약 각자 타고난 것에 편안히 머무를 수만 있다면, 앞서 말한 여덟 가지 것은 있어도 되고 없어도 된다. 그렇지 않고 만약 천하 모든 것이 각자 타고난 것에 편안히 머무를 수 없다면 이 여덟 가지는 똘똘 뭉쳐 엉킨 채 세상을 어지럽히게 된다. 게다가 세상 사람들은 그것들을 존경하고 아쉬워하기까지 하니, 이보다 더 천하를 혼란스럽게 만들 수가 없다. 그런데 사람들이 어찌 이를 허물로 여기고 순순히 놓아버릴 수 있겠는가? 오로지 삼가 신중하게 이를 떠받들고, 공손히 이를 전수하며, 칭송하고 노래할 따름이다. 그러니 어떻게 할 방법이 없도다!

그러므로 군자가 어쩔 수 없이 천하에 군림하게 된다면, '무위'의 방식으로 천하를 대하는 것이 가장 좋다. '무위'를 실행하면 사람들은 타고난 바에 편안히 처할 수 있게 된다. 따라서 천하를 다스리는 일보다 자신이 타고난 것을 귀하게 여기는 사람이라야 천하를 맡길 만하다. 천하를 다스리는 일보다 자신의 타고난 것을 사랑할 줄 아는 사람이라야 천하를 부탁할 만하다.

따라서 군자가 함부로 욕망을 내세우지 않고 하찮은 능력을 겉으로 드러내지 않을 수 있다면, 죽은 사람처럼 가만히 있어도 용과 같이 보일 것이고, 깊은 연못처럼 조용히 있어도 천둥과 같이 위엄 있게 느껴질 것이다. 그의 정신이 움직이면 온 자연이 따를 것이고, 본래 모습 그대로 머물러 있기만 해도 온갖 사물이 티끌처럼 활발하게 움직일 것이다. 그런데도 천하를 굳이 다스리고자 할 필요가 있겠는가?

聞在宥天下, 不聞治天下也. 在之也者, 恐天下之淫其性也. 宥之也者, 恐天下之遷其德也. 天下不淫其性, 不遷其德, 有治天下者哉! 昔堯之治天下也, 使天下欣欣焉人樂其性, 是不恬也. 桀之治天下也, 使天下瘁瘁焉人苦其性, 是不愉也. 夫不恬不愉, 非德也. 非德也而可長久者, 天下無之. 人大喜邪, 毗於陽. 大怒邪, 毗於陰. 陰陽並毗, 四時不至, 寒暑之和不成, 其反傷人之形乎! 使人喜怒失位, 居處無常, 思慮不自

得, 中道不成章, 於是乎天下始喬詰, 卓鷙, 而後有盜跖曾史
之行. 故舉天下以賞其善者不足, 舉天下以罰其惡者不給, 故
天下之大不足以賞罰. 自三代以下者, 匈匈焉終以賞罰為事,
彼何暇安其性命之情哉! 而且說明邪, 是淫於色也. 說聰邪,
是淫於聲也. 說仁邪, 是亂於德也. 說義邪, 是悖於理也. 說禮
邪, 是相於技也. 說樂邪, 是相於淫也. 說聖邪, 是相於藝也.
說知邪, 是相於疵也. 天下將安其性命之情, 之八者, 存可也.
亡可也. 天下將不安其性命之情, 之八者, 乃始臠卷獊囊而亂
天下也. 而天下乃始尊之惜之, 甚矣天下之惑也! 豈直過也
而去之邪! 乃齊戒以言之, 跪坐以進之, 鼓歌以儛之, 吾若是
何哉! 故君子不得已而臨邪天下. 莫若無為. 無為也, 而後安
其性命之情. 故貴以身於為天下, 則可以託天下. 愛以身於為
天下, 則可以寄天下. 故君子苟能無解其五藏, 無擢其聰明,
尸居而龍見, 淵默而雷聲, 神動而天隨, 從容無為而萬物炊累
焉. 吾又何暇治天下哉!

在宥(재유) : 그대로 놓아둠. 억지로 힘을 가하는 것이 아니라 타고난 모습 그대
　　　　로 둔다는 것을 의미한다.

淫(음) : 빠져들다, 미혹하다

遷(천) : 옮기다, 바꾸다

恬(념) : 편안하고 고요함

瘁瘁焉(췌췌언) : 힘들고 지친 모습을 표현하는 의태어

愉(유) : 자연스러움에서 우러나오는 즐거움

毗(비) : 치우치다, 기울다

四時(사시) : 사계절

至(지) : 이루어지다

寒暑(한서) : 추위와 더위

反(반) : 오히려

中道(중도) : 균형 잡힌 상태

成章(성장) : 잘 완성하다

喬詰(교힐)·卓鷙(탁지) : 뜻과 행위가 평범하지 않음. 즉 자신의 생각이 남보다

　　　뛰어나다고 여기며 독단적으로 주장하는 것을 말한다.

舉(거) : 들다

賞(상) : 상주다, 칭찬하다

罰(벌) : 벌주다

匈匈焉(흉흉언) : 떠들썩한 모습을 표현하는 의성어

暇(가) : 겨를

相(상) : 함께 있다가 자신을 잃어버림

技(기) : 재주, 기술

藝(예) : 세속적인 학문

疵(자) : 결점

之(지) : 대명사(이, 그, 저)

臠卷(연권) : 꽁꽁 얽어 묶음

搶囊(창낭) : 뒤엉켜 혼란스러움

尊(존) : 존중하다

惜(석) : 아쉬워하다

豈直(기직) : 어찌 다만 (~이겠는가?)

齊戒(제계) : 제사를 지낼 때 몸가짐을 조심스럽게 하는 일

跪坐(궤좌) : 꿇어앉다

臨(임) : 군림하다

無爲(무위) : 억지스러운 행위를 일삼지 않음

託(탁) : 맡기다

寄(기) : 맡기다

五藏(오장) : 신체 내부의 다섯 가지 장기. 타고난 신체를 의미한다.

擢(탁) : 제거하다, 뽑아내다

尸(시) : 주검, 시체

炊(취) : 불다

累(루) : 티끌

해설

임금이 정치를 펼 때 어떤 자세를 지녀야 하는지를 말하고 있다. 가장 좋은 것은 있는 그대로 가만히 놓아두고[在宥], 인위적인 작용을 가하지 않는 것[無爲]이다. 장자는 우리가 흔히 생각하는 도덕 가치들이 억지로 만들어낸 것이라고 말한다. 예를 들어, '인자함[仁]'이라는 도덕을 강조하는 순간부터 사람들은 억지로 인자해지고자 노력하면서 자신이 타고난 것들을 잃어버리고 만다. 따라서 장자에 따르면 그저 사람들을 타고난 그대로 긍정하는 것이 가장 중요하다고 할 수 있다.

2

최구가 노담에게 물었다. "천하를 다스리지 않는다면 어떻게 사람들의 마음을 선하게 할 수 있겠습니까?" 노담이 말했다. "자네는 괜히 사람들의 마음을 어지럽히지 않도록 조심하게. 사람들의 마음은 억누르면 가라앉고, 추켜세우면 들뜨기 마련이니, 가라앉고 들뜨기를 반복하는 마음은 감옥에 갇혀 형벌을 당하는 죄수의 마음처럼 편안하지가 않다. 부드럽고 순한 마음의 상태를 유지하면 굳세고 강한 것을 부드럽게 달랠 수 있으나, 마음이 모난 자는 반드시 고난을 겪기 마련이다. 사람의 마음이란 초조할 때는 마치 불같이 타오르고 두려울 때는 마치 얼음처럼 차가워지니 눈 깜짝할 사이에 세상 밖을 오갈 정도로 빠르게 변화하는 법이지. 안정되었을 때는 깊이 침잠하여 고요하지만, 요동칠 때는 곤두박질하거나 솟구쳐 올라 그 오만함을 붙들어 맬 수 없는 것이 바로 사람의 마음인 것이다!"

옛날에 황제가 처음으로 인의라는 도덕을 말하기 시작하면서 사람들의 마음을 흔들어댔다. 그 이후로 요, 순과 같은 임금이 등장해서 다리의 털이 모두 닳아 없어질 정도로 노력하면서 세상 사람들의 몸을 돌보고, 자신의 한 몸을 희생하면서 인의의 도덕을 외치고 다녔으며, 혈기를 괴롭혀대면서 법도를 만들었다. 하지만 여전히 다 감당해내지 못하는 부분이 있었다. 그래서 요임금은 환두를 남쪽의 숭산으로 추방하였고, 삼묘를 서쪽의 삼위 땅으로 몰아냈고, 공공을 북쪽의 유도 지방으로 유배 보냈다. 이것이 다 요임금이 천하를 감당하지 못한 것 아니겠는가?

결국 삼대 왕조에 이르러서는 천하가 크게 흔들리게 되었다. 아래로는 걸 임금, 도척과 같은 악당이 나타났고, 위로는 증삼이나 사추와 같은 인물들이 나타났으며 유가와 묵가 학파가 생겨나게 되었다. 이에 이들을 좋아하거나 싫어하는 사람들이 서로를 의심하게 되었고 어리석은 자와 지혜로운 자가 서로를 속이게 되었으며, 맞다 틀리다 서로 비난하고, 거짓이다 진실이다 서로 헐뜯어 천하가 쇠퇴하게 되었다. 큰 덕은 여러 갈래로 갈라졌으며, 사람들의 타고난 성질은 어지러워졌다. 사람들은 헛된 지식만 좇았고, 백성들은 헛된 욕심을 부리기 시작했다.

이러한 상황에 이르러 자귀나 톱으로 사람을 자르는 형벌이 생겨나게 되었고 밧줄로 사람들을 결박하는 법이 생겼으며 망치와 끌로 사람의 목숨을 끊는 규칙이 생겨 천하가 크게 어지러워졌는데, 이 모든 문제는 사람의 마음을 흔들어댄 것이라 하겠다. 이 때문에 어진 사람들은 높은 산이나 험준한 바위 아래에서 몸을 낮추어 살게 되었고, 만승의 수레를 타는 군주는 조정의 궁궐에서 항상 두려워하며 지내게 되었다.

지금 세상에는 사형당해 죽은 시신들이 서로 베개 삼아 널브러져 있고, 칼을 차고 감옥에 갇힌 죄수들이 서로 밀쳐댈 정도로 넘치는 상황이며 형벌을 당해 죽은 자들이 서로 마주 볼 정도로 많은데, 저 유가와 묵가 학파라고 하는 자들은 이런 상황이 되니 기세등등해서 팔을 걷어붙이고 칼 찬 죄수들 사이에서 분주하게 뛰어다닌다.

아! 참으로 심각하구나, 부끄러움을 모르는 꼴이 참으로 심각하구나! 나는 성인의 지혜가 인간을 억압하는 족쇄가 아니라고 생각해 본 적이 없고, 인의가 인간을 속박하는 수갑이 아니라고 생각해 본 적이 없다. 증삼과 사추가 실은 걸왕과 도척과 같은 부류를 있게 만들었을지 그 누가 알겠는가? 따라서 《노자》에 이르기를 "성인의 지혜를 버려야 천하가 잘 다스려질 수 있다"라고 한 것이다.

崔瞿問於老聃曰: "不治天下, 安藏人心?" 老聃曰: "汝愼無攖
人心. 人心排下而進上, 上下囚殺, 淖約柔乎剛強. 廉劌雕琢,
其熱焦火, 其寒凝冰. 其疾俛仰之間, 而再撫四海之外, 其居
也淵而靜, 其動也縣而天. 僨驕而不可係者, 其唯人心乎!" 昔

者黃帝始以仁義攖人之心. 堯舜於是乎股無胈, 脛無毛, 以養天下之形, 愁其五藏以為仁義, 矜其血氣以規法度. 然猶有不勝也. 堯於是放讙兜於崇山, 投三苗於三峗, 流共工於幽都, 此不勝天下也夫! 施及三王而天下大駭矣. 下有桀跖, 上有曾史, 而儒墨畢起. 於是乎喜怒相疑, 愚知相欺, 善否相非, 誕信相譏, 而天下衰矣. 大德不同, 而性命爛漫矣. 天下好知, 而百姓求竭矣. 於是乎釿鋸制焉, 繩墨殺焉, 椎鑿決焉. 天下脊脊大亂, 罪在攖人心. 故賢者伏處大山嵁巖之下, 而萬乘之君憂慄乎廟堂之上. 今世殊死者相枕也, 桁楊者相推也, 刑戮者相望也, 而儒墨乃始離跂攘臂乎桎梏之間. 意! 甚矣哉! 其無愧而不知恥也甚矣! 吾未知聖知之不為桁楊椄槢也, 仁義之不為桎梏鑿枘也, 焉知曾史之不為桀跖嚆矢也! 故曰: "絶聖棄知而天下大治."

崔瞿(최구) : 가상의 인물. 노담의 제자로 설정되어 있다.

老聃(노담) : 《노자》라는 책을 지었다고 여겨지는 노자(老子)

汝(여) : 너, 2인칭 호칭

慎(신) : 삼가다, 조심하다

排(배) : 밀치다, 물리치다

淖約柔乎剛強(요약유호강강) : 여기에서 호(乎)는 '하다(爲, 위)'의 뜻으로 해석함.
　　　　강한 것을 부드럽고 약하게 만든다는 의미다.

廉劌(염귀) : 날카로운 것으로 파냄

彫琢(조탁) : 깎고 다듬음

焦(초) : 불태우다, 불에 타다

凝(응) : 엉기다, 뭉치다

俛仰(면앙) : 고개를 숙이고 들다

撫(무) : 뒤덮다

僨驕(분교) : 사납게 달리는 모양

係(계) : 매다

股(고) : 넓적다리

胈(발) : 다리 털. '고무발(股無胈)'은 다리의 털이 다 닳도록 열심히 돌아다닌다
    는 뜻이다.

脛(경) : 정강이. '경무모(脛無毛)' 역시 '고무발'과 같은 의미다.

養天下之形(양천하지형) : 세상 사람들이 살아가는 데 물질적 욕구를 만족시켜
    준다는 의미

愁(추) : 근심하다, 걱정하다

矜(긍) : 괴롭히다

讙兜(환두)·三苗(삼묘)·共工(공공) : 요임금의 신하로서 명령에 복종하지 않은
    죄로 벌을 받았다. 요임금이 이들에게 죄를 물으니 그 이후부터는 천하가
    모두 요임금에게 복종하게 되었다.

崇山(숭산) : 남쪽 끝에 있다고 전해지는 산의 이름

三峗(삼위) : 서쪽 끝에 있다고 전해지는 산의 이름

幽都(유도) : 북쪽 끝에 있다고 전해지는 마을의 이름

畢起(필기) : 모두 일어나다, 동시에 생겨나다

誕(탄) : 거짓말, 속이다

爛漫(난만) : 혼란스럽다

竭(갈) : 다하다, 없어지다

釿鋸(근거) : 도끼와 톱

繩墨(승묵) : 밧줄

椎鑿(추착) : 망치와 끌

脊脊(척척) : 혼란스러운 모습

攖(영) : 어지럽다

嵁巖(감암) : 험한 바위

殊死(수사) : 사형시키다

相枕(상침) : 서로 베개로 삼다. 시체가 얽히고 널브러진 모습을 표현하는 말이다.

桁楊(항양) : 죄인에게 씌우는 차꼬와 칼

刑戮(형륙) : 처형시키다

離跂攘臂(이기양비) : 서로 힘을 다투는 모습

桎梏(질곡) : 죄인에게 씌우는 차꼬와 수갑

椄槢(접습)·鑿枘(장부) : 죄인에게 씌운 형틀이 빠져나가지 않도록 고정하는 도구

嚆矢(효시) : 소리 나는 화살. 옛날 전쟁에서는 소리 나는 화살을 쏘아 전쟁의
　　　　　　시작을 알렸다.

해설

인간의 마음을 어지럽게 하는 것들을 비판하고 있다. 인간의 마음은 유혹에 쉽게 흔들리고 어지러워지기 마련이다. 장자는 돈, 권력, 명예와 같은 것뿐만 아니라 도덕, 윤리 역시 인간의 마음을 어지럽게 만든다고 주장한다. '이러저러하게 행동하는 것이 옳다'고 정해져 버리면 사람들은 자신의 타고난 성질과 맞지 않더라도 그것을 따르지 않을 수 없기 때문이다. 그래서 성인의 지혜가 오히려 인간을 괴롭게 만드는 모순을 낳기도 한다.

3

황제(黃帝)가 19년간 천자의 자리에 있으면서 천하에 정사를 시행하였다. 하루는 광성자라는 훌륭한 인물이 공동산(空同山)에 살고 있다는 소문을 듣고 일부러 그를 찾아갔다. 황제가 광성자에게 물었다. "선생이 지극한 도를 깨달았다는 말을 들었습니다. 감히 여쭈어보는데, 대체 지극한 도의 정수란 무엇입니까? 나는 천지자연의 정수를 취하여 곡식의 생장을 돕고 그것으로 백성들을 편안하게 그리고 싶습니다. 또한 나는 음양의 기를 다스려 여러 생명을 이루게 하고 싶은데 어떻게 하면 좋겠습니까?"

광성자가 말했다. "당신이 물으려고 하는 것은 사물의 실질에 해당하지만, 당신이 맡으려고 하는 임무는 사물을 해치는 일이오. 당신이 천하를 다스린 뒤부터 구름이 충분히 모이기도 전에 비가 내리고 풀과 나무는 누렇게 변하기도 전에 떨어졌으며 해와 달의 빛도 점점 어두워졌소. 당신은 그저 가벼운 말로 사람들의 마음을 현혹하기만 하는데, 어찌 당신과 지극한 도에 관해 논할 수 있겠소!"

황제는 그 이야기를 듣고 물러나, 천하를 내버려 두고 독방을 지어 흰 띠풀 자리를 깔고 그 위에서 석 달간 조용히 머물러 지냈다. 그러고는 다시 광성자를 찾아갔다. 광성자는 머리를 남쪽으로 하고 누워 있었는데 황제는 그의 발아래에서 무릎을 꿇은 채로 기어 나아가 두 번 절하고 머리를 숙이고 물었다. "저는 선생께서 지극한 도에 도달했다고 들었습니다. 감히 여쭈어보고 싶습니다. 어떻게 제 몸을 다스려야 장수를 누릴 수 있겠습니까?"

그 말을 듣고 광성자가 벌떡 일어나며 말했다. "좋은 질문입니다. 어서 오시오! 내 그대에게 지극한 도에 대해 말해주겠소. 지극한 도의 정수란 그윽하고 어두운 것이오. 지극한 도의 핵심은 형체도 없고 소리도 없으니 들리지도 않고 보이지도 않는다오. 정신을 고요하게 유지하면 몸은 자연스럽게 올바르게 될 것이니, 반드시 정신을 맑고 고요하게 하고 몸을 수고스럽게 만들지 마시오. 그렇게 되면 장수할 수 있을 것이오. 눈이 사물에 현혹되지 않게 하고, 귀를 소란스럽게 하지 않으며, 마음속에 판단하는 바를 없게 하고, 정신이 형체를 잘 제어하도록 한다면 장수할 수 있을 것이오.

그저 내면을 텅 비운 채 외부에 대한 생각을 삼가시오. 헛된 지식이 많아지면 실패할 것이오. 내가 그대를 도와 저 밝게 빛나는 태양까지 올라가 지극한 양기의 근원에 이를 수 있도록 하겠소. 또한 그대를 도와 저 그윽하고 어두운 문으로 들어가 지극한 음기의 근원에 이를 수 있도록 하겠소. 하늘과 땅은 각자 맡아서 담당하는 것이 있고, 음양의 기운은 또한 각자 깃들 곳이 있는 법이오. 그러니 그대가 자신의 한 몸만 잘 지켜나간다면 만물은 저절로 자라게 될 것이오. 나는 오직 하나의 도를 지켜서 도를 따라 만물과 조화롭게 머무르기만 한다오. 그래서 나는 내 몸을 수양하기만 하여 1,200년이 되었는데도 여전히 몸이 쇠하지 않은 것이라오."

황제가 다시 두 번 절하고 머리를 숙여 물었다. "광성자 선생이야말로 하늘과 같다고 말할 수 있겠습니다!"

광성자가 말했다. "자, 이리 오시오. 내 좀 더 말해주겠소. 저 모든 만물은 끝없이 영원한데 사람들은 다 사물의 끝이 있다고 여긴다오. 또한 저 모든 만물은 무한히 헤아릴 수 없는 것인데 사람들은 다 사물의 한계가 있다고 여긴다오. 나의 도를 얻은 사람은 잘하면 황제가 될 수 있고 못해도 임금이 될 수 있지만, 나의 도를 잃어버린 사람은 잘해봐야 해와 달의 빛을 바라보는 동식물이 될 것이고 못하면 흙덩어리 따위나 될 것이오. 세상에서 번창하는 만물들은 모두 땅에서 나와 땅으로 돌아가오.

나도 이제 그대를 떠나 무궁무진한 문으로 들어가 끝없는 들판에서 노닐고자 하오. 해와 달과 함께 빛나며 천지와 함께 머무를 것이니, 사람들이 나에게로 다가오면 너무 눈부셔서 볼 수 없을 것이고 멀리 떨어져서 보면 어두워서 볼 수 없을 것이오. 사람들은 언젠가는 죽어 사라지기 마련이지만, 나는 여전히 홀로 존재해 있을 것이라오."

黃帝立為天子十九年, 令行天下, 聞廣成子在於空同之上, 故往見之, 曰: "我聞吾子達於至道, 敢問至道之精. 吾欲取天地之精, 以佐五穀, 以養民人. 吾又欲官陰陽, 以遂群生. 為之奈何?" 廣成子曰: "而所欲問者, 物之質也. 而所欲官者, 物之殘也. 自而治天下, 雲氣不待族而雨, 草木不待黃而落, 日月之光益以荒矣. 而佞人之心翦翦者, 又奚足以語至道!" 黃帝退, 捐天下, 築特室, 席白茅, 閒居三月, 復往邀之. 廣成子南首而臥, 黃帝順下風膝行而進, 再拜稽首而問曰: "聞吾子達於至道, 敢問治身奈何而可以長久?" 廣成子蹶然而起, 曰: "善哉問乎! 來! 吾語女至道. 至道之精, 窈窈冥冥. 至道之極, 昏昏默默. 無視無聽, 抱神以靜, 形將自正. 必靜必清, 無勞女形, 無搖女精, 乃可以長生. 目無所見, 耳無所聞, 心無所知, 女神將守形, 形乃長生. 慎女內, 閉女外, 多知為敗. 我為女遂於大明之上矣, 至彼至陽之原也. 為女入於窈冥之門矣, 至彼至陰之原也. 天地有官, 陰陽有藏, 慎守女身, 物將自壯. 我守其一, 以處其和, 故我修身千二百歲矣, 吾形未嘗衰." 黃帝再拜稽首曰:"廣成子之謂天矣!"廣成子曰:"來! 吾語女. 彼其物無窮, 而人皆以為有終. 彼其物無測, 而人皆以為有極. 得吾道者, 上為皇而下為王. 失吾道者, 上見光而下為土. 今夫百昌, 皆生於土而反於土, 故余將去汝, 入無窮之門, 以遊無極之野. 吾與日月參光, 吾與天地為常. 當我, 緡乎! 遠我, 昏乎! 人其盡死, 而我獨存乎!"

廣成子(광성자) : 가상의 인물. 이상적인 경지에 도달한 사람으로 표현되고 있다.

空同(공동) : 가상의 산 이름

官陰陽(관음양) : 자연의 기운을 다스림

荒(황) : 어둡다

佞人(영인) : 말재주가 좋은 사람

翦翦(전전) : 말만 번지르르한 모습

築(축) : 쌓다

白茅(백모) : 흰 띠풀

邀(요) : 요청하다

膝行而進(슬행이진) : 무릎을 꿇은 채로 기어가다

再拜稽首(재배계수) : 머리를 숙여 두 번 절하는 매우 공손한 인사법

蹶然(궐연) : 벌떡 일어나는 모습을 표현하는 의태어

窈窈冥冥(요요명명) : 고요하고 그윽한 모습

昏昏默默(혼혼묵묵) : 어둡고 차분한 모습

無測(무측) : 끝이 없음

百昌(백창) : 번창하는 사물

緡(혼) : 어둡다

해설

올바른 정치에 관하여 이야기하고 있다. 가장 이상적인 정치는 백성들이 타고난 성질을 잘 발휘할 수 있도록 묵묵히 도와주는 것이다. 통치자가 백성들을 잘 다스리려는 마음에 자신의 생각대로 억지로 백성들을 움직이려 해서는 안 된다. '도'가 형체도 없고 소리도 없고 보이지도 않고 들리지도 않는다는 표현은 규정되지 않음, 구별되지 않음 등의 속성을 의미한다. 이러한 의미로부터 한쪽에 치우치지 않고 모든 것을 포용해야 한다는 정치 원칙을 이끌어낼 수 있다.

4

운장이 동쪽으로 놀러 가서 거대한 뽕나무 가지를 지나가다 우연히 홍몽과 만나게 되었다. 홍몽은 넓적다리를 두드리며 껑충껑충 뛰며 노닐고 있었다. 운장이 그를 보고 놀라 멈칫하며 물었다. "노인은 대체 누구십니까? 왜 그렇게 하고 계십니까?" 홍몽이 계속해서 넓적다리를 두드리며 껑충껑충 뛰어 노닐면서 멈추지 않으며 운장에게 대꾸하였다. "그저 마음대로 노닐고 있는 것뿐이다." 운장이 물었다. "제가 여쭙고 싶은 것이 있습니다." 홍몽이 고개를 들고 운장을 쳐다보며 "음?" 하고 되물었다.

운장이 물었다. "하늘의 기운이 조화롭지 못하고 땅의 기운이 막혔으며 자연 현상이 규칙적이지 않으며 사계절의 구분이 사라졌기에 제가 자연의 정수를 모아서 만물을 길러보고자 하는데 어떻게 하면 좋겠습니까?" 홍몽이 여전히 넓적다리를 두드리고 껑충껑충 뛰다가 고개를 이리저리 저으며 말했다. "나는 모른다, 나는 모른다." 운장은 더 물을 수 없었다.

삼 년 후에 운장이 동쪽 땅으로 여행을 떠났는데, 송나라 땅의 들판을 지나다가 다시 홍몽과 만나게 되었다. 운장은 크게 기뻐하여 뛸 듯이 달려가 운장에게 말했다. "하늘과 같은 분이시여, 저를 잊으셨습니까? 하늘과 같은 분이시여, 저를 잊으셨습니까?" 운장이 두 번 절하고 머리를 숙이며 홍몽에게 가르침을 구했다. 홍몽이 말했다. "나는 무엇을 하려고 하는지도 모른 채로 그저 이리저리 떠돌아다닐 뿐이며, 어디로 가려는지도 모른 채로 그저 정신없이 돌아다니는 것이라네. 그저 내키는 대로 노는 사람인지라 무엇을 알고 생각할 시간조차 없고 그저 온갖 만물을 진실하게 바라볼 뿐이라네. 내가 무엇을 알겠나!"

운장이 말했다. "저도 스스로는 내키는 대로 노닐고 있다고 생각하는데, 백성들은 제가 가는 곳을 따라다닙니다. 저도 백성들을 어찌할 수 없어서 백성들을 이끌고 다니는 형편입니다. 한 말씀 부탁드립니다." 홍몽이 말했다. "자연의 섭리를 어지럽히고 만물의 실상을 거스르면 현묘한 자연의 이치가 보전되지 못한다. 그 재앙이 초목과 미물에까지 미쳐 짐승의 무리는 흩어지고 새들은 밤마다 울어댈 것이다. 아! 이 모두가 사람들을 억지로 다스리고자 한 잘못이도다!"

운장이 말했다. "그렇다면 저는 어찌하면 좋겠습니까?" 홍몽이 말했다. "아! 참으로 큰 해를 끼치고 있구나! 얼른 돌아가거라!"

운장이 말했다. "저는 스승님을 쉽게 만날 수 없습니다. 부디 한 말씀 가르쳐주십시오." 홍몽이 말했다. "아! 그저 마음을 잘 기르도록 하라. 그대가 만약 인위적으로 무언가를 하지 않는다면 만물은 저절로 조화를 이루게 될 것이다. 신체를 잊고 총명한 지식을 고집하지 않고 세상의 규범이나 외부의 물질을 잊는다면 도와 하나가 될 수 있을 것이다. 마음을 자유롭게 놓아두고 정신을 풀어놓아 고요하고 무한한 경지에 이르게 되면 만물은 무성하게 자라나서 각자 타고난 근본으로 돌아갈 것이고, 각자 타고난 근본으로 돌아가면서도 왜 그렇게 되는지조차 알지 못할 것이다. 마음을 혼연한 상태로 두고 아무런 사사로운 생각도 하지 말아야 도와 하나가 되어 평생 떨어지지 않을 것이다. 하지만 사사로움이 개입되면 곧 도와 떨어지고 만다. 그대도 아무것도 묻지 말고 억지로 이름을 붙이려고 하지 말며, 그저 타고난 실제 모습 그대로 있게 두어라. 그렇다면 만물은 스스로 자랄 수 있을 것이다."

운장이 말했다. "하늘 같은 스승님께서 제게 덕을 베푸시고 말로는 도저히 표현할 수 없는 진정한 도를 보여주셨습니다. 저는 지금까지 힘겹게 도를 구하고자 했는데, 이제 얻은 듯합니다." 운장은 다시 두 번 절하고 일어나 작별 인사를 전한 뒤 떠나갔다.

雲將東遊, 過扶搖之枝, 而適遭鴻蒙. 鴻蒙方將拊髀雀躍而遊. 雲將見之, 倘然止, 贄然立, 曰:"叟何人邪? 叟何爲此?"鴻蒙拊髀雀躍不輟, 對雲將曰:"遊."雲將曰:"朕願有問也."鴻蒙仰而視雲將曰:"吁!"雲將曰:"天氣不合, 地氣鬱結, 六氣不調, 四時不節. 今我願合六氣之精, 以育群生, 爲之奈何?"鴻蒙拊髀雀躍掉頭曰:"吾弗知, 吾弗知."雲將不得問. 又三年, 東遊, 過有宋之野, 而適遭鴻蒙. 雲將大喜, 行趨而進曰:"天忘朕邪? 天忘朕邪?"再拜稽首, 願聞於鴻蒙. 鴻蒙曰:"浮游不知所求, 猖狂不知所往, 遊者鞅掌, 以觀無妄, 朕又何知!"雲將曰:"朕也自以爲猖狂, 而百姓隨予所往. 朕也不得已於民, 今則民之放也. 願聞一言."鴻蒙曰:"亂天之經, 逆物之情, 玄天弗成. 解獸之群, 而鳥皆夜鳴. 災及草木, 禍及止蟲. 意! 治人之過也!"雲將曰:"然則吾奈何?"鴻蒙曰:"意! 毒哉! 僊僊乎歸矣!"雲將曰:"吾遇天難, 願聞一言."鴻蒙曰:"意! 心養. 汝徒處無為, 而物自化. 墮爾形體, 吐爾聰明. 倫與物忘, 大同乎涬溟. 解心釋神, 莫然無魂. 萬物云云, 各復其根, 各復其根而不知. 渾渾沌沌, 終身不離. 若彼知之, 乃是離之. 無問其名, 無闚其情, 物故自生."雲將曰:"天降朕以德, 示朕以默, 躬身求之, 乃今也得."再拜稽首, 起辭而行.

雲將(운장) : 가상의 인물. 구름을 의인화한 것이다.

扶搖(부요) : 신성한 나무의 이름. 역시 지어낸 이름이다.

適遭(적조) : 우연히 만나다

鴻蒙(홍몽) : 가상의 인물

拊髀雀躍(부비작약) : 넓적다리를 두드리며 껑충껑충 뛰다

倘然(당연) : 깜짝 놀라는 모습을 표현하는 의태어

贄然(지연) : 가만히 멈추어 있는 모습을 표현하는 의태어

輟(철) : 그치다

朕(짐) : 나, 1인칭 호칭

吁(우) : 감탄사

鬱結(울결) : 답답하고 막히다

六氣(육기) : 음과 양[陰陽], 비와 바람[雨風], 어둠과 밝음[暗明]

猖狂(창광) : 정신없이 내키는 대로 함. 인위적인 생각이 없다는 뜻으로 긍정적인
　　　　　의미로 사용되고 있다.

鞅掌(앙장) : 서로 뒤엉켜서 무질서함

毒哉(독재) : 한탄할 때 쓰는 감탄사

僊僊(선선) : 가볍게 올라가는 모습

吐(토) : 막아버리다

涬溟(행명) : 자연의 기운

云云(운운) : 무성하게 자라는 모습

渾渾沌沌(혼혼돈돈) : 모든 것이 뒤섞여 서로 구별할 수 없는 모습

躬身(궁신) : 몸을 굽히다

해설

홍몽과 운장의 이야기를 들어 앞서 살펴본 것과 같이 도와 올바른 정치에 관해 설명하고 있다.

5

세상의 사람들은 모두 다른 사람들이 자신의 의견에 동조해 주는 것을 기뻐하고, 자신의 의견에 반대하는 것을 싫어한다. 다른 사람들이 자신의 의견과 같기를 바라고 다르기를 바라지 않는 이유는 남보다 더 뛰어나고 싶은 마음이 있기 때문이다. 남보다 더 뛰어나고 싶은 마음을 가진 자가 어떻게 남보다 더 뛰어날 수 있겠는가! 자기 생각에 남들이 동조해 주면 편안함을 느끼게 되겠지만, 사실 이는 남들보다 재주가 더 뛰어나다는 것을 말해주지는 않는다.

그런데도 다른 나라를 탐하고자 한다면, 이는 옛날의 삼대 임금이 말한 도덕의 이로움에 눈을 빼앗기고 정작 그 문제는 보지 않는 자들이다. 이는 요행으로 나라를 다스리려고 하는 것이다. 요행으로 나라를 다

스리고 망하지 않은 경우가 과연 얼마나 있겠는가! 그런 식으로 나라를 보존하는 경우는 만분의 일도 안 될 것이다. 하나도 빠짐없이 전부 나라를 잃게 된다.

슬프도다! 영토를 가진 자가 그러한 사실을 모르다니! 영토를 지닌 자는 큰 물건을 지닌 자다. 큰 물건을 지닌 자는 외물에 지배당하지 않아야 한다. 외물에 지배당하지 않아야 비로소 이를 다스릴 수 있다. 외물을 소유하고 다스리는 존재는 외물이 아니라는 이치를 잘 이해한다면, 어찌 천하의 백성을 다스리는 것에 그치겠는가?

세상 모든 일에 자유롭게 출입하며 온 세계를 마음대로 노닐고 다니면서 홀로 가고 홀로 올 것이니, 이런 경지를 홀로 존재한다고 말한다. 이 경지에 다다른 사람을 가리켜 지극히 귀한 사람이라 한다. 위대한 인물의 가르침은 비유하면 마치 형체와 그림자, 소리와 메아리의 관계와 같다. 다른 사람이 질문을 하면 그에 대답하는 데 자신이 생각하는 바를 다해 천하 모든 사람의 질문에 그저 대답을 할 뿐이다.

그는 메아리 없는 고요한 곳에 머물면서 자유자재로 상대방에 따라 변화하면서 사람들을 현묘하고 그윽한 도의 세계로 데리고 간다. 태양과 함께 시간의 흐름조차 초월하며 말과 몸짓은 차별 없는 절대적 경지에 이르러 있다. 도와 하나가 되면서 자신과 타인을 구분하는 편협한 생각을 버린다. 자기 자신조차 없다고 여기는데, 어떻게 정해진 형상에 집착하겠는가? 정해진 형상에 집착하는 자들은 옛날의 군자들이다. 정해진 것이 없는 근원을 파악한 자들은 천지를 벗 삼아 함께 어울린다.

世俗之人, 皆喜人之同乎己, 而惡人之異於己也. 同於己而欲之, 異於己而不欲者, 以出乎衆爲心也. 夫以出於衆爲心者, 曷嘗出乎眾哉! 因眾以寧所聞, 不如眾技眾矣. 而欲為人之國者, 此攬乎三王之利, 而不見其患者也. 此以人之國僥倖也, 幾何僥倖而不喪人之國乎! 其存人之國也, 無萬分之一, 而喪人之國也, 一不成而萬有餘喪矣. 悲夫! 有土者之不知也! 夫有土者, 有大物也. 有大物者, 不可以物物. 而不物, 故能物物. 明乎物物者之非物也, 豈獨治天下百姓而已哉! 出入六合, 遊乎九州, 獨往獨來, 是謂獨有. 獨有之人, 是謂至貴. 大人之教, 若形之於影, 聲之於響. 有問而應之, 盡其所懷, 為天下配. 處乎無響, 行乎無方. 挈汝適復之撓撓, 以遊無端, 出入無旁, 與日無始, 頌論形軀, 合乎大同, 大同而無己. 無己, 惡乎得有有! 睹有者, 昔之君子, 睹無者, 天地之友.

攬(람) : 잡다

僥倖(요행) : 행운

挈(설) : 거느리다, 이끌다

撓撓(요요) : 어지러운 모습

形軀(형구) : 형체, 신체

睹(도) : 보다

해설

사람들은 모두 자신이 남들보다 뛰어나고자 생각하기 때문에 자신의 의견을 내세우고 이것을 다른 사람들이 동조해 주기를 바란다. 따라서 억지로 자신의 주장을 남에게 강요하는 경우가 발생하는 것이다.

6

하찮아도 반드시 그대로 맡겨두지 않을 수 없는 것이 바로 사물이다. 신분이 낮아도 반드시 따르지 않을 수 없는 것이 백성이다. 번거로워도 하지 않을 수 없는 것이 일이다. 거칠지만 베풀지 않을 수 없는 것이 법이다. 타고난 바와 멀지만 지키지 않을 수 없는 것이 의(義)다. 가까운 상대에게 마음이 가지만 관계가 먼 상대까지 넓히지 않을 수 없는 것이 인(仁)이다. 절제를 나누어야 하지만 쌓아나가지 않을 수 없는 것이 예(禮)다. 중도를 지켜야 하지만 높여나가지 않을 수 없는 것이 덕(德)이다. 단 하나의 원리이지만 상황에 따라 변화시키지 않을 수 없는 것이 도다. 신묘한 능력이지만 따르지 않을 수 없는 것이 하늘이다. 따라서 성인은 하늘의 이치를 살필 뿐 그것을 억지로 하려 하지 않으며, 타고난 덕을 이루려 할 뿐 다른 것을 더하려 하지 않는다.

행동이 모두 도에 근거하여 나오지만 억지로 꾸미지 않으며, 항상 어질게 행동하지만 그것을 내세우지 않고, 의롭게 행동하지만 그에 집착하지 않는다. 예절에 순응하여 굳이 회피하려 하지 않고, 어떠한 일을 만나도 특별히 가리지 않으며, 법도로 다스리긴 하지만 지배하려고 하지 않으며 백성에게 의지하면서도 그들을 가볍게 여기지 않으며 사물의 원리에 따르면서 그것을 소홀히 하지 않는다.

외부의 사물이란 자신이 타고난 것과 다르므로 그것에 의지할 수는 없지만 또한 그 사물의 원리를 따르지 않을 수는 없다. 하늘의 이치에 밝지 않은 자는 자신의 성품이 타고난 그대로의 순수함을 지니지 못한다. 도에 통하지 않는 자는 스스로 할 수 있는 것이 없으니 도에 밝지 못한 자야말로 참으로 안타깝기 그지없다!

그렇다면 무엇을 도라고 말하는가? 도에는 하늘의 도가 있고 인간의

도가 있다. 아무런 억지스러운 작용을 하지 않고도 존귀한 것이 하늘의
도이다. 인위적으로 행동하여 항상 번거로운 것이 인간의 도다. 비유하
자면 하늘의 도가 임금이고 인간의 도는 신하다. 하늘의 도와 인간의 도
는 서로 차이가 크니 잘 살펴서 하늘의 도를 따르도록 해야 한다.

賤而不可不任者, 物也. 卑而不可不因者, 民也. 匿而不可不
爲者, 事也. 麤而不可不陳者, 法也. 遠而不可不居者, 義也.
親而不可不廣者, 仁也. 節而不可不積者, 禮也. 中而不可不
高者, 德也. 一而不可不易者, 道也. 神而不可不爲者, 天也.
故聖人觀於天而不助, 成於德而不累, 出於道而不謀, 會於仁
而不恃, 薄於義而不積, 應於禮而不諱, 接於事而不辭, 齊於
法而不亂, 恃於民而不輕, 因於物而不去. 物者莫足爲也, 而
不可不爲. 不明於天者, 不純於德. 不通於道者, 無自而可. 不
明於道者, 悲夫! 何謂道? 有天道, 有人道. 無爲而尊者, 天道
也. 有爲而累者, 人道也. 主者, 天道也. 臣者, 人道也. 天道之
與人道也, 相去遠矣, 不可不察也.

匿(닉) : 번거롭다

麤(추) : 거칠다

陳(진) : 베풀다

恃(시) : 믿다, 의지하다

諱(휘) : 숨기다, 꺼리다

해설

세상의 모든 것을 대할 때에는 자신의 생각으로 함부로 대해서는 안 된다. 하찮은 벌레라도 벌레가 살아가는 방식이 있으며, 신분이 낮은 백성이라도 백성이 살아가는 방식이 있다. 일을 하는 경우에도 마찬가지다. 어떤 일이더라도 그 일을 처리하는 올바른 방법이 있다. 모든 것에 주어져 있는 원리를 깨닫고 그것에 맞추어 행동하는 자세가 필요하다.

제5편

천지 天地

1

하늘과 땅이 비록 크고 넓지만 그곳에서 일어나는 각종 변화는 만물에 평등하게 영향을 주며, 만물은 비록 수없이 많지만, 일정한 자연의 법칙에 따른다. 백성들이 많지만 이들을 다스리는 것은 임금 하나다. 임금이 하는 일은 오직 덕에 따라 타고난 바를 이루어주는 것뿐이다.

따라서 "먼 옛날의 임금들이 천하를 다스린 방식은 인위를 행하지 않고 자연의 이치를 따르는 것뿐이었다"라고 말한다. 도의 관점에서 말을 살피면, 천하의 명칭이 모두 이치에 들어맞는다. 도의 관점에서 본분을 살피면, 임금과 신하의 도리가 분명해진다. 도의 관점에서 재능을 살피면, 천하의 모든 관직이 제대로 수행될 수 있다. 도의 관점에서 넓게 만물을 살피면, 만물은 서로 알맞게 대응을 이루며 갖추어져 있음을 확인할 수 있다. 이처럼 하늘에 통달한 것을 '도'라고 하고, 땅에 순응하는 것을 '덕'이라고 하며, 만물에 따라 운행하는 것을 '의'라고 한다.

위에서 사람들을 다스리는 것은 '정사'라고 하고, 재능을 잘 발휘한 것은 '기예'라고 한다. 기예는 정사에 따르고, 정사는 의(義)에 따르며, 의는 덕에 따르고, 덕은 도에 따르며, 도는 자연의 이치에 따른다. 따라서 옛날에 천하 백성을 길렀던 방식은 다음과 같이 말한다. (군주가) 욕심을 내지 않음으로써 천하 모두가 만족할 수 있었고, (군주가) 억지로 인위적인 행동을 하지 않아 만물이 자연스럽게 자라날 수 있었으며, 연못처럼 고요하게 머물렀기에 백성들은 안정될 수 있었다.

전해지는 기록에서도 "가장 근원적인 하나의 원리에 통달하면 모든 일은 잘 풀린다. 사사로운 마음을 버리고 무심의 경지에 이르게 되면 귀신조차 감탄한다"라고 하였다.

天地雖大, 其化均也. 萬物雖多, 其治一也. 人卒雖眾, 其主君也. 君原於德而成於天, 故曰: "玄古之君天下, 無為也, 天德而已矣." 以道觀言而天下之君正, 以道觀分而君臣之義明, 以道觀能而天下之官治, 以道汎觀而萬物之應備. 故通於天地者, 德也; 行於萬物者, 道也; 上治人者, 事也; 能有所藝者, 技也. 技兼於事, 事兼於義, 義兼於德, 德兼於道, 道兼於天. 故曰: "古之畜天下者, 無欲而天下足, 無為而萬物化, 淵靜而百姓定." 記曰: "通於一而萬事畢, 無心得而鬼神服."

汎(범) : 넓다

備(비) : 갖추다

藝(예) : 재주

技(기) : 기술

해설

자연이 일정한 법칙, 도에 따라서 흘러가는 것처럼 인간의 세상 역시 도로 다스려져야 한다고 말하고 있다. 실제 사람들을 다스릴 때에는 여러 가지 기술이 필요하지만 그 기술 역시 모두 도에 들어맞아야 한다는 것이다.

2

선생께서 말씀하셨다. "도라는 것은 모든 만물을 전부 뒤덮고 감싸는 것이다. 넓고도 크다! 군자는 사사로운 마음을 떨쳐내지 않으면 안 된다. 이렇듯 사사로운 마음이 없이 자연스럽게 실행하는 것을 천(天)이라고 한다. 사사로운 마음이 없이 그대로 표현하는 것을 덕(德)이라고 한다. 사람을 사랑하고 사물을 아끼는 것을 인(仁)이라고 한다. 같지 않은 것들의 같음을 아는 것을 위대함(大)이라 한다. 행동을 억지로 다르게 하지 않는 것을 관대함(寬)이라 한다. 수많은 다른 것을 포용하는 것을 풍부함(富)이라 한다. 그렇게 풍부하고 관대한 덕을 굳게 지키는 것을 기강을 다스린다(紀)고 하고, 덕을 실천하는 것을 확립한다(立)고 한다. 도를 그대로 따르는 것을 갖추고 있다(備)고 하고, (도를 잘 갖추고 있어) 외물에 의해 마음이 흔들리지 않는 것을 완전하다(完)고 한다.

군자가 이 열 가지를 분명하게 이해한다면 모든 일을 포용하여 넓은 마음을 가질 수 있으며, 모든 만물에 뜻이 전해져 만물이 찾아갈 것이다. 그러한 사람은 황금을 산속 깊은 곳에 묻어버리고 진주를 연못 깊은 곳에 빠뜨려서 재물을 탐하지 않고 부귀영화를 멀리할 것이다. 오래 사는 것을 즐거워하지 않고 일찍 죽는 것을 슬퍼하지 않을 것이며 성공하는 것을 영예롭다고 여기지 않고 곤궁한 것을 부끄럽게 여기지 않을 것이다. 온 세상의 이로운 것들을 모아 취하려고 하지 않으며 마찬가지로 왕이 되어 천하를 다스린다고 해도 자신을 내세우지 않을 것이다. 이러한 자는 만물이 다 하나인 듯 여기고 삶과 죽음을 똑같은 것으로 여긴다."

夫子曰: "夫道, 覆載萬物者也, 洋洋乎大哉! 君子不可以不刳
心焉. 無爲爲之之謂天, 無爲言之之謂德, 愛人利物之謂仁,
不同同之之謂大, 行不崖異之謂寬, 有萬不同之謂富. 故執德
之謂紀, 德成之謂立, 循於道之謂備, 不以物挫志之謂完. 君
子明於此十者, 則韜乎其事心之大也, 沛乎其爲萬物逝也. 若
然者, 藏金於山, 藏珠於淵. 不利貨財, 不近貴富. 不樂壽, 不
哀夭. 不榮通, 不醜窮. 不拘一世之利以爲己私分, 不以王天
下爲己處顯.〔顯則明.〕萬物一府, 死生同狀."

洋洋(양양) : 매우 넓은 모습

刳(고) : 도려내다, 쪼개다

崖(애) : 모나다, 남다르다

挫(좌) : 꺾다, 부러지다

韜(도) : 감추다

沛(패) : 많다, 성하다

逝(서) : 가다, 지나가다

해설

도의 경지에 다가가는 열 가지 방법을 이야기한다. 첫 번째는 자연의 원리
를 그대로 따르고 실행하는 것으로 천(天)이라고 한다. 두 번째는 사사로운
마음을 버리는 것으로 덕(德)이라고 한다. 세 번째는 사람을 사랑하고 사물
을 아끼는 것으로 인(仁)이라고 한다. 네 번째는 사물을 구분하거나 차별하

지 않는 것으로 위대함[大]이라 한다. 다섯 번째는 순리에 어긋나게 행동하지 않는 것으로 관대함[寬]이라 한다.

여섯 번째는 서로 다른 것을 포용하는 것으로 풍부함[富]이라 한다. 일곱 번째는 풍부하고 관대한 덕을 굳게 지키는 것을 기강을 다스린다[紀]고 한다. 여덟 번째는 타고난 덕을 실천하는 것을 확립한다[立]고 한다. 아홉 번째는 도를 그대로 따르는 것을 갖추고 있다[備]고 하고, 열 번째는 (도를 잘 갖추고 있어) 외물에 의해 마음이 흔들리지 않는 것을 완전하다[完]고 한다. 장자는 이 열 가지를 잘 지키는 것이 이상적인 경지에 이르는 길이라고 말한다.

3

선생께서 말씀하셨다. "도라는 것은 연못처럼 조용히 머물러 있으며 맑은 물처럼 깨끗하다. 쇠나 돌로 만든 악기는 도를 얻지 못하면 소리를 낼 수 없을 것이다. 쇠나 돌은 원래 소리를 낼 수 있는 성질이 있지만 도에 따라 두드리지 않으면 울리지 않는 것이다. 만물 가운데 대체 무엇이 이것을 정하는 것일까? 덕이 왕성한 자는 타고난 소박함을 품은 채, 세속의 일에 통달하는 것을 오히려 부끄러워한다. 오직 도라는 근본 원리에 서 있으니 그 지혜가 신통한 경지에 이른다. 따라서 그 덕이 넓고 마음을 펼칠 수 있는 것은 사물을 그대로 받아들이고자 하기 때문이다. 형체는 도라는 원리 없이 생겨나지 않으며, 타고난 성질은 덕을 통하지 않으면 드러나지 않는다. 덕을 세우고 도를 밝히는 것이 바로 덕이 왕성한 자의 모습이 아니겠는가? 한없이 넓고 위대하도다! 홀연히 나왔다가 불쑥 움직이면 만물이 모두 그를 따르는구나! 이것이 바로 덕이 왕성한 자의 모습이다.

　(도는) 보고자 하면 그윽하고 심원하여 잘 보이지 않고, 듣고자 하여
도 소리없이 고요하다. 하지만 그윽함 속에서 참된 빛의 흔적을 엿볼 수
있고, 고요함 속에서 조화의 울림을 들을 수 있다. 그 작용은 깊고 깊어
만물이 모두 그로부터 나오고, 신묘하고 신묘하여 정기가 그로부터 생
겨난다. 그것이 만물과 접하면 아무것도 스스로 내세우는 것이 없어 만
물이 바라는 것에 호응할 수 있다. 때에 따라 시시각각 변화하는 듯하지
만, 언제나 만물의 귀착점이 되니 크고 작음, 길고 짧음, 가깝고 멂, 그
어떤 것도 포용할 수 있다."

　夫子曰: "夫道, 淵乎其居也, 漻乎其清也. 金石不得, 無以鳴.
故金石有聲, 不考不鳴. 萬物孰能定之! 夫王德之人, 素逝而
恥通於事, 立之本原而知通於神. 故其德廣, 其心之出, 有物
採之. 故形非道不生, 生非德不明. 存形窮生, 立德明道, 非
王德者邪! 蕩蕩乎! 忽然出, 勃然動, 而萬物從之乎! 此謂王
德之人. 視乎冥冥, 聽乎無聲. 冥冥之中, 獨見曉焉. 無聲之中,
獨聞和焉. 故深之又深, 而能物焉. 神之又神, 而能精焉. 故其
與萬物接也, 至無而供其求, 時騁而要其宿, 大小·長短·修遠."

漻(료) : 맑다, 고요하다

鳴(명) : 울다

蕩蕩(탕탕) : 매우 넓은 모습

忽然(홀연) : 무심한 모습을 표현하는 의태어

勃然(발연) : 무심한 모습을 표현하는 의태어

時騁(시빙) : 때에 맞게 움직이다

해설

도의 특성을 들어 올바른 임금이 갖추어야 할 덕목에 관해 이야기하고 있
다. 도가 모든 사물을 포용할 수 있는 것처럼 임금은 자신의 생각을 백성들
에게 강요하기보다는 신하나 백성들의 생각을 받아들일 수 있어야 한다.

4

황제가 적수 강가 북쪽에서 노닐 때였다. 곤륜산에 올라가 남쪽을 바
라보다 돌아왔는데, 그만 검은 구슬을 잃어버리고 말았다. 사람을 시켜
그것을 찾게 하였으나 찾지 못하였다. 눈이 밝은 것으로 유명한 이주에
게 시켜도 찾아내지 못했고, 말 잘하기로 소문난 끽후에게 시켜도 찾아
내지 못했다. 어느 누구도 찾아내지 못하자 결국 어리석은 상망에게 찾
아오라고 시키게 되었는데 상망이 구슬을 찾아내고야 말았다. 황제는
말했다. "이상한 일이구나! 어리석은 상망이 찾아낼 수 있었다니!"

黃帝遊乎赤水之北, 登乎崑崙之丘而南望, 還歸, 遺其玄珠,
使知索之而不得, 使離朱索之而不得, 使喫詬索之而不得也.
乃使象罔, 象罔得之. 黃帝曰: "異哉! 象罔乃可以得之乎?"

赤水(적수) : 가상의 강 이름

離朱(이주) : 시력이 좋은 것으로 유명했던 사람의 이름

喫詬(끽후) : 말 잘하기로 유명했던 사람의 이름

象罔(상망) : 어리석은 것으로 유명했던 사람의 이름

해설

눈이 밝은 이주, 말을 잘하는 끽후는 모두 세상 사람들이 추구하는 재능을 의미한다. 반면, 어리석은 상망은 이러한 재능을 내세우지 않는 무위의 태도를 가리킨다. 통치자가 자신의 능력과 지식을 내세우며 정사를 실행해서는 안 되며, 무위의 태도를 유지해야 한다는 것을 말하고 있다.

5

요임금의 스승은 허유이고, 허유의 스승은 설결이고, 설결의 스승은 왕예이고, 왕예의 스승은 피의이다.

어느 날 요임금이 허유에게 물었다. "설결은 천자에 적합한 인물입니까? 왕예에게 부탁하여 설결에게 왕위를 물려주고자 합니다."

허유가 말했다. "위험하구나! 천하를 위태롭게 할 것이야! 설결의 인간 됨됨이는 총명하고 지혜가 밝고 민첩하게 일을 처리하고 그 자질이 남보다 앞서 있네만, 자신의 뜻대로 하늘의 이치를 받아들이려 하지. 잘못된 것을 금지할 줄은 알지만 그 잘못이 어디서 생겨나는지는 모른다네. 그런데 어찌 천자에 어울리겠는가? 그는 틀림없이 인위적으로 행동하면서 하늘의 이치를 무시할 것이네. 자신의 처지에서 만물을 차별하고 헛된 지식을 존중하며 불처럼 치달을 것이네. 쓸데없는 일에 신경 쓰고 사물에 마음이 빼앗겨 틀림없이 이리저리 관심을 가지면서 사물에 얽매일 것이고 틀림없이 군중들의 편의를 따라 비위를 맞추어댈 것이며 일정한 법도가 없이 외물에 따라 이리저리 휘둘릴 것이네. 그러니 어찌 천자에 어울린다고 하겠는가?

비록 그렇지만 한 일족의 조상이 있듯이 여러 사람의 우두머리는 될수 있을 것이네. 하지만 우두머리들의 우두머리는 결코 될 수 없네. 천하를 다스리고자 하면 오히려 천하에 혼란을 불러오기 마련이니, 이것이 바로 신하의 재난이요, 군주의 화근이 되는 것이네."

堯之師曰許由, 許由之師曰齧缺, 齧缺之師曰王倪, 王倪之師曰被衣. 堯問於許由曰: "齧缺可以配天乎? 吾藉王倪以要之." 許由曰: "殆哉圾乎天下! 齧缺之為人也, 聰明叡知, 給數以敏, 其性過人, 而又乃以人受天. 彼審乎禁過, 而不知過之所由生. 與之配天乎? 彼且乘人而無天, 方且本身而異形, 方且尊知而火馳, 方且為緒使, 方且為物絯, 方且四顧而物應, 方且應眾宜, 方且與物化而未始有恒. 夫何足以配天乎? 雖然, 有族有祖, 可以為眾父, 而不可以為眾父父. 治亂之率也, 北面之禍也, 南面之賊也."

堯(요)·許由(허유)·齧缺(설결)·王倪(왕예)·被衣(피의) : 모두 사람의 이름. 허유, 설결, 왕예, 피의는 요임금의 시대에 살았다고 전해지는 숨은 현자들이다.

藉(차) : 빌리다

叡(예) : 지혜롭다, 슬기롭다

給數(급삭) : 빠르고 민첩하다

審(번) : 살피다

父父(부부) : 부(父)는 우두머리. 부부(父父)는 우두머리들이 모인 집단의 우두머리다.

요임금, 허유, 설결, 왕예, 피의 등의 인물을 설명하면서 이상적인 경지에 오른 사람들의 특징을 말하고 있다.

6

요임금이 화(華)라는 땅을 돌아볼 때였다. 화 지방의 국경관리가 요임금에게 말했다. "아, 성인이시여! 제가 기도를 올려 성인께서 오래 사시도록 하고 싶습니다."

요임금이 말했다. "괜찮네."

관리가 말했다. "그렇다면 부귀해지도록 기도드리겠습니다."

요임금이 말했다. "괜찮네."

관리가 말했다. "그렇다면 왕자를 많이 가질 수 있도록 기도드리겠습니다."

요임금이 말했다. "괜찮네."

관리가 말했다. "장수, 부귀, 사내자식은 모두 사람들이 원하는 것들 아닙니까? 왜 당신께서만 바라지 않으시는 것입니까?"

요임금이 말했다. "사내자식을 많이 두면 근심거리만 많아지고, 부유해지면 번거로운 일들이 많아지고, 오래 살게 되면 욕보이는 일만 많아질 뿐이네. 이 세 가지는 덕을 기를 만한 것들이 아니라네. 그래서 사양한 것이지."

관리가 말했다. "처음에는 폐하를 성인이라고 생각했는데, 지금 보니 평범한 군자 정도밖에는 되지 않는군요. 하늘이 백성을 낳으면 반드시 소임을 내려주기 마련입니다. 사내자식이 많아도 각자 알맞은 소임을 내려준다면 어찌 근심거리가 되겠습니까? 부유해지면 이를 여러 사람과 나누어 가지면 될 것인데 무슨 번거로운 일이 생기겠습니까? 새끼 메추라기는 어디에서나 편안히 거처하면서 맛좋은 음식을 바라지 않고 어미새가 주는 대로 먹이를 받아먹으며, 흔적도 남기지 않고 자유롭게 날아다닙니다. 성인의 모습 또한 마치 메추라기와 같습니다.

세상에 도가 있으면 만물과 함께 번성하는 것이고 세상에 도가 없으면 홀로 덕을 기르면서 한가로이 살면 됩니다. 그렇게 천 년을 유유자적하며 살다가 싫증이 나면 하늘로 올라가 신선이 되어 저 흰 구름을 타고 옥황상제의 땅에 이르면 될 일입니다. 세 가지 걱정거리가 찾아올 일이 없고 몸에 아무런 재앙도 없게 될 것인데, 무슨 욕된 일이 생기겠습니까?" 그렇게 말하고 관리가 떠나가자 요임금이 그를 따라가 말했다.

"그러면 어찌해야 하겠는가?"

관리가 말했다. "됐으니 물러가십시오!"

堯觀乎華. 華封人曰: "嘻! 聖人! 請祝聖人: 使聖人壽." 堯曰: "辭." "使聖人富." 堯曰: "辭." "使聖人多男子." 堯曰: "辭." 封人曰: "壽, 富, 多男子, 人之所欲也. 女獨不欲, 何邪?" 堯曰: "多男子則多懼, 富則多事, 壽則多辱. 是三者, 非所以養德也, 故辭." 封人曰: "始也我以女爲聖人邪, 今然君子也. 天生萬民, 必授之職, 多男子而授之職, 則何懼之有! 富而使人分之, 則何事之有! 夫聖人鶉居而鷇食, 鳥行而無彰. 天下有道則與物皆昌, 天下無道則修德就閒. 千歲厭世, 去而上僊, 乘彼白雲, 至於帝鄉. 三患莫至, 身常無殃, 則何辱之有!" 封人去之, 堯隨之, 曰: "請問." 封人曰: "退已!"

華(화) : 땅 이름

封人(봉인) : 국경관리

嘻(희) : 감탄사

懼(구) : 두려워하다

辱(욕) : 욕되다, 수치스럽다

職(직) : 직책, 임무

鶉居(순거) : 메추라기처럼 지내다. 순(鶉)은 메추라기

無彰(무창) : 자취를 남기지 않다. 창(彰)은 자취

昌(창) : 창성하다

仙(선) : 신선

殃(앙) : 재앙

해설

장자가 말하는 성인이란 어떤 고정된 도덕이나 가치관을 지닌 사람이 아니다. 이러한 고정된 가치에 얽매이지 않으므로 사물에 따라 자유롭게 대응할 수 있는 사람을 말한다.

7

요임금이 천하를 다스릴 적에 백성자고가 제후의 자리에 있었다. 요임금이 순에게 임금 자리를 물려주고 다시 순임금이 우에게 임금 자리를 물려주었을 때, 백성자고는 제후를 그만두고 낙향하여 농사를 짓고자 했다. 우임금이 그를 만나러 찾아갔는데, 백성자고는 마침 밭에서 농사일을 하고 있었다.

우임금이 종종걸음으로 밭으로 내려가 앞에 서서 물었다. "옛날 요임금께서 천하를 다스릴 때 당신은 제후 자리에 있었습니다. 요임금께서 순임금께 자리를 물려주셨고 다시 순임금이 내게 임금 자리를 물려주었는데 당신은 제후의 자리에서 물러나 농사를 짓고 있습니다. 왜 그러시는지 감히 여쭈어보아도 되겠습니까?"

자고가 말했다. "옛날 요임금께서 천하를 다스렸을 때는 상을 내리지 않아도 백성들이 열심히 일했고, 벌을 내리지 않아도 백성들이 두려워했습니다. 지금 당신은 상과 벌을 내리는데도 백성들은 어질지 못한 일을 저지릅니다. 이 때문에 덕은 쇠퇴하였고, 오히려 형벌만 생겨난 꼴입니다. 후대의 혼란도 이 때문에 생겨날 것입니다. 그러니 그만 돌아가지 않겠습니까? 내 일을 방해하지 마십시오!" 그러고는 다시 묵묵히 밭을 갈면서 돌아보지 않았다.

堯治天下, 伯成子高立為諸侯. 堯授舜, 舜授禹, 伯成子高辭為諸侯而耕. 禹往見之, 則耕在野. 禹趨就下風, 立而問焉, 曰: "昔堯治天下, 吾子立為諸侯. 堯授舜, 舜授予, 而吾子辭為諸侯而耕. 敢問其故何也?" 子高曰: "昔堯治天下, 不賞而民勸, 不罰而民畏. 今子賞罰而民且不仁, 德自此衰, 刑自此立, 後世之亂自此始矣. 夫子闔行邪? 無落吾事!" 俋俋乎耕而不顧.

伯成子高(백성자고): 가상의 인물. 도를 깨닫고 숨어 사는 사람으로 등장한다.

耕(경): 밭 갈다

賞(상): 상 주다

상과 벌을 내린다는 것은 옳고 그름을 인위적으로 판단하는 것을 의미한다. 옳고 그름, 좋음과 나쁨의 구분이 생겨나서 사람들의 삶은 불행해지게 되었다.

8

태초는 오직 무(無)의 상태로서 그 어떤 유(有)도 없고, 어떤 이름도 없었다. (도는) 하나의 근원적인 원리로 나타났는데, 여전히 어떤 형체도 이루어지지 않았다.

만물이 이 도(道)를 얻어 태어나면 이를 덕(德)이라고 한다. 이 상태의 만물은 형체는 없어도 음양으로 분화되어 있는데, 여전히 뚜렷한 경계가 없이 자유롭게 넘나들 수 있는 상태다. 이것을 명(命)이라 한다. 도가 운행하다 움직임을 잠시 멈추면 그 순간 하나의 사물이 생겨나는데, 사물이 이루어지면서 일정한 이치를 지니게 되는 것을 일러 형(形)이라고 한다. 형체가 정신을 지니면 각각의 사물은 고유한 특징을 지니게 된다. 이를 성(性)이라 한다. 자신의 성을 기르고 타고난 덕을 회복하면 덕은 처음과 같아지게 된다. 같아지면 모든 인위적인 것이 사라져 텅 비게 되고, 텅 비게 되면 비로소 위대해진다.

이 상태에서는 모든 행동과 말씨가 마치 새가 부리를 놀리듯 무심하게 이루어질 것이고, 행동과 말씨가 무심해지면 천지와 합칠 수 있다. 천지와 하나가 되어 구분할 수 없게 되면 이를 그윽하고 깊은 덕, 즉 현덕(玄德)이라고 한다. 이는 자연의 이치와 하나가 된 상태라 할 수 있다.

泰初有無, 無有無名, 一之所起, 有一而未形. 物得以生, 謂之德. 未形者有分, 且然無間, 謂之命. 留動而生物, 物成生理, 謂之形. 形體保神, 各有儀則, 謂之性. 性修反德, 德至同於初. 同乃虛, 虛乃大. 合喙鳴, 喙鳴合, 與天地為合. 其合緡緡, 若愚若昏, 是謂玄德, 同乎大順.

泰初(태초) : 세상이 아직 시작되기 이전의 가장 근원적인 상태

緡緡(면면) : 새가 지저귀는 소리를 나타내는 의성어

해설

무(無)란 우리 세상이 생겨나기 이전의 상태를 설명하는 말이다. 아무것도 구체적으로 생겨나지 않았기 때문에 따라서 어떤 것도 서로 구분되지 않는다. 마치 구름에 가린 것처럼 어둑하고 그윽한 상태다. 사물이 생겨나면 사물 간의 구분이 발생한다. 물과 공기가 생겨나면 동시에 물과 공기가 다르다는 사실이 드러나는 것과 같다. 이러한 상태를 명(命)이라고 한다. 이러한 각각의 사물만의 독특한 특징이 바로 성(性)이다. 여기에서 한 가지 중요한 개념이 등장한다. 바로 현덕(玄德)이다. 현덕이란, 분별 없이 모든 것을 하나로 포용하는 도의 원리가 만물에 갖추어진 상태를 가리키는 말이다. 본래 매우 추상적인 개념이지만 때로는 올바른 통치를 표현하는 말로 사용되기도 하며, 군주가 갖추어야 하는 내면의 덕목을 가리키는 말로 사용되기도 한다.

9

공자가 노담에게 물었다. "어떤 사람이 세상의 상식과 좀 어긋나는 방법으로 도를 닦는다고 합니다. 사람들이 옳지 않다고 하는 것을 옳다고 하고, 그렇지 않다고 하는 것을 그러하다고 합니다. 세상의 변론가들이 하는 말에도 '희고 단단한 돌은 각기 흰 돌과 단단한 돌로 구분될 수 있다. 마치 다른 세상의 것처럼 그 둘은 다르다'라는 말이 있는데요, 이런 사람은 성인이라고 할 수 있겠습니까?"

노담이 말했다. "이런 사람은 하찮은 일에 신경을 쓰며 잔재주에 얽매인 채 몸과 마음을 고생시키는 자다. 마치 살쾡이를 잡는 사냥개가 목줄에 묶이고 날랜 원숭이가 산에서 잡혀 오는 것과 같다. 공구여! 자네가 들을 수도 없고, 말해낼 수도 없는 이치를 알려주겠다. 움직이고 멈추고, 죽고 살고, 쇠하고 흥성함은 모두 저절로 그렇게 되는 것으로 왜 그렇게 되는지를 알 수 없다.

다스리는 일은 사람에게 달려 있다. 만물을 잊고 하늘도 잊는 것은 다른 말로 자신을 잊는 것이라 한다. 자신을 잊은 사람을 가리켜 하늘의 경지에 올랐다고 말한다."

夫子問於老聃曰: "有人治道若相放, 可不可, 然不然. 辯者有言曰: '離堅白若縣宇.' 若是, 則可謂聖人乎?" 老聃曰: "是胥易技系, 勞形怵心者也. 執留之狗成思, 猿狙之便自山林來. 丘! 予告若, 而所不能聞與而所不能言. 凡有首有趾無心無耳者衆, 有形者與無形無狀而皆存者盡無. 其動, 止也. 其死, 生也. 其廢, 起也. 此又非其所以也. 有治在人, 忘乎物, 忘乎天, 其名為忘己. 忘己之人, 是之謂入於天."

辯者(변자) : 궤변을 늘어놓는 사람. 여기에서는 구체적으로 명가 학파를 가리
   킨다.

勞形怵心(노형출심) : 몸과 마음을 고생시키다

猿狙(원저) : 원숭이

趾(지) : 발

해설

세상의 상식과 다른 방식으로 도를 닦는 사람들이란 구체적으로 명가(名
家)라는 학파를 가리킨다. 장자는 모든 사물을 구분하지 않는 태도를 중요
하게 여겼지만, 명가 학파에서는 사물을 구분하고 분석하고자 하였다. 따
라서 장자는 명가 학파를 비판하는 것이다.

사물을 구분하지 않게 되면 남과 나의 구분조차 사라지게 된다. 이러한 경
지를 '자신을 잊는[忘己]' 경지라고 한다. 이러한 경지에 있는 사람은 자신
과 다른 사물을 구분하여 바라보지 않기 때문에 좋다, 나쁘다를 생각하지
않고 사물을 있는 그대로 바라볼 수 있게 된다.

10

장여면이 계철을 만나서 말했다. "노나라 임금이 저에게 가르침을 받
고 싶다고 말씀하기에, 저는 사양했지만 결국 용납되지 않아 어쩔 수 없
이 몇 마디 말을 하고 말았습니다. 그런데 제가 한 말이 과연 맞는지 아
닌지 도무지 알 수가 없습니다. 제가 한 말을 해볼 테니 맞는 말인지 한
번 살펴봐 주십시오. 저는 노나라 임금에게 이렇게 이야기하였습니다.
'반드시 공손하고 검소하게 행동하며 공정하고 충성스러운 사람을 뽑

아서 어떤 사사로움도 없게 하십시오. 그러면 백성들 누가 감히 화합하지 않겠습니까!'라고 말이죠."

계철이 그 말을 듣고 껄껄 웃으며 말했다. "당신이 말한 것은 제왕의 덕에 비교하여 말하자면 마치 사마귀가 팔을 휘두르며 수레에 맞서는 것과 같아서 그것으로는 다 감당해 내지 못할 것이오. 만약 당신의 말대로 실행한다면 조정에 일이 많아지고 출세를 다투는 사람들이 몰려들 것이니, 스스로 위험 속으로 들어가는 것이나 다름이 없을 것이오."

계철의 말에 장여면이 깜짝 놀라 말했다. "선생의 말을 들으니 당황스럽습니다. 간단하게나마 선생의 말씀을 듣고 싶습니다."

계철이 말했다. "위대한 성인이 천하를 다스리는 방법은 백성의 마음을 자유롭게 두어 그들이 스스로 교화되고, 풍속이 자유롭게 변해가도록 놓아두며, 타고난 바를 해치려는 마음을 없애 스스로 나아가게 하는 것이오. 그런데 정작 백성들은 왜 이렇게 되는지조차 알지 못한다오. 그런데 어찌 요, 순 임금이 백성을 억지로 교화했던 것을 본받아서 이를 따르고자 할 수 있겠소? 그저 참된 덕과 하나가 되어 마음을 편안히 머물도록 바랄 뿐이오."

將閭葂見季徹曰: "魯君謂葂也曰: '請受教.' 辭不獲命, 既已告矣, 未知中否, 請嘗薦之. 吾謂魯君曰: '必服恭儉, 拔出公忠之屬, 而無阿私, 民孰敢不輯!'" 季徹局局然笑曰: "若夫子之言, 於帝王之德, 猶螳蜋之怒臂以當車軼, 則必不勝任矣. 且若是, 則其自為處危, 其觀臺多物, 將往投跡者眾." 將閭葂覤覤然驚曰: "葂也汒若於夫子之所言矣. 雖然, 願先生之言其風也." 季徹曰: "大聖之治天下也, 搖蕩民心, 使之成教易

俗, 舉滅其賊心而皆進其獨志, 若性之自為, 而民不知其所由
然. 若然者, 豈兄堯舜之教民, 溟涬然弟之哉? 欲同乎德而心
居矣."

將閭葂(장여면)·季徹(계철) : 사람 이름

辭不獲命(사불획명) : 거절했지만 명령을 거두어들이지 않다

薦(천) : 진술하다

恭儉(공검) : 공손하고 검소하다

局局然(국국연) : 크게 웃는 소리를 나타내는 의성어

螳蜋(당랑) : 사마귀

車轍(거철) : 수레

覤覤然(혁혁연) : 크게 놀란 모습을 표현하는 의태어

搖蕩(요탕) : 자유분방하다

溟涬然(명재연) : 서로 구분되지 않고 뒤섞여 있는 모습을 표현하는 의태어

해설

장여면과 계철의 대화를 들어 계속해서 천하를 다스리는 올바른 방법을
이야기하고 있다.

11

자공이 남쪽 초나라를 여행한 후 진나라로 돌아오는 길에 한수(漢水)
남쪽을 지나다가 한 노인이 때마침 밭일을 하고 있는 모습을 보았다. 땅
을 파고 굴을 뚫어 우물로 들어가서는 항아리에 물을 받아서 밭에 물을

주고 있었다. 끙끙대면서 많은 힘을 들였지만 효과는 적어 보였다.

자공이 그 모습을 보고 말했다. "기계가 있다면 하루에 백 이랑에 물을 댈 수가 있을 것입니다. 지금 일하시는 모습을 보니 힘만 들고 효과는 없는 것 같은데 어르신은 왜 기계를 쓰려고 하지 않으십니까?"

밭일을 하던 노인이 고개를 들어 자공을 보고는 말했다. "그건 어떻게 하는 것이오?"

자공이 말했다. "나무에 구멍을 뚫고 뒤쪽은 무겁게 앞쪽은 가볍게 만듭니다. 이 기계를 사용하면 물을 끌어올리는 것이 마치 콸콸 쏟아질 듯 빠릅니다. 그것을 두레박이라고 하지요."

밭일을 하던 노인은 얼굴빛을 붉혔다가 다시 웃으면서 말했다. "내가 내 스승에게 들으니, '기계를 가지게 되면 반드시 기계를 쓸 일이 생기게 되고, 기계를 쓸 일이 생기면 반드시 기계에 마음을 빼앗기게 된다. 기계에 마음이 빼앗기게 되면 타고난 순수한 마음이 사라지게 되고, 그 마음이 사라지면 고요한 정신 상태가 안정되지 못하게 된다. 고요한 정신 상태가 안정되지 않으면 도가 머무르지 못하게 된다'라고 하시더군. 두레박이 편리한 줄 모르지 않지만 부끄러워서 쓰지 않는다오." 자공은 부끄러워 고개를 숙인 채 아무 말도 하지 못했다.

子貢南遊於楚, 反於晉, 過漢陰, 見一丈人方將爲圃畦, 鑿隧而入井, 抱甕而出灌, 搰搰然用力甚多而見功寡. 子貢曰: "有械於此, 一日浸百畦, 用力甚寡而見功多, 夫子不欲乎?" 爲圃者卬而視之曰: "奈何?" 曰: "鑿木爲機, 後重前輕, 挈水若抽, 數如泆湯, 其名爲槹." 爲圃者忿然作色而笑曰: "吾聞之吾師: '有機械者必有機事, 有機事者必有機心. 機心存於胸中, 則

純白不備. 純白不備, 則神生不定. 神生不定者, 道之所不載
也.' 吾非不知, 羞而不為也."子貢瞞然慙, 俯而不對.

잠시 후 밭 갈던 노인이 자공에게 물었다. "당신은 뭐 하는 사람이오?"
자공이 말했다. "공구의 제자입니다."

노인이 말했다. "아니 그렇다면 그대는 널리 배운 지식으로 성인 흉
내를 내면서 헛소리로 사람들을 혼란에 빠뜨리며 슬픈 노래를 연주하
여 온 세상에 이름을 날리려고 하는 자가 아니오? 그대는 당장에라도

자신의 정신 작용을 잊어버리고 육체에 얽매이는 마음을 버려야만 도에 가까워질 수 있을 것이오. 자신의 한 몸도 제대로 다스리지 못하는데 어디 천하를 다스릴 겨를이 있단 말이오? 그만 가보시오, 내 일을 방해하지 말고."

有間, 爲圃者曰: "子奚爲者邪?" 曰: "孔丘之徒也." 爲圃者曰: "子非夫博學以擬聖, 於于以蓋衆, 獨弦哀歌以賣名聲於天下者乎? 汝方將忘汝神氣, 墮汝形骸, 而庶幾乎! 而身之不能治, 而何暇治天下乎? 子往矣, 無乏吾事!"

博學(박학) : 널리 배우다

弦哀歌(현애가) : 슬픈 노래를 연주하다

庶幾(서기) : 거의 ~일 것이다

暇(가) : 겨를

乏(핍) : 방해하다

자공은 부끄러워 얼굴이 하얗게 질려버렸다. 넋을 잃은 채 삼십 리나 걸어가서야 비로소 정신을 차릴 수 있었다. 자공의 제자가 물었다. "좀 전의 그 사람은 대체 어떤 사람입니까? 스승님은 어찌해서 그 사람을 만나시고는 낯빛이 변해서 온 종일 정신을 추스르지 못하신 것입니까?"

자공이 말했다. "나는 천하에서 우리 스승님이 최고인 줄로만 알았지 또 그러한 분이 있는 줄은 몰랐네. 내가 우리 선생께 듣기로는 '일을 완수하고 공을 이루고자 하는데, 힘을 적게 들이고도 큰 효과를 거두는 것이 바로 성인의 방식이다'라고 하셨는데 지금 보니 그렇지가 않네. 도를 지니고 있으면 덕이 완전해지고, 덕이 완전해지면 육체가 완전해지고, 육체가 완전해지면 정신이 완전해지니, 정신을 완전히 갖추고 있는 것이야말로 성인이 일을 하는 방법이라 할 수 있을 것 같네.

성인이란 세상에 한 몸을 맡겨둔 채 백성과 함께 가면서도 어디를 가는지 모른다네. 이 얼마나 자유롭고 순박한가! 이익이나 기교 같은 것들은 그분의 마음 어디에도 없을 걸세. 그와 같은 사람은 자신의 뜻과 맞지 않으면 가지 않고 자신의 마음과 맞지 않으면 행하지 않을 것이네. 세상 사람들이 그를 칭찬하면서 그가 하는 말을 받아들여도 거들떠보지도 않을 테고 세상 사람들이 그를 비난하면서 그의 말을 틀렸다고 해도 들은 체하지도 않을 것일세. 세상이 그를 비난하거나 칭찬한다고 한들 그에게는 조금도 영향이 없으니 이런 사람을 두고 바로 덕이 온전히 갖추어진 사람이라고 하는 것 아니겠나! 나 같은 인간은 그저 바람처럼 흔들리는 인간일 뿐일세."

이후 자공이 노나라에 돌아와 공자에게 있었던 일들을 전했다. 공자가 이야기를 듣고 이렇게 말했다. "그 노인은 혼돈씨의 도술을 수양한 자일 것이다. 혼돈씨의 도술을 수양한 자들은 근원의 일정한 이치만을 알지 현상의 변화하는 모습을 알 필요가 없다. 이들은 오직 내면만을 수양할 뿐 외면을 다스리고자 하지 않는다. 순수하고 밝은 상태를 유지하고 소박한 모습으로 돌아가 본래의 성질에 따라 정신을 지키니, 이를 통해 세상 속에서 자유롭게 살 수 있는 것이다. 그런데 자네가 놀라지 않을 턱이 있겠는가? 이러한 혼돈씨의 도술을 자네나 내가 어떻게 이해할 수 있겠나?"

子貢卑陬失色, 頊頊然不自得, 行三十里而後愈. 其弟子曰:
"向之人何為者邪? 夫子何故見之變容失色, 終日不自反邪?"
曰: "始以為天下一人耳, 不知復有夫人也. 吾聞之夫子: '事求
可, 功求成, 用力少, 見功多者, 聖人之道.' 今徒不然. 執道者
德全, 德全者形全, 形全者神全. 神全者, 聖人之道也. 託生與
民並行, 而不知其所之, 汒乎淳備哉! 功利機巧必忘夫人之
心. 若夫人者, 非其志不之, 非其心不為. 雖以天下譽之, 得其
所謂, 警然不顧. 以天下非之, 失其所謂, 儻然不受. 天下之非
譽, 無益損焉, 是謂全德之人哉! 我之謂風波之民." 反於魯,
以告孔子. 孔子曰: "彼假修渾沌氏之術者也: 識其一, 不知其
二. 治其內, 而不治其外. 夫明白入素, 無為復朴, 體性抱神,
以遊世俗之間者, 汝將固驚邪? 且渾沌氏之術, 予與汝何足
以識之哉!"

卑陬(비추) : 부끄러워하다

頊頊然(욱욱연) : 부끄러워 두려워하는 모습을 표현하는 의태어

汒乎淳備(망호순비) : 어떤 결점이나 속박도 없이 순수함

警然(오연) : 아무것도 거들떠보지 않는 모습을 표현하는 의태어

儻然(당연) : 아무것도 개의치 않는 모습을 표현하는 의태어

渾沌氏(혼돈씨) : 〈응제왕〉편에 등장하는 가상의 존재

해설

도의 경지에 이르기 위해서는 마음을 어지럽히지 않고 본래의 고요한 상
태를 유지하는 것이 중요하다. 이 우화에 등장하는 기계나 도구는 인간의

자연성과 대비되는 인위적인 장치를 비유한다. 이러한 장치에 몰두하게 되면 필연적으로 본래의 안정된 상태를 잃게 되고, 결국 혼란에 이르고 만다.

12

순망이 동쪽 지방의 큰 바다를 향해 가다가 마침 바닷가에서 원풍이라는 사람을 만났다. 원풍이 순망에게 물었다. "선생은 어디로 가시는지요?"

순망이 말했다. "동쪽의 큰 바다로 갑니다."

"무엇하러 가십니까?"

"큰 바다란 아무리 물을 부어도 가득 차지 않고 아무리 퍼내도 마르지 않는다오. 거기서 노닐고자 하오."

그러자 원풍이 말했다. "선생은 이 세상에 살고 있는 백성들에게는 관심이 없습니까? 성인의 정치라는 것에 대해 좀 듣고 싶습니다."

순망이 말했다. "성인의 정치 말이오? 사람들에게 관직을 나누어줄 때는 적합한 사람을 배치하고, 인재를 뽑을 때는 능력 있는 사람을 등용하며, 일이 돌아가는 실정을 잘 파악하여 꼭 해야 하는 일들을 하면 행동과 말이 저절로 바르게 되어서 천하가 잘 다스려진다오. 그렇게 되면 손짓과 고갯짓만으로도 온 사방의 백성들이 찾아와 따르게 된다오. 이런 것을 성인의 정치라고 한다오."

"덕을 지닌 자에 대해서도 알고 싶습니다."

"덕을 지닌 자란 가만히 머물러 있을 때에 헛된 생각을 하지 않고, 일을 할 때는 억지로 꾀하는 법이 없소. 게다가 옳고 그른 것, 좋고 나쁜 것을 구별하는 마음을 품지 않는다오. 온 사방 내의 사람들과 함께 이로울 때 기쁘다고 여기고, 온 사방 내의 사람들에게 베풀어줄 때 안락하다고 여긴다오. 그러면서도 크게 기뻐하거나 즐거워하지 않고 마치 어린아이가 어미를 잃어버린 듯 슬픈 모습을 유지하고, 길을 잃어버린 듯 멍한 태도를 보이곤 하오. 재물을 넉넉하게 지니고 있어도 그것이 어디서 왔는지 모를 정도로 억지로 이익을 쫓지 않고, 음식을 충분히 먹지만 역시 어디서 난 음식인지 생각하지 않고 주어진 대로 받아들인다오. 이것이 덕을 지닌 자의 모습이오."

원풍이 계속해서 물었다. "그렇다면 신인에 대해서도 알고 싶습니다."

"위대한 신인은 빛을 타고 올라가 형체를 완전히 잊어버린다오. 이를 '찬란한 공허'의 경지라고 부르오. 자신의 운명을 그대로 따르고 타고난 모습을 다 발휘한다면 천지자연의 질서가 보전되고 모든 재앙과 화가 사라져서 만물이 본래의 모습을 회복하게 되오. 이것을 가리켜 '그윽한 어둠'의 경지라고 한다오."

諄芒將東之大壑, 適遇苑風於東海之濱. 苑風曰: "子將奚之?" 曰: "將之大壑." 曰: "奚爲焉?" 曰: "夫大壑之爲物也, 注焉而不滿, 酌焉而不竭, 吾將遊焉." 苑風曰: "夫子無意於橫目之民乎? 願聞聖治." 諄芒曰: "聖治乎, 官施而不失其宜, 拔擧而不失其能, 畢見其情事而行其所爲, 行言自爲而天下化, 手撓顧指, 四方之民莫不俱至, 此之謂聖治." "願聞德人." 曰: "德人者, 居無思, 行無慮, 不藏是非美惡. 四海之內, 共利之之謂悅, 共給之之謂安. 怊乎若嬰兒之失其母也, 儻乎若行而失其道也. 財用有餘而不知其所自來, 飮食取足而不知其所從. 此謂德人之容." "願聞神人." 曰: "上神乘光, 與形滅亡, 此謂照曠. 天地樂而萬事銷亡, 萬物復情, 此之謂混冥."

諄芒(순망) : 가상의 사람 이름

大壑(대학) : 큰 골짜기. 여기에서는 큰 바다를 가리킨다.

苑風(원풍) : 가상의 사람 이름

濱(빈) : 물가, 바닷가

注(주) : 붓다

酌(작) : 퍼내다

橫目之民(횡목지민) : 눈이 가로로 찢어진 사람. 다른 동물과 구분하여 인간을
　　　　가리키는 말이다.

怊乎(초호) : 슬퍼하는 모습을 표현하는 의태어

儻乎(당호) : 멍하니 넋이 나간 모습을 표현하는 의태어

曠(광) : 텅 빔

銷亡(소망) : 녹아 없어지다

해설

도의 경지에 이른 위대한 인물에 대한 설명이 이어진다. 이들이 도달한 경
지는 '찬란한 공허' 그리고 '그윽한 어둠'이라고 표현된다. '찬란한 공허'라
는 것은 사사로운 생각을 비워 사물을 차별 없이 바라보는 것을 의미한다.
생각이 치우쳐 있으면 올바르게 사물을 대할 수 없기 때문이다. '그윽한 어
둠'이란 사물을 구별하거나 차별하지 않아서 모든 사물을 다 똑같은 것으
로 대할 수 있음을 말한다. 사물의 차이점이 사라져서 다 같게 느껴지므로
그윽하고 어둡다고 표현하는 것이다.

13

　문무귀와 적장만계가 주왕을 토벌하러 온 무왕의 군대를 구경하고 있었다. 적장만계가 말했다. "주왕은 순임금에게는 미치지 못하는 것 같네. 그러니 이런 전란을 겪는 것 아니겠나."

　문무귀가 물었다. "순임금은 천하가 잘 다스려지고 있을 때 맡아서 다스린 건가, 아니면 나라가 어지러워져서 순임금이 다스리게 된 건가?"

　적장만계가 말했다. "천하가 잘 다스려지는 것은 사람들이 전부 다 원하는 것인데, 이미 잘 다스려지고 있다면 사람들이 굳이 순임금이 다스려주기를 바랐겠는가? 비유하자면 순임금이 문제를 해결한 것은 이미 대머리가 된 뒤에 가발을 씌우고 병이 난 뒤에 의사를 불러온 것과 같네. 효자는 아버지가 아플 때면 걱정하면서 약을 바치겠지만, 성인이라면 애초에 병들게 만든 일을 부끄러워한다네. 덕이 지극했던 시대에는 어진 사람을 높이 존경하지 않으며 능력 있는 사람을 등용하여 쓰지 않았네. 그러니 윗사람은 그저 높은 곳에 있는 나뭇가지와 같은 존재였고, 백성들은 들판의 사슴처럼 자유로웠다네.

　행실은 단정했으나 이를 의(義)라고 여기지 않았고, 서로 사랑하면서도 이를 인(仁)이라고 여기지 않았고, 내면의 마음에 충실하였지만 이를 충(忠)이라 여기지 않았고, 정직하게 행동하면서도 이를 신(信)이라고 여기지 않았고, 서로 마음을 다해 도와주면서도 은혜를 베푼다고 여기지 않았네. 다만 행실에 그 어떤 흔적도 남지 않아 후대에 치적이 전해지지 않았을 뿐이지."

門無鬼與赤張滿稽, 觀於武王之師. 赤張滿稽曰: "不及有虞
氏乎! 故離此患也." 門無鬼曰: "天下均治而有虞氏治之邪,

其亂而後治之與?" 赤張滿稽曰: "天下均治之為願, 而何計以有虞氏為? 有虞氏之藥瘍也, 禿而施髢, 病而求醫. 孝子操藥以修慈父, 其色燋然, 聖人羞之. 至德之世, 不尚賢, 不使能. 上如標枝, 民如野鹿. 端正而不知以為義, 相愛而不知以為仁. 實而不知以為忠, 當而不知以為信. 蠢動而相使, 不以為賜. 是故行而無迹, 事而無傳."

門無鬼(문무귀)·赤張滿稽(적장만계) : 모두 가상의 사람 이름

武王(무왕) : 주나라의 왕

有虞氏(유우씨) : 순임금

藥瘍(약양) : 병을 다스리다

禿(독) : 대머리

施髢(시체) : 가발을 씌우다

燋然(초연) : 병, 근심 따위로 얼굴이나 몸이 여위고 파리해 초췌한 몰골

羞(수) : 부끄럽다

標枝(표지) : 높은 곳에 있어도 낮은 곳에 있는 것을 무시하지 않음

野鹿(야록) : 야생 사슴

蠢(주) : 꿈틀거리다

賜(사) : 은혜를 베풀다

해설

계속해서 유가를 비판하고 있다. 순임금은 훌륭한 정치를 펼쳤다고 전해지지만 장자는 그가 세상을 올바르게 만든 것은 아니라고 말한다. 통치자의 방식을 강요하는 것은 훌륭한 정치의 모습이 아니다.

14

효자는 어버이에게 아첨하지 않고 충신은 임금에게 아부하지 않는다. 이것이 신하와 자식으로서 가장 훌륭한 자세다. 부모가 말하는 것을 다 그렇다고 하고, 부모가 행동하는 것을 다 좋다고 말하는 자식을 세상 사람들은 불초한 자식이라고 말한다. 마찬가지로 임금이 말하는 것을 다 그렇다고 하고, 임금이 행동하는 것을 다 좋다고 말하는 신하를 세상 사람들은 불초한 신하라고 말한다. 이런 당연한 사실을 알지 못하는 것인가? 그런데 세상 사람들이 전부 그렇다고 하는 것을 그렇다고 하고, 세상 사람들이 전부 좋다고 하는 것을 좋다고 한다고 해도, 그를 아첨하는 사람이라 하지는 않는다. 그렇다면 세상의 사람들이 어버이보다 존엄하고 임금보다 귀하다는 말인가?

만약 누군가를 아첨꾼이라고 부른다면 그자는 반드시 발끈하며 화를 낼 것이고, 아부꾼이라고 부르면 역시 발끈하면서 화를 낼 것이다. 그런데 세상 사람들의 판단에 대해서는 그대로 따르면서 평생 아첨꾼으로 살아간다. 항상 그럴듯하게 말을 꾸며서 사람들을 모으지만 말의 겉과 속이 다르다. 번지르르한 옷을 걸치고 꾸며댄 채 행동하며 세상 사람들의 비위를 맞추면서도 스스로 아첨한다고는 생각하지 않는다. 세상 사람들과 한 무리가 되어서 옳고 그른 것을 전부 함께하면서도 정작 자신이 세상의 보통 사람들과 다를 바 없다는 것은 깨닫지 못하니, 어리석기 그지없다.

스스로 어리석음을 아는 자는 크게 어리석은 것이 아니고 스스로 미혹되었음을 아는 자는 크게 미혹된 것이 아니다. 하지만 크게 미혹된 자는 평생 깨닫지 못하고 크게 어리석은 자는 평생 자각하지 못한다. 세 사람이 길을 걸을 때 한 사람만 길을 잃는다고 하면 가려고 하는 곳에 이를 수 있을 것이다. 길을 잃은 자가 더 적기 때문이다. 두 사람이 길을 잃는다고 하면 아무리 고생해도 이를 수 없을 것이다. 길을 잃은 자가 더 많기 때문이다. 그런데 지금은 온 세상이 길을 잃은 상태이므로 바라는 바가 있어도 도저히 얻을 수가 없다. 이 얼마나 슬픈가!

孝子不諛其親, 忠臣不諂其君, 臣子之盛也. 親之所言而然, 所行而善, 則世俗謂之不肖子. 君之所言而然, 所行而善, 則世俗謂之不肖臣. 而未知此其必然邪! 世俗之所謂然而然之, 所謂善而善之, 則不謂之道諛之人也. 然則俗固嚴於親而尊於君邪! 謂己道人, 則勃然作色. 謂己諛人, 則怫然作色. 而終身道人也, 終身諛人也, 合譬飾辭聚衆也, 是始終本末不相坐. 垂衣裳, 設采色, 動容貌, 以媚一世, 而不自謂道諛, 與夫人之爲徒, 通是非, 而不自謂衆人, 愚之至也. 知其愚者, 非大愚也. 知其惑者, 非大惑也. 大惑者, 終身不解. 大愚者, 終身不靈. 三人行而一人惑, 所適者猶可致也, 惑者少也. 二人惑則勞而不至, 惑者勝也. 而今也以天下惑, 予雖有祈嚮, 不可得也. 不亦悲乎!

諛(유)·諂(첨) : 아부하다, 아첨하다

不肖(불초) : 못나고 어리석다

勃然(발연)·怫然(불연) : 화내는 모습을 표현하는 의태어

譬(비) : 비유하다

飾辭(식사) : 말을 꾸며대다

靈(령) : 신령스럽다, 현명하다

祈嚮(기향) : 바라다

　홀륭한 음악은 대중들의 귀에 들어가지 않지만 '절양'이니 '황과'니
하는 세속적인 음악은 환호성을 지르며 즐거워한다. 따라서 깊이 있고
훌륭한 말이 대중들의 마음속에 받아들여지지 않고 경지가 높은 말이
나오지 않는 것은 세속의 말들이 더 우세하기 때문이다. (세 사람 가운데)
두 사람이 길을 헷갈리면 목적지에 다다를 수 없다. 그런데 지금은 천하
사람들 모두가 길을 잃었는데 자신에게 바라는 바가 있다고 한들 어떻
게 얻을 수 있겠는가. 안 될 것을 알면서 억지로 한다고 한들 그것 또한
길을 잃은 것이다. 따라서 그대로 두고 억지로 하지 않는 것만 못하다.
　억지로 하지만 않는다면 또 무슨 근심이 있겠는가? 문둥병에 걸린 사
람이 한밤중에 자식을 낳고는 등불을 켜서 아이를 살펴보았다고 한다.
자신과 닮지 않은 걸 걱정했기 때문이다.

　　大聲不入於里耳, '折楊', '皇荂', 則嗑然而笑. 是故高言不止
　　於衆人之心, 至言不出, 俗言勝也. 以二垂鍾惑, 而所適不得
　　矣. 而今也以天下惑, 予雖有祈嚮, 其庸可得邪? 知其不可得
　　也而強之, 又一惑也, 故莫若釋之而不推. 不推, 誰其比憂!
　　厲之人夜半生其子, 遽取火而視之, 汲汲然惟恐其似已也.

折楊(절양)·皇荂(황과) : 옛날의 대중음악의 이름들

嗑然(합연) : 입을 크게 벌리고 웃는 모습을 표현하는 의태어

二垂鍾(이수종) : 다리를 늘어뜨리고 걸어가려 하지 않음. 문맥상 앞에 나온 '두

사람이 길을 잃다[二人惑]'라는 구절을 가리킨다.

厲(려) : 문둥병

遽(거) : 급히

汲汲然(급급연) : 급히 서두르는 모습을 표현하는 의태어

해설

남의 말을 무조건 옳다고 말하는 사람은 아첨꾼이다. 이와 마찬가지로 세상 사람들이 생각하는 대로 따라서 생각하는 것 역시 아첨꾼일 것이다. 장자는 이러한 논리를 들어 세상에서 일반적으로 통용되는 가치에 의문을 제기하면서 이를 무작정 따르는 것이 진정 옳은 것인지를 말한다.

15

백 년 된 나무를 잘라서 제사용 술항아리를 만든 뒤 청색, 황색으로 칠해서 장식을 하고 그 남은 나무 쪼가리는 더러운 도랑에 버린다. 술항아리와 도랑 속에 버려진 쪼가리를 비교해 보면 아름답고 추함의 차이가 있을 것이다. 하지만 그 타고난 성질을 잃어버렸다는 점에서는 매한가지다. 마찬가지로 도척과 같은 도둑과 증삼과 사추와 같은 선비도 올바른 행동을 했는지를 기준으로 하면 다를지 몰라도 역시 그 타고난 성질을 잃어버렸다는 점에서는 같다. 이처럼 타고난 성질을 잃어버리는 경우는 다섯 가지가 있다.

첫째, 온갖 아름다운 색이 사람의 눈을 어지럽혀 눈의 작용을 밝지 못하게 하는 경우, 둘째, 온갖 아름다운 소리가 사람의 귀를 어지럽혀 귀의 작용을 뚜렷하게 하지 못하는 경우, 셋째, 온갖 향기로운 냄새가

사람의 코를 유혹해서 코가 막히고 머리를 아프게 하는 경우, 넷째, 온갖 기름진 맛이 사람의 입맛을 흐리게 하여 입을 병들게 하는 경우, 다섯째, 선택과 판단이 사람의 마음을 흔들어 놓아서 성정을 요동치게 만드는 경우가 그것이다.

이 다섯 가지는 모두 타고난 성질을 해치는 것들이다. 그런데 양주와 묵적과 같은 무리가 나와서는 타고난 바를 체득했다고 주장하는데, 내가 볼 때 이는 진정으로 체득한 것이 아니다. 체득하였음에도 여전히 곤궁한 처지에 놓여 있다면, 어떻게 이를 체득했다고 할 수 있겠는가?

만약 정말로 그렇다면 비둘기나 올빼미가 새장 속에 갇힌 것 역시 타고난 성질을 체득했다고 보아야 할 것이다. 좋고 싫음에 대한 선택과 판단, 감각을 자극하는 현란한 사물로 자신의 내면을 가로막고, 면류관과 각종 복식으로 외형을 속박하여, 내면이 울타리에 막혀 있고, 외형은 밧줄에 묶인 상태인데도 스스로 깨달아 얻었다고 여긴다면, 이는 마치 죄인이 밧줄과 형틀에 묶여 있고, 호랑이나 표범이 짐승 우리에 갇혀 있는 것을 일러 타고난 성질을 체득했다고 말하는 꼴이다.

百年之木, 破爲犧尊, 靑黃而文之, 其斷在溝中. 比犧尊於溝中之斷, 則美惡有間矣, 其於失性一也. 跖與曾史, 行義有間矣, 然其失性均也. 且夫失性有五: 一曰五色亂目, 使目不明. 二曰五聲亂耳, 使耳不聰. 三曰五臭薰鼻, 困惾中顙. 四曰五味濁口, 使口厲爽. 五曰趣舍滑心, 使性飛揚. 此五者, 皆生之害也. 而楊墨乃始離跂自以爲得, 非吾所謂得也. 夫得者困, 可以爲得乎? 則鳩鴞之在於籠也, 亦可以爲得矣. 且夫趣舍聲色以柴其內, 皮弁鷸冠搢笏紳修以約其外, 內支盈於柴柵,

外重繻繳, 睆睆然在繻繳之中而自以為得, 則是罪人交臂歷
指, 而虎豹在於囊檻, 亦可以為得矣.

破(파) : 깨뜨리다

犧尊(희존) : 제사용 술항아리

靑黃而文之(청황이문지) : 푸른색과 누런색으로 색칠하다

斷(단) : 찌꺼기

薰鼻(훈비) : 온갖 냄새로 코가 마비되다

厲爽(여상) : 온갖 맛으로 혀가 마비되다

鳩鴞(구효) : 비둘기와 부엉이

籠(롱) : 새장

皮弁(피변) : 가죽으로 만든 갓

鷸冠(휼관) : 깃털 모자

搢笏(진홀) : 옥으로 만든 장식

紳修(신수) : 허리띠와 긴 치마

柴柵(시책) : 울타리

繻繳(묵격) : 노끈, 밧줄

睆睆然(환환연) : 몸이 꽉 매인 모습을 표현하는 의태어

交臂(교비) : 뒤로 결박당함

歷指(역지) : 손가락을 겹쳐서 묶음

虎豹(호표) : 호랑이와 표범

囊檻(낭함) : 짐승을 기르는 우리

해설

타고난 성질을 잃어버리지 않는 것이 중요하다. 장자는 인간이 타고난 성질을 잃어버리는 다섯 가지 경우를 말하고 있다. 다섯 가지 모두는 외부 사물의 유혹에 빠져 온전한 신체의 작용을 하지 못하는 상황이다.

제6편

천도 天道

1

하늘의 도는 계속 운행하면서도 멈추는 법이 없다. 그래서 만물이 이루어지는 것이다. 제왕의 도 역시 계속 운행하면서 멈추지 않는다. 그래서 천하 모든 것이 제왕에게로 돌아와 복종하게 된다. 성인의 도 역시 계속 운행하면서 멈추지 않는다. 따라서 세상 사람들이 그를 따르게 된다. 하늘의 도에 밝고 성인의 도에 통하며 제왕의 덕에 골고루 통달하는 것은 저절로 그렇게 되는 것이므로, 억지로 이룬 것이 아니라 부지불식간에 저절로 그렇게 되는 것이다.

성인이 고요한 것은 고요한 것이 좋다고 해서 일부러 고요하려고 하는 것이 아니다. 만물 가운데 어떠한 것도 성인의 마음을 흔들지 못하므로 저절로 고요해지는 것일 뿐이다. 물이 고요하면 물을 바라보는 사람의 수염이나 눈썹까지도 비추어 주고, 목수가 선을 맞추는 기준으로 사용할 정도로 평평해지게 된다. 물이 고요한 것도 이 정도로 밝게 사물을 비추는데 정신이 고요하면 어떻겠는가! 성인의 마음이 고요하면 천지의 모습을 그대로 비추는 거울이 되며 만물의 모습을 빠짐없이 비추는 거울이 된다.

天道運而無所積, 故萬物成. 帝道運而無所積, 故天下歸. 聖道運而無所積, 故海內服. 明於天, 通於聖, 六通四辟於帝王之德者, 其自為也, 昧然無不靜者矣. 聖人之靜也, 非曰靜也善, 故靜也, 萬物無足以鐃心者, 故靜也. 水靜則明燭鬚眉, 平中準, 大匠取法焉. 水靜猶明, 而況精神! 聖人之心靜乎, 天地之鑑也, 萬物之鏡也.

積(적) : 쌓다, 쌓이다

六通四辟(육통사벽) : 골고루 능통함을 의미

昧然(매연) : 드러나지 않고 잠잠한 모습을 표현하는 말

鐃(뇨) : 어지럽히다

燭(촉) : 비추다

鬚眉(수미) : 수염과 눈썹

準(준) : 목수가 수평선을 긋는 도구

이처럼 마음을 고요하고 편안하고 적막하게 만들며 어떠한 인위적인 생각이나 행동도 하지 않는 것이 천지자연의 원리이며 진정한 도덕의 모습이다. 따라서 제왕과 성인은 그러한 경지에서 편안히 쉬게 된다. 고요함 속에서 편안히 쉬면 마음이 비워지게 되고 마음이 비워지게 되면 모든 사물의 모습을 그대로 받아들일 수 있게 되어 오히려 마음이 가득 차게 되며, 마음이 가득 차게 되면 모든 일이 순리대로 흘러가게 된다. 다시 말해, 마음을 비우면 마음이 고요해지고 마음이 고요해지면 저절로 흘러가게 된다. 저절로 흘러가면 타고난 성질대로 살아가는 도의 경

지를 체득하게 된다.

또한 고요하면 인위적으로 행동하는 바가 없게 되는데, 이처럼 인위를 버리고 무위의 태도를 지닌다는 것은 각자 그 책무를 다하도록 맡겨두는 것을 가리킨다. 인위적으로 하는 것이 없는 상태에서는 본성에 어긋나지 않아서 항상 즐거운 상태를 유지할 수 있게 되므로 근심 걱정이 사라지고 장수할 수 있게 된다. 고요하고 적막하고 안정된 상태가 바로 만물의 본원의 상태다. 이러한 이치를 잘 알고 군주로 정사를 다스렸던 것이 요임금의 방식이었고, 이러한 이치를 잘 알고 신하로 군주를 보필했던 것이 순의 방식이었다.

이러한 방식으로 높은 자리에 임하는 것이 제왕과 천자가 지녀야 할 덕목이며, 이러한 방식으로 낮은 자리에 처하는 것이 성인들과 소왕(素王)이 지켜야 할 도리다. 이러한 태도로 권력에서 물러나 한가로이 노닐면 산속에 숨어사는 선비들까지도 감복하여 따르게 될 것이고, 이것을 가지고 권력에 나아가 세상을 어루만지면 그 효과가 크게 드러나 천하를 통일할 수 있을 것이다. 고요히 있으면 성인이라 할 수 있고, 나서서 움직이면 제왕이 된다. 무위를 실천하면 만물이 모두 존경하며, 소박함을 유지하면 천하에 상대할 자가 없을 만큼 훌륭해진다.

천지자연의 일정한 덕을 잘 이해하는 것, 이것을 가장 근본이 되는 일이라고 한다. 이는 하늘과 조화를 이루는 것을 말한다. 이를 통해 천하를 고르게 다스리는 것은 사람들과 함께 조화를 이루는 것이다. 사람들과 조화를 이룬 상태를 가리켜 인간 세상의 즐거움이라 말하고, 천지자연과 조화를 이룬 상태를 자연의 즐거움이라 말한다.

夫虛靜恬淡, 寂漠無爲者, 天地之平而道德之至, 故帝王聖人休焉. 休則虛, 虛則實, 實者倫矣. 虛則靜, 靜則動, 動則得矣. 靜則無為, 無為也, 則任事者責矣. 無為則俞俞, 俞俞者憂患不能處, 年壽長矣. 夫虛靜恬淡, 寂寞無為者, 萬物之本也. 明此以南鄉, 堯之為君也. 明此以北面, 舜之為臣也. 以此處上, 帝王天子之德也. 以此處下, 玄聖素王之道也. 以此退居而閒游, 江海山林之士服. 以此進為而撫世, 則功大名顯而天下一也. 靜而聖, 動而王, 無為也而尊, 樸素而天下莫能與之爭美. 夫明白於天地之德者, 此之謂大本大宗, 與天和者也. 所以均調天下, 與人和者也. 與人和者, 謂之人樂. 與天和者, 謂之天樂.

虛則實(허즉실) : 빈 잔에 물이 담기는 것처럼 마음에 자신의 생각을 비워야 사물의 이치를 이해할 수 있다는 뜻

倫(륜) : 도리

俞俞(유유) : 편안히 즐거운 상태를 표현하는 말

大本大宗(대본대종) : 모든 것의 가장 근본이 되는 원리인 도를 표현하는 말

장자가 말했다. "나의 스승이시여! 나의 스승이시여! 만물과 조화를 이루면서도 스스로 의롭다고 여기지 않고, 은혜가 온 세상에 퍼져도 스스로 인자하다고 여기지 않는구나! 아득히 먼 옛날보다 더 오래 이어져 왔으면서도 스스로 장수했다고 여기지 않고, 천지를 품고 만물을 빚어내지만, 스스로 재주가 있다고 여기지 않는다. 이것을 바로 자연의 즐거움이라 한다. 따라서 '자연의 즐거움을 아는 자는 살아서는 자연의 이치

에 따라 행동하다가 죽어서는 사물과 함께 변화한다. 가만히 있을 때는 음기와 같이 고요히 머물며 움직일 때는 양기와 같이 일렁인다'라는 말이 있다. 자연의 즐거움을 아는 자는 하늘로부터 재앙을 받을 일이 없고 사람들에게서 비난을 받지 않으며 사물에 얽매이는 일도 없고 귀신의 책망을 받지도 않는다.

또한 이런 말도 있다. '행동할 때는 마치 하늘과 같고 멈추어 있을 때는 마치 땅과 같다. 마음이 하나로 안정되어 있으므로 천하를 다스릴 수 있다. 그의 육체는 손상되지 않고 정신은 피로해지는 법이 없다. 오직 마음을 한곳에 집중하면 만물이 그에게 복종한다.' 즉 마음을 고요하고 적막하게 비운 상태로 천지에 다가가면 만물에 통달할 수 있다는 말로, 이러한 경지를 자연의 즐거움이라고 한다. 성인의 마음은 이러한 자연의 즐거움으로 가득한 상태이며, 성인은 이를 통해 천하를 기른다. 이것이 곧 자연의 즐거움이니, 자연의 즐거움이란 성인의 마음가짐으로써 천하를 기르는 것을 의미한다."

莊子曰:"吾師乎! 吾師乎! 蘁萬物而不爲戾, 澤及萬世而不爲仁, 長於上古而不爲壽, 覆載天地刻雕眾形而不爲朽, 此之謂天樂. 故曰: 知天樂者, 其生也天行, 其死也物化. 靜而與陰同德, 動而與陽同波. 故知天樂者, 無天怨, 無人非, 無物累, 無鬼責. 故曰: 其動也天, 其靜也地, 一心定而王天下. 其鬼不祟, 其魂不疲, 一心定而萬物服. 言以虛靜推於天地, 通於萬物, 此之謂天樂. 天樂者, 聖人之心, 以蓄天下也."

吾師乎(오사호) : 여기에서 스승[師]은 도(道)를 가리킨다. 장자는 도의 원리를 따르므로 도를 스승이라고 말하는 것이다.

蘊(제) : 부수다

戾(려) : 탐하다, 욕심을 부리다

刻雕(각조) : 깎다, 조각하다

해설

자연의 원리와 성인의 도에 관해 이야기하고 있다. 위대한 성인의 도는 다름이 아니라 자연 그대로의 원리를 말한다. 장자는 인간이 억지로 만들어 낸 것이 아니라 있는 그대로의, 타고난 그대로의 방식을 이상적이라고 생각한다.

2

제왕이 지녀야 할 덕이란 천지를 근본으로 삼고 도와 덕을 중심으로 여기며 무위를 원칙으로 삼는 것이다. 무위를 원칙으로 삼아 천하를 다스리면 천하 사람들을 전부 사용하면서도 여유롭다. 반면, 자신의 생각대로 억지로 천하를 다스리고자 하면 세상의 일에 쫓겨 아무리 노력해도 부족하다. 따라서 옛날의 훌륭한 사람들은 무위를 귀하게 여겼다.

높은 자리에 있는 제왕이 무위하고, 낮은 자리에 있는 신하 역시 무위하면 신하와 제왕의 덕이 같아지게 되므로, 신하가 더 이상 신하답지 않게 된다. 반대로 제왕이 유위하고 신하도 유위하면 제왕과 신하의 방식이 같아지므로, 제왕이 더 이상 제왕답지 못하게 된다. 따라서 높은 자리에 있는 제왕은 반드시 무위의 방식으로 천하를 다스려야 하고 낮은 자리에 있는 신하는 반드시 유위의 방식으로 천하를 위해 일해야 한다. 이는 결코 바뀌어서는 안 되는 중요한 원칙이다.

따라서 옛날의 천하를 다스렸던 임금들은 천지를 포용할 만큼 지혜가 뛰어났어도 스스로 판단해서 행동하지 않았고, 만물을 두루 보살필 만큼 말솜씨가 뛰어났어도 스스로 사람들을 설득하지 않았다. 세상 구석구석에 힘이 미치지 않는 곳이 없지만 스스로 나서지 않았다. 하늘이 만물을 낳지 않아도 만물은 스스로 생겨나고, 땅이 만물을 길러주지 않아도 만물은 스스로 자라는 법이다. 이처럼 통치자가 억지로 다스리려고 하지 않아도 세상은 저절로 다스려진다.

따라서 "하늘보다 신령한 것이 없고, 땅보다 풍성한 것이 없으며, 제왕보다 위대한 것은 없다"라고 말하며, "제왕의 덕은 하늘과 땅과 맞먹는다"라고 말한다. 이처럼 자연의 원리를 따라 만물을 움직이게 하는 것이 사람들을 다스리는 법칙인 것이다.

夫帝王之德, 以天地為宗, 以道德為主, 以無為為常. 無為也, 則用天下而有餘. 有為也, 則為天下用而不足. 故古之人貴夫無為也. 上無為也, 下亦無為也, 是下與上同德, 下與上同德則不臣. 下有為也, 上亦有為也, 是上與下同道, 上與下同道則不主. 上必無為而用天下, 下必有為為天下用, 此不易之道也. 故古之王天下者, 知雖落天地, 不自慮也. 辯雖彫萬物, 不自說也. 能雖窮海內, 不自為也. 天不產而萬物化, 地不長而萬物育, 帝王無為而天下功. 故曰: "莫神於天, 莫富於地, 莫大於帝王." 故曰: "帝王之德配天地." 此乘天地, 馳萬物, 而用人群之道也.

用天下而有餘(용천하이유여) : 천하를 다스리고도 남을 정도로 뛰어나다는 의미

為天下用而不足(위천하용이부족) : 천하에 오히려 다스림을 받고도 부족할 정도
로 좋지 않다는 의미

해설

본격적으로 통치자의 올바른 태도에 관해 이야기하고 있다. 윗사람인 제
왕이 지녀야 할 태도와 아랫사람인 신하가 지녀야 할 태도는 서로 다르다.
윗사람이 자신의 뜻대로 정사를 베풀면 반드시 천하의 일을 포용하지 못
하는 경우가 생기기 마련이다. 반면 자신의 마음을 비워 벌어지는 상황에
대응하면 어떤 일도 융통성 있게 대처할 수 있다. 따라서 무위의 태도로 하
면 천하 사람들을 전부 부리고도 힘이 남는다고 하고, 유위의 태도로 하면
천하의 일에 쫓겨 아무리 노력해도 힘이 부족하다고 한 것이다.

3

근본적인 것은 위에 있어야 하고, 밑단은 아래에 있어야 한다. 중요
한 일은 임금이 맡아야 하고, 나머지 세세한 것은 신하가 맡아야 한다.
군대를 움직이고 병사를 다루는 것은 덕의 말단이다. 상벌을 따지는 것
은 백성을 교화하는 일의 말단이다. 예절과 제도를 세우고 일이 돌아가
는 상황을 파악하는 것은 통치의 말단이다. 종과 북소리, 화려한 장식과
춤사위 이런 것들은 음악의 말단이다. 장례식에서 곡과 읍을 하며 상복
을 갖추어 입는 것은 슬픈 감정의 말단이다.

이러한 다섯 가지 말단은 우선 정신과 마음을 제대로 다스려 사용한
후에 이를 뒤따라야 하는 것이다. 옛사람들은 이런 말단에 관한 배움을

앞세우지 않았다.

本在於上, 末在於下. 要在於主, 詳在於臣. 三軍五兵之運, 德
之末也. 賞罰利害, 五刑之辟, 教之末也. 禮法度數, 形名比
詳, 治之末也. 鐘鼓之音, 羽毛之容, 樂之末也. 哭泣衰絰, 隆
殺之服, 哀之末也. 此五末者, 須精神之運, 心術之動, 然後從
之者也. 末學者, 古人有之, 而非所以先也.

三軍五兵(삼군오병) : 삼군(三軍)은 많은 군사, 오병(五兵)은 많은 무기. 군대를
　　　　　가리킨다.

詳(상) : 세세하다, 상세하다. 여기에서는 중요한 것이 아닌 나머지의 것을 가리
　　　킨다.

度數(도수) : 제도

形名(형명) : 실제의 내용과 명분. 여기에서는 구체적인 일의 상황을 가리킨다.

羽毛(우모) : 춤을 출 때 손에 쥐는 장식

哭泣(곡읍) : 장례의 예절로 곡(哭)은 소리 내어서 우는 것, 읍(泣)은 눈물을 흘리
　　　면서 우는 것을 말한다.

衰絰(쇠질) : 장례의 복장

隆殺(융살) : 장례에서 관계에 따라 예절이 달라지는 것을 말한다.

임금이 앞서면 신하가 따르고, 아버지가 앞서면 자식이 뒤따른다. 형
이 앞서면 동생이 따르고, 어른이 앞서면 아이가 뒤따른다. 남자가 앞서
면 여자가 따르고, 부인이 뒤따르면 아내가 뒤따른다. 이처럼 높은 것이

앞서고 낮은 것이 뒤따르는 것은 자연스러운 질서다. 따라서 성인은 그 것을 본보기로 삼았다.

하늘이 높고 땅이 낮은 것은 신명스러운 작용의 순서다. 봄과 여름이 앞서고 가을과 겨울이 뒤따르는 것은 사계절이 흘러가는 질서다. 만물이 생겨나고 죽을 때, 싹이 생기고 자라서 시드는 것은 만물이 변화하는 일정한 흐름이다. 이처럼 천지자연은 가장 신묘한 것이면서도 높고 낮음의 질서가 분명히 있다. 그런데 인간의 도리야 말할 것이 있겠는가!

제사에서는 가까운 친척이 중요하고, 조정에서는 높은 벼슬을 하는 자가 귀하고, 마을에서는 나이가 많은 사람이 중요하고, 일을 할 때는 지혜가 많은 사람이 귀하니, 이것이 위대한 자연의 질서인 것이다. 참된 도를 말하면서 그 질서를 부정한다면 그것은 참된 도를 부정하는 것이다. 참된 도를 말하면서 도를 부정한다면 어떻게 참된 도를 따른다고 할 수 있겠는가?

君先而臣從, 父先而子從, 兄先而弟從, 長先而少從, 男先而女從, 夫先而婦從. 夫尊卑先後, 天地之行也, 故聖人取象焉. 天尊地卑, 神明之位也. 春夏先, 秋冬後, 四時之序也. 萬物化作, 萌區有狀, 盛衰之殺, 變化之流也. 夫天地至神, 而有尊卑先後之序, 而況人道乎! 宗廟尚親, 朝廷尚尊, 鄕黨尚齒, 行事尚賢, 大道之序也. 語道而非其序者, 非其道也. 語道而非其道者, 安取道!

萌區(맹구) : 맹(萌)은 땅 밖으로 솟아난 싹, 구(區)는 아직 솟아나지 않은 싹이다.

鄕黨(향당) : 마을, 고향

해설

근본과 말단을 구분해 중요한 것과 그렇지 않은 것을 설명하고 있다. 물론 여기에서 말하는 '근본'은 도를 의미한다. 세상의 근본 원리를 파악하고 이에 따르면 나머지는 저절로 흘러가게 된다는 이치다. 이러한 원칙을 정치 영역에 적용하면, 통치자는 근본을 중요하게 여겨야 하며 말단에 신경을 써서는 안 된다는 원칙을 도출할 수 있다. 마치 사계절에 순서가 있듯이 인간 세상에도 마땅히 따라야 하는 절차와 순서가 있다. 그것을 정확하게 파악한 후 올바른 순서에 따라 일을 처리하면 이루지 못할 일이 없을 것이다.

4

따라서 옛날 도를 밝게 깨달은 자는 먼저 자연의 이치를 분명히 하고, 도와 덕을 밝혔다. 도와 덕을 밝히자 인과 의와 같은 윤리법칙이 뒤를 따랐다. 인과 의가 분명해진 후에 각자의 분수와 올바른 질서를 따졌다. 분수와 질서가 분명해진 후에 실제의 사정을 밝혔다. 실제의 사정이 분명해진 후에 그에 따라서 적합한 인물을 임명했다.

적합한 인물을 임명한 후에 관리와 감독을 철저히 했다. 관리와 감독이 철저해진 이후에 옳고 그름에 대한 판단을 내렸다. 옳고 그름에 대한 판단을 내린 이후에 상벌을 시행했다. 상벌의 시행이 제대로 시행된 이후에 어리석은 자와 지혜로운 자, 귀한 자와 천한 자, 어진 자와 못난 자가 각자의 재능과 능력에 따라 나뉘어 올바른 자리에 있을 수 있게 되었다.

이러한 방법으로 윗사람을 섬기고 아랫사람을 기르며 사물을 다스리고 몸을 수양하면 헛된 지모를 쓸 일이 사라지고 자연의 품으로 돌아갈 수 있게 된다. 이러한 상태를 '천하 태평한 상태'라고 하니 지극히 이상적인 통치의 모습이다.

是故古之明大道者, 先明天而道德次之, 道德已明而仁義次之, 仁義已明而分守次之, 分守已明而形名次之, 形名已明而因任次之, 因任已明而原省次之, 原省已明而是非次之, 是非已明而賞罰次之. 賞罰已明而愚知處宜, 貴賤履位, 仁賢不肖襲情, 必分其能, 必由其名. 以此事上, 以此畜下, 以此治物, 以此修身, 知謀不用, 必歸其天, 此之謂太平, 治之至也.

因任(인임) : 능력에 따라 적합한 인물을 임명하는 것

原省(원성) : 조사하고 살핌. 즉 일을 관리하고 감독하는 것이다.

옛날 책에서도 "실제에 알맞은 이름이 있다"라고 했듯이 실제와 이름을 일치시키는 것은 옛날 사람들도 중요하게 생각하였다. 하지만 다른 것에 우선하지는 않았다. 옛날 위대한 도를 말했던 사람들은 다섯 번째 단계에서야 실제와 이름을 일치시키는 것에 대한 이야기를 하였고, 아홉 번째 단계에서야 상벌 이야기를 하였다.

그런데 다짜고짜 실제와 이름에 관한 이야기를 한다면 근본 절차를 모르는 것이다. 다짜고짜 상벌 타령부터 한다면 올바른 다스림을 알지 못하는 것이다. 도를 거꾸로 말하고 도에 거슬리는 주장을 하는 것은 자연에 어긋나는 통치 방식이다. 어찌 제대로 통치할 수 있겠는가! 다짜고짜 그런 말을 하는 것은 정치의 기술은 알고 있는지 모르겠으나 진정

한 원리를 이해한다고 볼 수는 없다. 이런 사람은 세상에서 사용될 수는 있겠지만 천하를 움직일 수는 없다.

이런 사람들을 가리켜 '말만 번지르르한 선비', '한 가지 재주만 있는 사람'이라고 한다. 예절과 제도를 정하고 실제의 사정을 조사하는 일은 옛사람들도 했던 것이지만 이는 아랫사람이 윗사람을 섬길 때 했던 일이지, 윗사람이 아랫사람을 다스릴 때 했던 일이 아니다.

故書曰: "有形有名." 形名者, 古人有之, 而非所以先也. 古之語大道者, 五變而形名可舉, 九變而賞罰可言也. 驟而語形名, 不知其本也. 驟而語賞罰, 不知其始也. 倒道而言, 迕道而說者, 人之所治也, 安能治人! 驟而語形名賞罰, 此有知治之具, 非知治之道. 可用於天下, 不足以用天下. 此之謂辯士, 一曲之人也. 禮法度數, 形名比詳, 古人有之, 此下之所以事上, 非上之所以畜下也.

驟(취) : 갑작스럽게, 다짜고짜

一曲之人(일곡지인) : 한 가지 재주만 있는 사람

해설

구체적인 통치 방식에 관해 이야기한다. 가장 먼저 자연의 이치를 이해하고 도와 덕을 세워야 한다. 윤리나 정치는 그다음의 일이다. 하지만 세상의 모든 통치자는 제도를 정하고 형벌의 원칙을 세우는 중요하지 않은 일을 지나치게 중시한다. 장자는 이것은 통치자의 역할이 아니라고 비판한다.

5

옛날 순이 요임금에게 질문을 한 적이 있다. "천자는 어떻게 마음을 써야 합니까?"

요임금이 말했다. "나는 의지할 곳 없는 이들을 함부로 대하지 않으며 곤궁에 빠진 백성을 내버려 두지 않으며 죽은 자를 안타깝게 여기며 고아를 사랑하며 과부를 불쌍히 여긴다. 이것이 내가 마음을 쓰는 방법이다."

순이 말했다. "훌륭하긴 하지만 아직 위대하다고 말할 수는 없을 것 같습니다."

요임금이 말했다. "그러면 어떻게 해야 하는가?"

순임금이 말했다. "하늘과 같은 덕을 지니면 자연스럽게 세상이 안정됩니다. 태양이 뜨고, 사계절이 운행하며, 밤낮이 규칙적으로 바뀌고, 구름이 모여 비가 내리듯 말이죠."

요임금이 말했다. "내가 세상을 어지럽히고 있었구나! 그대는 자연과 화합하지만 나는 고작 인간들과 화합하고자 했구나."

천지자연은 옛날의 위인들이 하나같이 위대하다고 여겼다. 황제, 요, 순임금이 모두 훌륭하다고 여겼던 것이다. 옛날의 제왕들은 어떻게 행동했을까? 다 천지자연의 이치를 그대로 따랐을 뿐이다.

昔者舜問於堯曰: "天王之用心何如?" 堯曰: "吾不敖無告, 不廢窮民, 苦死者, 嘉孺子而哀婦人. 此吾所以用心也." 舜曰: "美則美矣, 而未大也." 堯曰: "然則何如?" 舜曰: "天德而出寧, 日月照而四時行, 若晝夜之有經, 雲行而雨施矣." 堯曰: "膠膠擾擾乎! 子, 天之合也. 我, 人之合也." 夫天地者, 古之所大

也, 而黃帝堯舜之所共美也. 故古之王天下者, 奚為哉? 天地
而已矣.

敖(오) : 함부로 대하다

無告(무고) : 괴로움을 하소연할 곳이 없는 사람

廢(폐) : 버리다

嘉(가) : 사랑하다

孺子(유자) : 어린 남자아이. 여기에서는 고아를 의미한다.

晝夜之有經(주야지유경) : 밤낮이 바뀌는 것에는 분명한 규칙이 있음

膠膠擾擾(교교요요) : 어지러운 모습을 표현하는 말

해설

어려운 사람을 돕는 것과 같은 인간 세상의 일은 중요하기는 하지만 핵심
이 아니다. 가장 핵심이 되는 것은 천지자연의 원리를 이해하는 것이다. 이
것이 가능하다면 인간 세상의 일은 쉽게 처리할 수 있게 된다.

6

공자가 주나라 왕실에 경서를 기증하고자 서쪽으로 떠나려고 하였다.

자로가 공자에게 말했다. "제가 듣기로 주나라 왕실 서고 관리인 자
리에 노담이란 자가 있다가 은퇴한 후에 지금은 낙향하여 산다고 합니
다. 스승님께서 경서를 전하려 하신다면 그에게 한번 청해보시지요."

공자는 "좋구나"라고 말하고는 노담을 찾아가 만나고자 했지만, 노
담이 만남을 허락하지 않았다. 그래서 공자는 열두 경서를 펼쳐놓고 이

를 설명하였는데, 노담은 공자의 말을 멈추고는 이렇게 말했다. "어지러운 말 그만하고 요점만 말해보시오."

공자가 말했다. "제 말의 요점은 바로 인의(仁義)에 있습니다."

노담이 말했다. "그 인의라는 것이 인간의 타고난 성질이라고 생각하시오?"

공자가 말했다. "그렇습니다. 어질지 않으면 군자가 될 수 없고, 의롭지 못하면 군자로 살아갈 수 없지요. 인의만이 인간의 참된 본성이라 할 수 있습니다. 어찌 다른 것이 있겠습니까?"

노담이 말했다. "그렇다면 구체적으로 인의가 무엇이오?"

공자가 말했다. "마음을 다해 사물을 편안하게 하며 사람들을 널리 사랑하고 사사롭게 대하지 않는 것이 구체적인 인의의 내용이라 할 수 있습니다."

노담이 말했다. "아! 참으로 쓸모없는 말이로구나! 사람들을 널리 사랑한다는 말은 참으로 터무니없는 말이 아니오! 사사롭지 않게 대한다는 것이 곧 사사로운 것이오. 그대는 정말로 세상 사람들이 타고난 성질을 간직하기를 바라는 것이오? 그렇다면 내 말을 한번 들어보시오. 천지자연은 본래의 일정한 모습이 있소. 해와 달은 본래 밝게 빛난다오. 별자리는 본래부터 일정한 형태를 지니고 있소. 짐승은 본래부터 무리를 지어 산다오. 나무는 본래부터 땅 위에 서서 자라오. 당신 역시 자신도 모르게 인간이 타고난 덕에 따라 움직이고 도를 따라 살고 있을 것이오. 그것으로 충분하오. 그런데 또 어찌하여 마치 길 잃은 아이를 찾듯 떠들썩하게 소리 높여 인의를 말하는 것이오? 아! 참으로 그대는 인간의 타고난 성질을 어지럽히고 있구려!"

孔子西藏書於周室, 子路謀曰:"由聞周之徵藏史有老聃者,
免而歸居. 夫子欲藏書, 則試往因焉." 孔子曰:"善." 往見老
聃, 而老聃不許, 於是繙十二經以說. 老聃中其說, 曰:"大謾,
願聞其要." 孔子曰:"要在仁義." 老聃曰:"請問: 仁義, 人之性
邪?" 孔子曰:"然. 君子不仁則不成, 不義則不生. 仁義, 眞人
之性也, 又將奚爲矣?" 老聃曰:"請問何謂仁義?" 孔子曰:"中
心物愷, 兼愛無私, 此仁義之情也." 老聃曰:"意! 幾乎後言!
夫兼愛, 不亦迂乎! 無私焉, 乃私也. 夫子若欲使天下無失其
牧乎? 則天地固有常矣, 日月固有明矣, 星辰固有列矣, 禽獸
固有群矣, 樹木固有立矣. 夫子亦放德而行, 循道而趨, 已至
矣, 又何偈偈乎揭仁義, 若擊鼓而求亡子焉? 意! 夫子亂人之
性也!"

西(서) : 주나라를 가리킨다. 노나라 서쪽에 있었으므로 이렇게 말했다.

藏(장) : 왕의 책장에 자신의 책을 보관하도록 하는 것. 즉 기증하는 것을 뜻한다.

徵藏史(징장사) : 서고의 관리

十二經(십이경) : 공자가 지은 열두 종류의 책을 말함. 시경, 서경, 예경, 악경, 역경,
　　　　　춘추경과 각각에 대한 해설을 더한 열두 가지

愷(개) : 편안하다, 즐겁다

兼愛無私(겸애무사) : 골고루 사랑하고 치우침이 없이 공평함

星辰(성신) : 별

偈偈乎(게게호) : 억지로 힘쓰는 모습을 표현하는 말

세상의 윤리 법칙은 타고난 모습이 아니라 억지로 만들어낸 것일 뿐이다. 타고난 모습 그대로 가만히 놓아두는 것만으로도 충분하다.

7

사성기가 노자를 찾아뵙고 물었다. "제가 듣기로 스승님이 성인이라고 하여 먼 길을 마다하고 이렇게 찾아오게 되었습니다. 정말로 스승님을 뵙고 싶어 발이 부르트는데도 여러 날에 걸쳐서 걸음을 멈추지 않았습니다. 그런데 지금 보니 성인이 아닌 것 같습니다. 쥐구멍에 곡식이 남아 이리저리 흩어져 있는데도 이를 아까워하지 않으니, 어진 행동이라 할 수 없습니다. 게다가 각종 생물과 익힌 음식이 남아 있는데도 거두어들이기를 멈추지 않으시는군요."

노자는 아무런 대꾸도 하지 않았다. 사성기가 다음 날 노자를 다시 찾아와 말했다. "어제는 제가 스승님을 헐뜯었는데 제 잘못을 깨달았습니다. 어제 스승님은 왜 아무 말씀도 하시지 않았습니까?"

노자가 말했다. "지혜로운 사람이니, 신성한 사람이니 하는 말에 대해서는 조금도 관심이 없소. 어제 당신이 나를 소라고 불렀으면 나 역시 그렇게 나를 소개했을 것이고 당신이 나를 말[馬]이라고 불렀어도 똑같이 했을 것이오. 내게 어떤 실상이 있어 사람들이 그에 따라 이름을 부르는데 내가 그를 받아들이지 않는다면, 이는 이중의 잘못이라 할 수 있소. 그래서 나는 남이 무엇이라고 하든 자연스럽게 받아들이지 어떤 마음을 가지고 있지는 않소."

사성기는 깊은 깨달음을 얻고 살며시 물러나 최대한 예를 갖추며 노자의 그림자조차 밟지 않으려 했다. 노자가 방으로 들어가자 사성기가 헐레벌떡 따라 들어가 노자에게 물었다. "그렇다면 어떻게 저 자신을 수양해야 하겠습니까?"

노자가 말했다. "당신의 얼굴은 근엄하고 눈은 또렷하며 이마는 훤하고 입은 사납고 자세는 오만하오. 마치 말을 억지로 묶어놓은 채 움직이지 않게 만들어둔 것 같단 말이오. 행동은 억지로 절제하며 일 처리는 재빠르고 살펴볼 때는 꼼꼼하며 교묘하게 지식을 사용하고 있소. 이 모든 짓이 다 거짓처럼 꾸며낸 것 같소. 비슷한 사람이 저 국경지대에 살았지. 그자의 이름은 '도둑'이라고 했다오."

士成綺見老子而問曰:"吾聞夫子聖人也, 吾固不辭遠道而來, 願見, 百舍重趼而不敢息. 今吾觀子, 非聖人也. 鼠壤有餘蔬, 而棄妹之者, 不仁也. 生熟不盡於前, 而積斂無崖." 老子漠然不應. 士成綺明日復見, 曰:"昔者吾有刺於子, 今吾心正卻矣, 何故也?" 老子曰:"夫巧知神聖之人, 吾自以為脫焉. 昔者子呼我牛也而謂之牛, 呼我馬也而謂之馬. 苟有其實, 人與之名而弗受, 再受其殃. 吾服也恒服, 吾非以服有服." 士成綺雁行避影, 履行, 遂進而問:"修身若何?" 老子曰:"而容崖然, 而目衝然, 而顙頯然, 而口闞然, 而狀義然, 似繫馬而止也. 動而持, 發也機, 察而審, 知巧而睹於泰, 凡以為不信. 邊竟有人焉, 其名為竊."

士成綺(사성기) : 사람 이름

鼠壤(서양) : 쥐구멍

蔬(서) : 양식, 음식

刺(자) : 헐뜯다, 비난하다

恒(항) : 항상

履行(이행) : 신발을 신은 채 가다. 급히 방으로 들어가느라 신발을 벗지도 않은
상황을 가리킨다.

崖然(애연) : 근엄한 모습을 표현하는 말

衝然(충연) : 또렷한 모습을 표현하는 말

頯然(규연) : 널찍한 모습을 표현하는 말

闞然(감연) : 입을 크게 벌리는 모습을 표현하는 말

義然(의연) : 오만하고 거만한 모습을 표현하는 말

繫(계) : 묶다, 매다

邊竟(변경) : 국경

해설

이름과 명칭은 중요하지 않다. 이름이란 사물과 사물을 구분하기 위해 인
위적으로 만들어 붙인 것이다. 이런 것들에 집착하면 도와 멀어질 수밖에
없다.

8

선생이 말했다. "도는 어떤 거대한 것에도 이를 수 있고, 어떤 작은
것도 빠짐없이 포용한다. 따라서 만물이 온전히 갖추어지는 것이다. 도
는 넓고 넓어서 포용하지 못하는 게 없고, 깊고 깊어서 감히 잴 수도 없
다. 흔히 세상에서 중요하게 생각하는 형벌이나 인의라는 도리는 말단

일 뿐이다. 지인(至人)의 경지에 이른 자가 아니고서 누가 이런 원칙을 정할 수 있겠는가? 세상을 다스리는 일은 지인(至人)에게도 막중한 일이 아닐 수 없지만, 결코 그를 얽매이게 할 수는 없다. 이러한 자는 세상 모든 사람이 권력을 다투어도 동요하지 않으며, 그 어떤 것에도 마음을 담아두지 않으니, 이익의 유혹에 마음이 흔들리는 법이 없다. 사물의 참된 본성을 잘 파악하여 근본을 잘 지키기 때문에 정신이 방해받는 일이 없이 천지와 만물을 벗어나 자유롭게 노닐 수 있다. 참된 도와 통하고 덕과 합치되며 인의를 물리치고 예악을 내버림으로써 지인(至人)의 마음은 항상 안정을 유지한다."

夫子曰：“夫道, 於大不終, 於小不遺, 故萬物備. 廣廣乎其無不容也, 淵乎其不可測也. 形德仁義, 神之末也, 非至人孰能定之! 夫至人有世, 不亦大乎! 而不足以為之累. 天下奮棅而不與之偕, 審乎無假而不與利遷, 極物之眞, 能守其本, 故外天地, 遺萬物, 而神未嘗有所困也. 通乎道, 合乎德, 退仁義, 賓禮樂, 至人之心有所定矣.”

廣廣乎(광광호) : 넓고 광활한 모습을 표현하는 말

淵乎(연호) : 깊고 아득한 모습을 표현하는 말

奮柄(분병) : 권력을 잡고 휘두르다

9

세상 사람들이 도를 얻기 위해 중요하게 생각하는 것은 바로 책이다.

책이란 결국 말이나 다름없는 것이다. 물론 말에도 중요한 점이 있다. 말이 중요한 것은 말에 의미가 담겨 있기 때문이다. 말이 담고 있는 의미에는 가리키는 바가 있다. 그런데 정작 의미가 가리키는 바는 말로 전할 수 없다. 하지만 세상 사람들은 말을 귀하게 여겨서 오로지 책만 중요시한다. 세상 사람들은 책과 말을 귀하게 여기지만 내가 볼 때 그것은 전혀 귀하지 않다.

사람들이 귀하게 여기는 것들은 진정으로 귀한 것이 아니다. 눈으로 보아서 볼 수 있는 것은 형체와 색깔뿐이고, 귀로 들어서 들을 수 있는 것은 명칭과 소리뿐이다. 그런데 안타깝게도 사람들은 형체와 색깔, 명칭과 소리로 실상을 알아낼 수 있다고 생각한다. 그런데 형체와 색깔과 명칭과 소리로는 다 알 수 없는 것들이 있다. 따라서 제대로 아는 사람은 말로 표현하지 않는다. 말로 표현하는 사람은 제대로 알지 못하는 사람이다. 세상 그 누가 이 사실을 알고 있을까!

世之所貴道者, 書也, 書不過語, 語有貴也. 語之所貴者, 意也, 意有所隨. 意之所隨者, 不可以言傳也, 而世因貴言傳書. 世雖貴之, 我猶不足貴也, 為其貴非其貴也. 故視而可見者, 形與色也. 聽而可聞者, 名與聲也. 悲夫! 世人以形色名聲為足以得彼之情! 夫形色名聲果不足以得彼之情, 則知者不言, 言者不知, 而世豈識之哉!

意(의) : 뜻, 의미. 언어의 내용을 말한다.

隨(수) : 좇다, 추구하다. 뜻이 가리키는 바를 말한다.

제나라의 환공이 대청마루 위에서 책을 읽고 있었다. 수레바퀴 만드는 일을 담당하는 윤편이라는 자가 그 아래에서 나무를 깎아 수레를 만들다가 쇠몽치와 끌을 내려놓고 올라와 환공에게 물었다. "전하께서 읽고 계신 것은 무슨 말을 쓴 책입니까?"

환공이 말했다. "성인의 말씀이다."

윤편이 말했다. "그 성인은 살아 계십니까?"

환공이 말했다. "이미 돌아가셨다."

윤편이 말했다. "그렇다면 전하께서 읽고 계신 것은 옛날 사람이 남겨놓은 찌꺼기가 아닐는지요?"

환공이 화를 내며 말했다. "과인이 읽는 책에 대해 수레바퀴 만드는 자 따위가 어찌 함부로 입을 놀리느냐? 그렇게 여긴 이유를 말해보거라. 제대로 된 이유를 말하면 괜찮지만 그렇지 않으면 죽음을 맞이하게 될 것이다."

윤편이 말했다. "제 경험을 바탕으로 말씀드리겠습니다. 수레바퀴를 깎을 때 여유롭게 오랫동안 깎으면 지나치게 느슨해져서 바퀴가 견고하지 못하고, 급하게 대충 깎으면 빡빡하여 잘 들어가지 않습니다. 급하지도 여유롭지도 않게 깎는다는 것은 손의 감각으로 알고 마음으로 반응하는 것이지 말로 정확히 설명하기는 힘듭니다. 정확히 깎는 정도야 있겠지만 저는 그것을 도저히 제 자식에게 말로 전해줄 수 없고 또한 제 자식도 저에게서 전해 받을 수 없습니다. 그래서 나이가 칠십이 되어서도 여전히 제가 수레바퀴를 깎고 있는 것입니다. 옛사람 역시 온전히 그 생각을 전하지 못하고 죽어버렸을 것입니다. 그러니 전하께서 읽고 계신 것은 옛사람이 남겨놓은 찌꺼기 아니겠습니까."

桓公讀書於堂上, 輪扁斲輪於堂下, 釋椎鑿而上, 問桓公曰: "敢問公之所讀者何言邪?" 公曰: "聖人之言也." 曰: "聖人在乎?" 公曰: "已死矣." 曰: "然則君之所讀者, 古人之糟魄已夫!" 桓公曰: "寡人讀書, 輪人安得議乎! 有說則可, 無說則死." 輪扁曰: "臣也, 以臣之事觀之. 斲輪, 徐則甘而不固, 疾則苦而不入. 不徐不疾, 得之於手而應於心, 口不能言, 有數存焉於其間. 臣不能以喩臣之子, 臣之子亦不能受之於臣, 是以行年七十而老斲輪. 古之人與其不可傳也死矣, 然則君之所讀者, 古人之糟魄已夫."

桓公(환공) : 제나라 임금

堂(당) : 대청마루

輪扁(윤편) : 수레를 만드는 장인. 편(扁)은 이름이다.

斲(착) : 깎다

椎鑿(추착) : 쇠몽치와 끌

糟魄(조백) : 찌꺼기

徐(서) : 느리다. 여기에서는 지나치게 깎는 것을 뜻한다.

甘(감) : 느슨하다

疾(질) : 빠르다. 여기에서는 덜 깎는 것을 뜻한다.

苦(고) : 빡빡하다

해설

장자는 우리가 사용하는 언어로는 진정으로 중요한 것을 전달할 수 없다고 말한다. 오랫동안 기술을 익힌 사람의 감각을 어떻게 말로 설명할 수 있을까? 장자는 도란 바로 그런 것으로서 말로는 전달할 수 없는 것이라고 주장한다. 언어로 표현되고 책으로 전해지는 지식은 참된 도의 지혜와는 거리가 있을 수밖에 없다. 이처럼 장자는 언어, 이름, 지식 등을 '도의 껍데기'와 같은 것으로 여긴다. 세상 사람들이 도라는 실질을 추구하지 않고 껍데기에 집착하는 세태를 비판하는 것이다.

제7편

천운 天運

1

하늘은 움직이는가? 땅은 머물러 있는가? 해와 달은 서로 번갈아 비추는가? 누가 자연을 이렇게 다스리는가? 누가 자연의 질서를 유지하는가? 누가 아무런 일도 하지 않는 듯하면서 이를 운행하도록 하는가? 아니면 어떤 기계 장치에 따라 억지로 움직여지는 것인가? 아니면 스스로 멈출 수 없이 저절로 움직여 나가는 것인가? 구름이 비가 되어 내리는 것인가? 비가 구름을 이루는 것인가? 누군가가 구름을 일으키고 비를 내리게 하는 것인가? 누가 아무런 일도 하지 않는 듯하면서 이런 장난을 벌이는가? 바람은 북쪽에서 생겨나 동서로 흘러가며 상공을 떠도는데 누가 불어대는 것인가? 누가 아무런 일도 하지 않는 듯하면서 이렇게 바람을 불어대는가? 대체 무슨 까닭인가?

무함소가 말했다. "이리 오게! 내가 자네에게 말해주겠네. 하늘에는 여섯 가지 방향과 다섯 가지 성질이 있다네. 제왕이 이를 잘 따른다면 세상이 잘 다스려지고, 거역하면 불길한 일이 생길 것이네. 제왕이 구주 낙서의 일을 잘 실천하여 다스림이 잘 이루어지고 덕이 갖추어져서 천하를 두루 비추게 되면 세상 모든 사람이 그를 떠받들 걸세. 이러한 제왕을 바로 상황(上皇)이라고 부른다네."

天其運乎? 地其處乎? 日月其爭於所乎? 孰主張是? 孰維綱
是? 孰居無事推而行是? 意者其有機緘而不得已邪? 意者其
運轉而不能自止邪? 雲者為雨乎? 雨者為雲乎? 孰隆施是?
孰居無事淫樂而勸是? 風起北方, 一西一東, 有上彷徨, 孰噓
吸是? 孰居無事而披拂是? 敢問何故? 巫咸袑曰:"來! 吾語
女. 天有六極五常, 帝王順之則治, 逆之則凶. 九洛之事, 治成
德備, 監照下土, 天下戴之, 此謂上皇."

維綱(유강) : 질서, 원칙을 유지하다

機緘(기함) : 기계에 묶이다. 기계 장치에 따라 억지로 움직여지는 것을 말한다.

彷徨(방황) : 이리저리 아무것도 하지 않고 어슬렁거리는 모습

噓吸(허흡) : 호흡하다

巫咸(무함) : 함(咸)이라는 이름의 무당

袑(소) : 무당이 귀신의 말을 전하는 것

六極五常(육극오상) : 우주의 여섯 가지 방향(동·서·남·북·상·하)과 다섯 가지
　　　　　　　성질(흙, 물, 불, 쇠, 나무)

九洛之事(구낙지사) : 과거 《낙서(洛書)》라는 글에 등장하는 아홉 가지 법도. 오
　　　　　　　행(五行)·오사(五事)·팔정(八政)·오기(五紀)·황극(皇極)·삼덕(三德)·계의(稽
　　　　　　　疑)·서정(庶征)·오복육극(五福六極)

해설

상황(上皇)이란 최고의 제왕, 황제라는 뜻이다. 결국 가장 훌륭한 통치자는

천지자연의 이치를 깨닫고 그에 맞추어 나라를 다스리는 사람이라는 장자의 주장이 반복되어 나타나고 있다.

2

송나라 재상 탕이 장자에게 인(仁)에 대해 물었다. 장자가 말했다. "호랑이나 이리 역시 인(仁)하다고 할 수 있습니다."

탕이 물었다. "왜 그렇게 말하십니까?"

장자가 말했다. "호랑이나 이리조차도 부자지간에는 서로 친합니다. 어찌 인하지 않다고 할 수 있겠습니까?"

탕이 다시 물었다. "좀 더 높은 경지의 인에 대해 말씀해 주십시오."

장자가 말했다. "높은 경지의 인은 친함을 따지지 않습니다."

탕이 물었다. "나는 이렇게 들었습니다. '친하지 않으면 사랑하지 않고, 사랑하지 않으면 불효하다.' 그럼 스승님 말씀대로라면 불효한 것도 인하다는 말씀입니까?"

장자가 말했다. "그렇지 않습니다. 높은 경지의 인은 훨씬 더 고상합니다. 효도를 가지고는 인에 대해 제대로 말할 수 없습니다. 하지만 당신의 말은 효도를 넘어서기는커녕 효도에 미치지도 못합니다. 남쪽을 향해 떠난 사람이 저 아래 초나라 영(郢) 땅에 도착했다고 합니다. 그가 아무리 북쪽을 바라보아도 북쪽 지방에 있는 명산(冥山)을 볼 수는 없을 것입니다. 왜 그렇겠습니까? 거리가 지나치게 떨어졌기 때문입니다.

따라서 '공경으로 효도하기는 쉬워도 사랑으로 효도하기는 힘들다. 설사 사랑으로 효도하기 쉽다고 하더라도 부모와 자식 간의 관계를 애써 잊기는 힘들다. 설사 자신이 잊었다 하더라도 부모가 나를 무심히 대하도록 만들기는 힘들다. 설사 부모가 나를 무심히 대하도록 만들기는 쉽다고 하더라도 세상 모든 사람을 무심히 대하는 것은 힘들다. 설사 세상 모든 사람을 무심히 대하는 것은 쉽다 하더라도 모든 세상 사람이 자신을 잊어버리게 만드는 것은 힘들다'라고 말하는 것입니다.

그러니 지극한 덕이란 요순의 덕을 잊고 자연무위의 도리를 실천하는 것입니다. 이렇게 한다면 천하 사람들은 그 존재를 알아차리지도 못하지만 온 세상에 은택을 미칩니다. 그런데도 굳이 애써가며 인이나 효를 내세울 필요가 있겠습니까? 효도와 우애, 인과 의, 충성과 신의, 지조와 청렴함은 억지로 힘써서 타고난 덕을 소모하는 일이니, 대단한 일이라고 할 수 없습니다. 따라서 '지극히 귀한 것은 나라의 벼슬을 넘어서고, 지극히 부유한 것은 나라의 재물을 넘어서고, 지극한 영예는 세상의 명예를 넘어선다'고 말합니다. 그러므로 도는 항상 일정함을 유지하며 변치 않는 것입니다."

商太宰蕩問仁於莊子. 莊子曰: "虎狼, 仁也." 曰: "何謂也?" 莊子曰: "父子相親, 何為不仁?" 曰: "請問至仁." 莊子曰: "至仁無親." 太宰曰: "蕩聞之: 無親則不愛, 不愛則不孝. 謂至仁不孝, 可乎?" 莊子曰: "不然. 夫至仁尚矣, 孝固不足以言之. 此非過孝之言也, 不及孝之言也. 夫南行者至於郢, 北面而不見冥山, 是何也? 則去之遠也. 故曰: '以敬孝易, 以愛孝難. 以愛孝易, 以忘親難. 忘親易, 使親忘我難. 使親忘我易, 兼忘天下難. 兼忘天下易, 使天下兼忘我難.' 夫德遺堯舜而不為也, 利澤施於萬世, 天下莫知也, 豈直太息而言仁孝乎哉! 夫孝悌仁義, 忠信貞廉, 此皆自勉以役其德者也, 不足多也. 故曰: '至貴, 國爵幷焉. 至富, 國財幷焉. 至願, 名譽幷焉.' 是以道不渝."

商(상) : 나라 이름. 송(宋)나라를 가리킨다.

太宰(태재) : 벼슬 이름. 재상과 같다.

蕩(탕) : 사람 이름

虎狼(호랑) : 호랑이와 이리

郢(영) : 초나라의 수도

冥山(명산) : 북쪽 지방에 있다고 전해지는 전설의 산 이름

直(직) : 굳이, 일부러

太息(태식) : 한숨을 쉬다

貞廉(정렴) : 마음이 곧고 청렴결백하다

幷(병) : 버리다

해설

인(仁)은 유가에서 강조하는 덕목이다. 유가에서는 인간이 친(親)한 사람을 더 사랑하려는 마음을 가지고 있다고 주장했다. 가까운 사람부터 사랑해 나가서 점차 가깝지 않은 사람에게까지 사랑을 확대해 나가야 한다는 것이다. 하지만 장자는 이러한 유가의 덕목은 중요한 것이 아니라고 말한다. 이는 지엽적인 것이며 가장 중요한 도(道)를 갖추면 모든 것은 저절로 따라올 것이라고 말한다.

3

북문성이 황제에게 말했다. "제왕께서는 '함지'라는 곡을 넓은 들판에

서 연주하셨습니다. 제가 처음에 그 음악을 들었을 때는 놀랍고 두려웠는데 다시금 듣자 편안해졌고 마지막으로 듣고서는 그만 혼란스러워졌습니다. 멍하니 아무 말도 나오지 않은 채 아무것도 할 수 없었습니다."

北門成問於黃帝曰:"帝張咸池之樂於洞庭之野, 吾始聞之懼, 復聞之怠, 卒聞之而惑, 蕩蕩默默, 乃不自得."

北門成(북문성) : 사람 이름. 성은 북문(北門), 이름은 성(成)

張(장) : 베풀다

咸池(함지) : 옛날 전설의 제왕인 황제가 지었다고 전해지는 음악의 이름

洞庭之野(동정지야) : 드넓은 들판

懼(구) : 두려워하다

怠(태) : 편안하다

卒(졸) : 마침내

蕩蕩默默(탕탕묵묵) : 멍하니 아무 말도 할 수 없는 모습

황제가 말했다. "아마도 그랬을 것이다. 나는 인간 세상의 방법대로 연주를 하면서도 자연의 음률을 울렸고 또한 예법에 맞게 계속해 나가는 한편 근원의 세계로 음악이 퍼져나가게 했네. 사계절이 번갈아 바뀌고 만물이 그에 맞추어 생겨나듯이, 내가 연주한 음악도 강한 소리와 약한 소리가 반복되고 맑은 소리와 탁한 소리가 조화를 이루면서 널리 흘러나갔다네. 겨울잠 자는 벌레들이 깨어나 활동을 시작하면 나는 그에 맞추어 천둥 번개와 같은 소리를 내는 등 시작도 끝도 알 수 없이 변화

무쌍하게 연주하여 잠시도 알 수 없게 만들었으니 자네가 두려워했던 것이네.

帝曰:"女殆其然哉! 吾奏之以人, 徵之以天, 行之以禮義, 建之以太清. 四時迭起, 萬物循生. 一盛一衰, 文武倫經. 一清一濁, 陰陽調和, 流光其聲. 蟄蟲始作, 吾驚之以雷霆. 其卒無尾, 其始無首. 一死一生, 一僨一起. 所常無窮, 而一不可待. 女故懼也.

殆(태) : 거의

奏(진) : 연주하다

徵(징) : 부르다, 밝히다

太清(태청) : 맑은 근원의 세상

迭起(질기) : 번갈아

文武(문무) : 약함과 강함

倫經(윤경) : 정리되고 가지런해지다

蟄蟲(칩충) : 겨울잠을 자는 벌레

一僨一起(일분일기) : 쓰러졌다가 다시 일어나다

나는 음양의 조화로서 연주하고 해와 달의 빛으로 밝게 비추었네. 소리에는 장단이 있고 강약이 있어 여러 가지 형태로 변화하는데, 일정한 도리가 있으면서도 정해진 모습에 얽매이지 않지. 골짜기를 만나면 골짜기를 가득 채우고, 구덩이를 만나면 구덩이를 가득 채운다네.

이렇게 해서 온몸의 구멍을 막아 정신을 온전하게 지킨 채 사물의 참된 모습에 따라가는데, 소리는 밝게 흩날리고 이름은 높이 드러난다네. 그리하여 귀신은 그윽한 곳을 지키고 해와 달과 별은 그 일정한 길을 따라 움직이게 되지. 설령 연주를 잠시 그친다고 하더라도 그 메아리는 끊임없이 세상에 울려 퍼진다네.

자네가 아무리 이에 대해 알고자 한다고 해도 알 수 없으며, 아무리 살펴보고자 해도 볼 수 없으며, 아무리 좇아가고자 해도 미치지 못할 것이야. 그저 드넓게 펼쳐지는 도의 세상에서 한 몸을 맡긴 채 모든 것을 잊고 나무에 기대어 노래를 흥얼거리면 될 뿐인데, 굳이 눈으로 확인하고자 하고 애를 써가며 좇아가고자 하니 결국 이르지 못하는 것이 아니겠나? 형체는 충만하되 내면의 마음은 텅 비어 밝은 상태를 유지해야 변화에 순응할 수 있네. 자네는 변화에 순응했기에 편안하다고 느꼈을 것이네.

吾又奏之以陰陽之和, 燭之以日月之明. 其聲能短能長, 能柔能剛. 變化齊一, 不主故常. 在谷滿谷, 在阬滿阬. 塗郤守神, 以物爲量. 其聲揮綽, 其名高明. 是故鬼神守其幽, 日月星辰行其紀. 吾止之於有窮, 流之於無止. 予欲慮之而不能知也, 望之而不能見也, 逐之而不能及也, 儻然立於四虛之道, 倚於槁梧而吟. 目知窮乎所欲見, 力屈乎所欲逐, 吾旣不及已夫! 形充空虛, 乃至委蛇. 汝委蛇, 故怠.

燭(촉) : 밝히다

谷(곡) : 골짜기

阬(갱) : 구덩이

塗郤(도극) : 틈새를 막다

揮綽(휘작) : 소리가 크게 뻗어나가다

日月星辰(일월성신) : 해, 달, 별

槁梧(고오) : 마른 오동나무

吟(음) : 탄식하다

委蛇(위사) : 마음이 편안하고 여유 있는 모습

　나는 다시 애쓰지 않고 힘들이지 않는 소리로 연주를 하고, 자연의 장단에 맞추어 조율을 이루었네. 소리가 서로 뒤섞이고 어우러져 어떤 고정된 형태도 없이 풍성한 음악이 생겨나고, 억지로 잡아끌지 않아도 멀리 퍼져나가는데, 깊고 그윽하여 들을 수도 없고, 자유롭게 변화하여 현묘한 경지에 이르지. 마치 소리가 사라진 것 같기도 하고, 생겨나는 것 같기도 하고, 차분히 머무르는 것 같기도 하고, 화려하게 피어나는 것 같기도 하면서 아무렇게나 일정함이 없이 흘러나가네.

　세상 사람들은 도저히 그 원리를 알 수 없으니 성인에게 찾아와 묻는다네. 성인이란 만물의 참된 모습을 잘 이해하여 자연의 일정한 도리를 따르는 사람이네. 이들에게서는 자연의 작용이 겉으로 드러나지 않더라도 몸의 모든 작용은 제대로 작동하므로 굳이 말을 하지 않아도 마음으로 설득시킨다네. 이것을 하늘의 음악[天樂]이라고 하지.

　따라서 유염씨는 이렇게 노래를 지어 불렀지. '들으려고 해도 소리가 들리지 않고, 보려고 해도 형체가 보이지 않네. 천지자연에 가득 차 있으며 우주를 전부 뒤덮고 있구나.' 이러니 자네는 내 음악을 들어보려고 했는데 도저히 가까이 갈 수 없으니 그만 혼란스러워졌던 것이야.

吾又奏之以無怠之聲, 調之以自然之命, 故若混逐叢生, 林樂
而無形. 布揮而不曳, 幽昏而無聲. 動於無方, 居於窈冥. 或謂
之死, 或謂之生. 或謂之實, 或謂之榮. 行流散徙, 不主常聲.
世疑之, 稽於聖人. 聖也者, 達於情而遂於命也. 天機不張而
五官皆備, 此之謂天樂, 無言而心說. 故有焱氏為之頌曰: '聽
之不聞其聲, 視之不見其形, 充滿天地, 苞裏六極.' 汝欲聽之
而無接焉, 而故惑也.

無怠之聲(무태지성) : 쉬지 않고 흘러나오는 소리

混逐(혼축) : 뒤섞이다

叢(총) : 번잡하다

布揮(포휘) : 천이 기다랗게 늘어진 모양. 소리가 널리 흘러가는 것을 의미한다.

曳(예) : 고달프다, 힘겹다

苞裏(포리) : 에워싸다

이러한 음악을 들으면 처음에는 두렵고 놀라게 마련이다. 두려우니
마음이 불안해지는데, 나는 그때 다시 편안해지는 음악을 연주한다네.
마음이 편안해지면 점점 몽롱하니 알 수 없는 상태가 되고 결국 혼미한
상태에 이르게 되네. 혼미한 상태에 이르게 되면 어떤 인식도 없는 공허
하고 순박한 상태에 도달하게 되고, 그러한 상태에 도달하면 비로소 도
에 다가갈 수 있다네. 이러한 경지에서 도와 서로 융합하여 하나가 되는

것이지."

樂也者, 始於懼, 懼故祟. 吾又次之以怠, 怠故遁. 卒之於惑,
惑故愚. 愚故道, 道可載而與之俱也."

祟(수) : 불안하다

遁(둔) : 희미해지다, 몽롱해지다

해설

위 이야기에서 음악은 도를 비유하고 있다. 실은 도의 경지를 설명하는 내
용이다.

4

공자가 서쪽의 위나라를 순회하고자 길을 떠났다. 안연이 노나라 태
사인 사금에게 물었다. "저희 스승님의 이번 여행길은 어떻게 될까요?"

사금이 말했다. "안타깝지만 자네 스승은 큰 곤경에 빠질 걸세!"

안연이 물었다. "어째서입니까?"

사금이 말했다. "제사 때 쓰이는 개의 인형 말일세. 제사 전에는 신주
가 잘 담아 보관해 두었다가 몸을 정결하게 하여 조심히 신전에 바친다
네. 하지만 제사가 끝나면 아무렇게나 버려져서 길 가는 사람의 발에 채
이고 불을 때는 사람이 땔감으로 사용하지. 만약 어떤 이가 이를 주워와
서 상자에 담아 천으로 고이 덮어 돌아다니는 곳마다 가지고 다니면서
잠잘 때도 곁에 둔다면, 주어온 자는 아마도 저주를 받아 제대로 잠을

이루지 못하고 계속 가위에 눌리고 말 것이네.

그런데 지금 자네의 선생은 옛날의 훌륭한 임금이 사용했던 개의 인형을 가져와 제자를 모으고 그 옆에서 잠을 청하고 있네. 그래서 송나라에서는 나무에 깔려 죽을 뻔하고 위나라에서는 쫓겨났으며 송나라와 주나라에서는 궁핍한 나날을 보냈지. 그것이 바로 저주를 받은 것이 아니고 무엇이겠는가? 진나라와 채나라 사이에서는 포위당하여 일주일 동안 따뜻한 밥도 못 먹고 생사의 갈림길에 있었지. 이것이 가위눌린 게 아니고 무엇인가?

孔子西遊於衛. 顏淵問師金, 曰：“以夫子之行為奚如?” 師金曰：“惜乎, 而夫子其窮哉!” 顏淵曰：“何也?” 師金曰：“夫芻狗之未陳也, 盛以篋衍, 巾以文繡, 尸祝齊戒以將之. 及其已陳也, 行者踐其首脊, 蘇者取而爨之而已. 將復取而盛以篋衍, 巾以文繡, 遊居寢臥其下, 彼不得夢, 必且數眯焉. 今而夫子, 亦取先王已陳芻狗, 聚弟子游居寢臥其下. 故伐樹於宋, 削跡於衛, 窮於商周, 是非其夢邪? 圍於陳蔡之間, 七日不火食, 死生相與鄰, 是非其眯邪?

衛(위) : 나라 이름

師金(사금) : 노나라의 태사 벼슬로 있던 금(金)이라는 인물

芻狗(추구) : 짚으로 만든 개 인형. 제사 때 쓰이지만 한 번 쓰이고 버려진다.

篋衍(협연) : 상자

巾以文繡(건이문수) : 아름다운 장식을 한 천을 덮어두다

尸祝(시축) : 제사를 모시는 신주

蘇者(소자) : 불 때는 사람

爨(찬) : 땔감으로 사용하다

眯(미) : 가위에 눌리다

伐樹於宋(벌수어송) : 공자가 송나라에서 나무에 깔려 죽을 뻔했던 일

削跡於衛(삭적어위) : 공자가 위나라에서 쫓겨났던 일

窮於商周(궁어상주) : 공자가 송나라와 주나라에서 등용되지 못하고 무시를 당
했던 일

圍於陳蔡之間(위어진채지간) : 공자가 진나라와 채나라의 국경 지방에서 오해를 받아 포위당했던 일

    물을 건널 때는 배를 사용하는 것만 한 방법이 없고, 육지를 갈 때는 수레를 이용하는 것만 한 방법이 없네. 그런데 배를 타고서 물 위를 갈 수는 있지만 육지에서 배를 밀고 가려면 평생이 걸려도 얼마 못 갈 것이네. 옛날과 지금의 관계가 바로 물과 육지의 관계이며, 주나라와 노나라가 배와 수레에 해당하지 않겠나? 지금 주나라에서 노나라로 가려고 하는데 이는 비유하자면 육지에서 배를 밀고 가려는 것이네. 힘만 들고 얻는 게 없지. 아마 몸이 재앙을 입을 걸세. 정해진 방향이 없이 자유롭게 변화하면서 자연스럽게 일에 응하여 막힘이 없는 경지를 자네 스승은 도무지 알지 못하는 듯하군.

夫水行莫如用舟, 而陸行莫如用車. 以舟之可行於水也而求
推之於陸, 則沒世不行尋常. 古今非水陸與? 周魯非舟車與?
今蘄行周於魯, 是猶推舟於陸也, 勞而無功, 身必有殃. 彼未

知夫無方之傳, 應物而不窮者也.

沒世(몰세) : 평생

蘄(기) : 바라다

殃(앙) : 재앙

자네는 저 물을 긷는 두레박을 본 적이 없는가? 줄을 당기면 내려가고 줄을 놓으면 올라오지. 사람이 이 기구를 잡아당기는 것이지 기구가 사람을 잡아끄는 것이 아니네. 그러니 올라가건 내려가건 기구에는 죄가 없는 법이지. 이처럼 옛날 삼황오제의 예절과 법도 역시 그것이 천하를 태평하게 다스렸다는 점을 본받아야지, 그것을 똑같이 따라 한다고 될 일이 아니란 말일세. 비유하자면, 산사, 배, 귤, 유자와 같은 과일이 서로 맛은 달라도 사람들의 입맛에 잘 맞는다는 점이 중요한 것과 같네.

且子獨不見夫桔槹者乎? 引之則俯, 舍之則仰. 彼, 人之所引, 非引人也, 故俯仰而不得罪於人. 故夫三皇, 五帝之禮義法度, 不矜於同而矜於治. 故譬三皇, 五帝之禮義法度, 其猶柤梨橘柚邪! 其味相反, 而皆可於口.

桔槹(길고) : 두레박

引之則俯(인지즉부), 舍之則仰(사지즉앙) : 당기면 내려가고, 놓으면 올라가다

譬(비) : 비유하다

柤梨橘柚(사리귤유) : 산사, 배, 귤, 유자

그러니 예절과 법도는 때에 맞게 변화하는 것이네. 원숭이를 잡아다가 주공의 옷을 입힌다 한들 원숭이가 옷을 이빨로 뜯어놓지 않고 배기겠는가? 옛날과 지금의 차이를 살펴보면 마치 원숭이와 주공이 다른 것만큼 차이가 나네. 이런 이야기도 있지.

옛날 유명한 미인이었던 서시가 가슴에 병이 생겨 미간을 찌푸리고 있었다네. 이웃에 살던 추녀가 그 모습을 보았는데 어찌나 아름답던지, 자신도 집에 돌아와서는 서시를 따라 가슴을 움켜쥐고 미간을 찌푸리고 있었다고 하네. 그러자 그 모습을 본 마을의 부자들은 추한 모습에 놀라 문을 걸어 잠그고 밖으로 나가지 않았고, 가난한 사람들은 처자식을 데리고 마을에서 달아나 버렸다고 하지. 그 추녀는 찌푸린 모습이 아름답다는 것은 알았지만 정작 왜 아름다운지는 알지 못했던 것일세. 안타깝지 않은가! 자네 스승도 마찬가지라네."

故禮義法度者, 應時而變者也. 今取猨狙而衣以周公之服, 彼必齕齧挽裂, 盡去而後慊. 觀古今之異, 猶猨狙之異乎周公也. 故西施病心而矉, 其里之醜人見而美之, 歸亦捧心而矉. 其里之富人見之, 堅閉門而不出. 貧人見之, 挈妻子而去之走. 彼知矉美而不知矉之所以美. 惜乎! 而夫子其窮哉!"

猨狙(원저) : 원숭이

齕齧挽裂(흘설만렬) : 입으로 물어뜯고 손으로 잡아 찢다

西施(서시) : 옛날의 유명한 미인의 이름

矉(빈) : 찌푸리다

醜人(추인) : 못생긴 사람

捧心(봉심) : 가슴에 손을 얹다

挈(설) : 손에 들다

해설

모든 상황에는 그 상황에 맞는 적합한 방식이 있다. 공자는 옛날의 이상적
인 사회와 그 시절의 정치를 따라야 한다고 주장하는 인물이다. 하지만 장
자가 보기에 이는 장자가 살던 당시 사회에서는 적용될 수 없는 방식이다.
마치 물에서는 배로 움직여야 하고 육지에서는 수레를 타고 움직여야 하
듯이 상황에 적합하지 않은 방법을 택해서는 안 된다.

5

공자가 51세에 이르렀으나 아직 도를 깨닫지 못해 남쪽의 패(沛) 땅
으로 가서 노담을 만나고자 했다. 노담이 말했다. "오셨소? 나는 당신
이 북쪽 지방의 현자라고 들었는데, 정말로 도를 깨달았소?"

공자가 말했다. "아직 깨닫지 못했습니다."

노자가 말했다. "당신은 어디에서 도를 깨달으려고 했던 것이오?"

공자가 말했다. "저는 제도나 법도에서 도를 깨달으려고 했지만 5년
동안 열심히 공부를 했는데도 깨닫지 못했습니다."

노자가 말했다. "또 어디에서 도를 깨달으려고 했소?"

공자가 말했다. "음양의 원리에서 깨달으려고 했지만 12년간을 열심
히 노력했는데도 깨닫지 못했습니다."

孔子行年五十有一而不聞道, 乃南之沛, 見老聃. 老聃曰:"子來乎? 吾聞子北方之賢者也, 子亦得道乎?"孔子曰:"未得也."
老子曰:"子惡乎求之哉?"曰:"吾求之於度數, 五年而未得
也."老子曰:"子又惡乎求之哉?"曰:"吾求之於陰陽, 十有二
年而未得."

南之沛(남지패) : 남쪽의 패 땅으로 가다. 패(沛)는 노자가 살았다고 전해지는
　　　　지역

노자가 말했다. "그렇겠지. 도가 다른 사람에게 바칠 수 있는 것이었
다면 누구나 도를 자신의 임금께 바치지 않겠소? 도가 다른 사람에게
선물할 수 있는 것이었다면 누구나 도를 자신의 어버이에게 선물하지
않겠소? 도가 다른 사람에게 알려줄 수 있는 것이었다면 누구나 도를
자신의 형제에게 알려주지 않겠소? 도가 다른 사람에게 전해줄 수 있는
것이었다면 누구나 도를 자신의 자손에게 전해주지 않겠소? 하지만 그
럴 수가 없소. 다른 이유가 아니라, 마음속에서 스스로 깨닫지 못하면
도가 머무르지 못하며, 겉으로 올바른 방식으로 도를 증명해내지 못해
면 도가 통하지 않기 때문이오. 마음속으로 깨달은 바가 밖에서 받아들
여지지 않는다면, 성인은 이를 내보이지 않으며, 밖에서 들어온 바를 마
음속에서 깨닫지 못한다면 굳이 이를 마음에 담아두려 하지 않소. 명성
은 혼자만의 것이 아니니 욕심을 부려서는 안 되오. 인의는 옛 임금들이
남겨놓은 것으로 여관 같은 것이니 오래 머무를 곳이 못 된다오. 꼬리가
길면 밟히듯, 행적이 많으면 비난도 많아지는 법이라오. 옛날의 지인은
인을 임시로 빌리고 의를 잠시 머무를 곳으로 삼아서 결국에는 허무의

세계에서 노닐었소. 소박하고 단순한 환경 속에서 구애받지 않는 삶을 살았소. 자유롭고 얽매이지 않는 태도를 유지하면 무위를 실천할 수 있고, 소박하고 단순함을 유지하면 삶을 잘 기를 수 있으며, 남에게 은혜를 베풀고자 하지 않으면 관계 속에서 자신이 소모되는 법이 없지. 옛사람들은 이러한 경지를 '참된 바를 따라 노니는 경지'라고 했다오.

老子曰: "然. 使道而可獻, 則人莫不獻之於其君. 使道而可進, 則人莫不進之於其親. 使道而可以告人, 則人莫不告其兄弟. 使道而可以與人, 則人莫不與其子孫. 然而不可者, 無佗也, 中無主而不止, 外無正而不行. 由中出者, 不受於外, 聖人不出. 由外入者, 無主於中, 聖人不隱. 名, 公器也, 不可多取. 仁義, 先王之蘧廬也, 止可以一宿而不可以久處, 覯而多責. 古之至人, 假道於仁, 託宿於義, 以遊逍遙之虛, 食於苟簡之田, 立於不貸之圃. 逍遙, 無爲也. 苟簡, 易養也. 不貸, 無出也. 古者謂是采眞之遊.

獻(헌) : 드리다, 바치다

進(신) : 선물하다

無佗(무타) : 다름이 아니라

蘧廬(거려) : 여관, 여인숙

부유함을 추구하는 자는 녹봉을 거절할 수 없는 법이오. 자신을 드러내고자 하는 사람은 명성을 사양할 수 없는 법이지. 권위를 원하는 사람은 다른 사람에게 권력을 내줄 수 없다오. 사람들은 이런 것들을 손에 쥐고 있으면서 놓칠까 전전긍긍하고, 행여나 놓치면 괴로움에 몸서리 치는데 일말의 반성도 없고 쉴 틈도 없이 오직 기회만 엿본다오. 이러한 자들은 하늘의 형벌을 받는 죄인이라 할 수 있소. 원망하고, 은혜를 베풀고, 빼앗고, 주고, 헐뜯고, 교화하고, 살리고, 죽이는 이 여덟 가지 일은 정치를 행하는 도구요. 오직 자연의 위대한 변화에 따라 막힘없이 행동하는 자라야 이것을 잘 사용할 수 있소. 따라서 '스스로 바로잡을 수 있는 자만이 남을 바로잡을 수 있다'고 하는 것이니, 마음 깊이 이 점을 체득하지 못한다면 하늘의 이치가 문을 열어주지 않을 것이오."

以富爲是者, 不能讓祿. 以顯爲是者, 不能讓名. 親權者, 不能與人柄. 操之則慄, 舍之則悲, 而一無所鑒, 以闚其所不休者, 是天之戮民也. 怨, 恩, 取, 與, 諫, 敎, 生, 殺, 八者, 正之器也, 唯循大變無所湮者, 爲能用之. 故曰: 正者, 正也. 其心以爲不然者, 天門弗開矣."

柄(병) : 권세, 권력

操之則慄(조지즉률) : 권력을 손에 쥐면 두려워하다. 빼앗길까 전전긍긍하는 모습을 표현하는 말

鑒(감) : 돌아보다, 반성하다

天之戮民(천지륙민) : 하늘의 벌을 받는 사람

湮(인) : 묻히다, 막히다

해설

도는 스스로 깨달아야 하는 것이지 남에게 전달할 수도 없고 가르쳐 줄 수도 없다. 하지만 공자는 책으로 옛사람의 가르침을 공부함으로써 도를 깨달으려고 했다. 옛사람들이 '인의(仁義)'를 말한 것은 하나의 수단일 뿐이므로 거기에 집착해서는 도를 깨달을 수 없을 것이다. 따라서 장자는 '참된 바를 따라 노니는 경지'를 강조한다. 타고난 본연의 것을 깨닫고 그에 따르는 것이 바로 도를 따르는 길임을 말한 것이다.

6

공자가 노담을 만나 인의에 관해 이야기를 나누었다. 노담이 말했다. "키질을 하다가 잘못해서 겨가 눈에 들어가면 방향감각을 잃어 동서남북을 구분할 수 없게 되오. 모기나 등에에게 쏘이면 밤새 잠에 들 수 없소. 인의란 것 역시 어지럽게 우리 마음을 흔들어 놓는 것이니, 이보다 더 혼란스러운 것이 있을 수 없을 것이오. 만일 당신이 세상 사람들이 타고난 소박한 본성을 잃지 않도록 만들고 싶다면 당신 역시 바람을 따라 자유롭게 움직이며 자연의 덕에 의지하여 서 있어야 할 것이오. 그런데 어찌하여 마치 큰북을 두드리며 길 잃은 아이를 찾는 사람들처럼 인의를 내세우는 데 급급하는 것이오? 백조는 날마다 목욕을 하지 않아도 희고, 까마귀는 날마다 검게 칠하지 않아도 원래 검은 법이오. 타고난 검고 흰 성질에 관해서는 왈가왈부할 것이 못 되오. 명예라는 겉모양은 널리 알릴 만한 것이 못 되오. 연못이 마르면 물고기가 땅위에서 애처롭게 서로에게 거품을 뿜어내며 적셔주지만, 이는 넓은 강과 호수에서 서로를 잊고 지내는 것에는 한참 못 미친다오."

孔子見老聃而語仁義. 老聃曰:"夫播穅眯目, 則天地四方易位矣. 蚊虻噆膚, 則通昔不寐矣. 夫仁義憯然, 乃憤吾心, 亂莫大焉. 吾子使天下無失其朴, 吾子亦放風而動, 總德而立矣, 又奚傑然若負建鼓而求亡子者邪? 夫鵠不日浴而白, 烏不日黔而黑. 黑白之朴, 不足以為辯. 名譽之觀, 不足以為廣. 泉涸, 魚相與處於陸, 相呴以溼, 相濡以沫, 不若相忘於江湖."

播穅(파강) : 키질을 하다. 곡식의 껍데기를 골라내는 방법

眯目(미목) : 눈을 흐리게 하다

蚊虻(문맹) : 모기나 등에

噆膚(참부) : 깨물다

憯然(참연) : 마음이 혼란스러운 모습

浴(욕) : 목욕하다

黔(검) : 검게 칠하다

泉涸(천학) : 연못이 마르다

相呴以溼(상구이습) : 서로 물기를 내뿜어 습하게 만들어 주다

相濡以沫(상유이말) : 서로 거품을 내뿜어 적셔주다

공자가 노담을 만나고 와서는 사흘 동안 아무런 말도 하지 않았다. 제자들이 공자에게 물었다. "스승님께서는 노담을 만나서 어떤 가르침을 전해주고 오셨습니까?"

공자가 말했다. "나는 이번에 처음으로 용이란 존재를 보았다. 용은 그 기운이 합쳐지면 형체를 이루고 다시 아름다운 무늬를 띠며 흩어지

는데 구름을 타고 음양의 기운 속을 훨훨 날아다닌다. 나는 용을 보고 너무 놀라 입을 다물지 못하였거늘, 내가 감히 어찌 노담에게 가르침을 준단 말이냐!"

자공이 말했다. "가만히 있을 때는 마치 죽은 사람처럼 편안히 머무르면서도 그 기세가 마치 용과 같아서 남을 감복하게 만들고, 한번 움직이면 천둥과 같이 세상을 떠들썩하게 만드는 사람이 있다고 하는데, 그가 바로 그러한 자란 말씀입니까? 저도 그분을 만나뵐 수 있겠습니까?"

결국 자공은 공자의 소개로 노담을 만나게 되었다.

孔子見老聃歸, 三日不談. 弟子問曰: "夫子見老聃, 亦將何歸哉?" 孔子曰: "吾乃今於是乎見龍. 龍合而成體, 散而成章, 乘乎雲氣而養乎陰陽. 予口張而不能嗋, 予又何規老聃哉!" 子貢曰: "然則人固有尸居而龍見, 雷聲而淵默, 發動如天地者乎? 賜亦可得而觀乎?" 遂以孔子聲見老聃.

嗋(협) : 숨 쉬다

尸居(시거) : 죽은 사람처럼 가만히 있는 모습

龍見(용견) : 용의 형상

賜(사) : 공자의 제자 자공의 이름. 자기 자신을 가리킬 때 자신의 이름을 말한다.

자공이 노담을 찾아갔을 때 노담은 마루 위에 앉아 있었는데, 자공을 보고는 조용히 말했다. "나는 나이를 먹을 만큼 먹었다. 자네는 나를 어떻게 깨우쳐줄 생각인가?"

자공이 말했다. "옛날의 삼황오제가 세상을 다스린 방법은 각기 달랐지만 훌륭하게 다스려 세상에 명성을 떨친 것은 다 같습니다. 그런데 스승님은 왜 그들이 성인이 아니라고 생각하시는지요?"

노담이 말했다. "젊은이! 이리 와보게. 자네는 그들이 세상을 다스린 방법이 다 달랐다고 했는데, 무엇이 달랐다는 건가?"

자공이 대답했다. "요임금은 순임금에게 왕위를 물려주었고, 순임금은 우임금에게 왕위를 물려주었습니다. 우임금은 사람들의 힘을 모아 홍수를 막고 나라를 다스렸으며, 탕임금은 군사를 사용하여 폭군을 물리쳐서 나라를 다스렸습니다. 문왕은 주왕에게 복종하고 반역하지 않았는 데 반해, 무왕은 주왕에게 반역하고 복종하지 않았습니다. 따라서 전부 방법이 다른 것 아니겠습니까?"

老聃方將倨堂而應微曰: "予年運而往矣, 子將何以戒我乎?"
子貢曰: "夫三王, 五帝之治天下不同, 其係聲名一也. 而先生獨以爲非聖人, 如何哉?" 老聃曰: "小子少進! 子何以謂不同?"
對曰: "堯授舜, 舜授禹, 禹用力而湯用兵, 文王順紂而不敢逆, 武王逆紂而不肯順, 故曰不同."

堂(당) : 마루

應微曰(응미왈) : 자공을 보고 조용히 반응하다

戒(계) : 깨우쳐주다

小子(소자) : 젊은이

堯授舜(요수순) : 요임금이 순임금에게 임금 자리를 물려준 일

舜授禹(순수우) : 순임금이 우임금에게 임금 자리를 물려준 일

禹用力(우용력) : 홍수의 범람을 막기 위해 백성들의 힘을 사용한 일

湯用兵(탕용병) : 폭군이었던 걸임금을 군대를 써서 정복한 일

文王順紂而不敢逆(문왕순주이불감역) : 문왕은 은나라 주임금의 신하였는데,
  주임금이 폭군이었음에도 그를 따르고 반역하지 않았던 일

武王逆紂而不肯順(무왕역주이불긍순) : 문왕의 아들 무왕이 군사를 일으켜 주
  임금을 무너뜨리고 은나라를 멸망시킨 일

노담이 말했다. "젊은이, 이리와 보게. 내가 자네에게 삼황오제가 세상을 다스렸던 것에 대해 말해주겠네. 우선 황제(黃帝)는 백성들의 마음을 차별이 없는 순수한 상태로 만들었네. 그래서 백성들은 어버이의 죽음 앞에서 억지로 소리 내어 울지 않아도 다른 사람들에게서 비난을 받지 않았네. 요임금은 백성들이 자신과 가까운 사람을 더 사랑하도록 만들었네. 따라서 백성들 가운데 자신의 어버이의 원수를 갚은 사람이 있어도 사람들이 그를 비난하지 않았네. 순임금은 백성들에게 경쟁하는 마음을 갖도록 했네. 따라서 임신부가 열 달에 걸쳐 아이를 출산하면, 태어난 아이는 고작 다섯 달 만에 말을 하고, 아직 갓난아이인데도 사람들을 구분하기 시작했지. 그리하여 일찍 죽는 사람들이 생겨나기 시작했다네. 우임금은 백성들의 마음을 크게 바꾸어 놓아서 사람들이 각자 이기적인 마음을 가지고 무기를 사용하는 것을 당연하게 여기도록 하였다네. 이에 사람들은 도둑을 죽이는 것쯤은 살인이라 여기지 않게 되었고 세상에서 자신만이 소중한 사람이라고 여기는 데에 이르고 말았다네. 세상이 이 지경이 되자 비로소 유가, 묵가와 같은 학파가 생겨나게 되었네. 처음에는 나름의 질서가 있었으나 이제는 질서 없이 누구나

떠드는 혼란스러운 상황이 되었으니 무슨 할 말이 있겠는가! 내가 삼황오제의 실상을 분명하게 말해주지. 말로는 '다스렸다'고 하지만 실제로는 혼란스럽기가 그보다 심할 수 없었다네. 삼황의 지혜는 위로는 해와 달의 밝은 이치를 어지럽혔고, 아래로는 산천의 정기를 가렸고, 가운데로는 사계절의 운행과 동떨어졌지. 이들이 부리는 꾀는 전갈의 독처럼 참혹하여 작은 짐승들조차 타고난 바에 따라 편안히 살아갈 수 없었다네. 그런데도 스스로를 성인이라고 말하니 부끄럽지 않은가? 부끄러움을 모르는 자들이 아니겠나!" 자공은 그 말을 듣고 벌벌 떨며 제대로 서 있을 수도 없었다.

老聃曰: "小子少進! 余語汝三皇, 五帝之治天下. 黃帝之治天下, 使民心一, 民有其親死不哭而民不非也. 堯之治天下, 使民心親, 民有爲其親殺其殺而民不非也. 舜之治天下, 使民心競, 民孕婦十月生子, 子生五月而能言, 不至乎孩而始誰, 則人始有夭矣. 禹之治天下, 使民心變, 人有心而兵有順, 殺盜非殺, 人自爲種而天下耳, 是以天下大駭, 儒, 墨皆起. 其作始有倫, 而今乎婦女, 何言哉! 余語汝: 三皇, 五帝之治天下, 名曰治之, 而亂莫甚焉. 三皇之知, 上悖日月之明, 下睽山川之精, 中墮四時之施. 其知憯於蠣蠆之尾, 鮮規之獸, 莫得安其性命之情者, 而猶自以爲聖人, 不可恥乎? 其無恥也!" 子貢蹴蹴然立不安.

殺其殺(살기살) : 아버지를 죽인 원수를 죽임

民孕(잉부) : 임신한 여자

孩(해) : 어린아이가 웃다

始誰(시수) : 누구냐고 하기 시작함. 사람을 알아본다는 의미

憯(참) : 참혹하다

蠆蠆(려채) : 전갈

蹴蹴然(축축연) : 벌벌 떠는 모습

해설

공자가 존경하는 옛날의 유명한 임금들이 실제로는 도를 깨달은 사람이
아니라는 것을 말하고 있다.

7

공자가 노담에게 말했다. "저는 《시(詩)》, 《서(書)》, 《예(禮)》, 《악(樂)》,
《역(易)》, 《춘추(春秋)》 등 여섯 가지 경전을 이해하는 데 오랜 시간이 걸
렸지만 내용만큼은 누구보다 잘 알고 있다고 생각합니다. 저는 그 지식
을 가지고 72명의 임금에게 옛날 임금들의 훌륭한 가르침을 논하고 주
공, 소공의 업적을 밝혀왔습니다만 한 명의 임금도 저를 써주지 않았습
니다. 참으로 어렵습니다! 사람을 설득하는 것이 어려운 것입니까, 아
니면 도를 밝히는 것이 어려운 것입니까?"

孔子謂老聃曰: "丘治《詩》,《書》,《禮》,《樂》,《易》,《春秋》六
經, 自以爲久矣, 孰知其故矣, 以奸者七十二君, 論先王之道
而明周, 召之跡, 一君無所鉤用. 甚矣夫! 人之難說也, 道之
難明邪!"

奸(간) : 구하다. 여러 임금에게 등용되기를 바랐다는 의미

鉤用(구용) : 등용하다

노자가 말했다. "어쩌면 다행스러운 일이오. 아직 세상을 제대로 다스릴 줄 아는 군주를 만나지 못한 것이라오. 당신이 말한 여섯 가지 경전에는 옛 임금들의 낡은 행적만이 담겨 있을 뿐, 어찌 그런 업적을 이룰 수 있었던 근본 원리가 담겨 있겠소! 지금 당신이 하는 말이 바로 그 행적이오. 낡은 행적이란 신으로 밟은 흔적일 뿐이니, 어찌 실제의 발걸음일 수 있겠소? 백로는 서로 마주 본 채 눈동자를 움직이지 않으면 마음이 통하여 새끼를 가지게 된다오. 벌레는 수컷이 위에서 울면 암컷이 아래쪽에서 호응하여 역시 번식을 할 수 있지. 같은 종류끼리는 암수가 만나면 저절로 교배가 이루어진다오. 이처럼 타고난 성질은 바꿀 수 없고 정해진 운명은 거스를 수가 없으며 흘러가는 시간은 억지로 멈출 수 없고 참된 도의 작용은 막을 수 없다오. 만약 도를 깨달았다면 무슨 일이든지 불가능한 것이 없지만, 도를 잃어버렸다면 어떤 일도 되는 일이 없을 것이오."

老子曰 : "幸矣, 子之不遇治世之君也! 夫六經, 先王之陳跡也, 豈其所以跡哉! 今子之所言, 猶迹也. 夫迹, 履之所出, 而迹豈履哉! 夫白鶂之相視, 眸子不運而風化. 蟲, 雄鳴於上風, 雌應於下風而風化. 類自為雌雄, 故風化. 性不可易, 命不可變, 時不可止, 道不可壅. 苟得其道, 無自而不可. 失焉者, 無自而可."

履(리) : 신발

白鷁(백로) : 백로, 두루미

眸子(모자) : 눈동자

風化(풍화) : 암수가 서로 유혹하여 교배하다

類(류) : 종류

壅(옹) : 막다

공자가 노담을 만난 이후에 석 달 동안 외출하지 않고 방 안에 있다가 다시 노담을 만나러 갔다. "드디어 도를 깨달았습니다. 까마귀와 까치는 알을 낳아 새끼를 기르고, 물고기는 거품을 뿌려 새끼를 기르며, 벌은 누에를 키워 새끼를 기릅니다. 사람은 동생이 생기면 형은 젖을 먹지 못해 울고불고하지요. 이런 것이 자연스러운 생명의 이치 아니겠습니까? 참으로 오랫동안 저는 만물을 이루는 조화의 이치를 모르고 지냈습니다. 어찌 사람을 변화시킬 수 있었겠습니까?"

노자가 말했다. "좋소. 이제 도를 터득한 것 같구려."

孔子不出三月, 復見, 曰:"丘得之矣. 烏鵲孺, 魚傳沫, 細要者化, 有弟而兄啼. 久矣夫, 丘不與化為人! 不與化為人, 安能化人!"老子曰:"可. 丘得之矣."

烏鵲(오작) : 까마귀와 까치

孺(유) : 알을 낳아서 기르다

傳沫(부말) : 물거품을 붙이다. 물고기가 물거품처럼 생긴 알을 뿌려 번식하는

      것을 말함

細要者(세요자) : 허리가 가는 종류의 벌레. 즉 벌을 말함

啼(제) : 울다

해설

공자는 자신이 옛날의 위대한 인물들이 남겨놓은 지식을 누구보다 잘 알고 있다고 자부하지만 이는 껍데기에 지나지 않는다고 노자는 말하고 있다. 자연의 참된 이치를 깨닫는 것만이 진실된 일이다.

제8편

각의 刻意

1

어떤 사람들은 뜻을 엄격하게 세우고 고상하게 행동하며 세상을 등지고는 고고한 대화를 나누고 세상에 대한 원망과 불만을 말하면서 잘난 척만 일삼는다. 이는 산골짜기에 숨어 사는 사람, 세상을 비난하는 사람, 뜻을 위해 자신의 목숨마저 쉽게 내던지는 사람들이나 좋아하는 짓이다. 또한 어떤 사람들은 인자함, 정의, 충성, 신의를 말하고 공손하게 사양하기를 좋아하면서 자기 자신을 수양한다. 이는 평화로운 시대에 사는 사람, 남을 가르치기를 좋아하는 사람, 태평하게 노니는 학자들이나 좋아하는 짓이다.

또 어떤 사람들은 뛰어난 공적을 말하고 명예를 내세우며 임금과 신하의 예절을 중시하고 윗사람과 아랫사람의 질서를 바로잡으면서 나라를 다스리고자 한다. 이는 조정의 관리, 부국강병을 추구하는 사람, 힘을 길러 다른 나라를 정벌하려는 사람들이나 좋아하는 짓이다. 또 어떤 사람들은 수풀이 우거진 연못가에서 노닐고 한적하고 넓은 곳에 살며 낚시나 하며 여유롭게 아무것도 하지 않는다. 이는 자연에 머무르는 선비, 세상을 피하는 사람, 숨어사는 은둔자들이 좋아하는 짓이다.

숨을 내쉬고 들이쉬면서 호흡하고, 곰처럼 몸을 세우고 새처럼 목을 늘어뜨리고 체조를 하는 것은 오래 살고자 하는 행동이다. 도술에 관심이 많은 사람, 신체를 단련하는 사람, 팽조와 같이 장수하고 싶은 사람들이 좋아하는 짓이다. 반면, 억지로 뜻을 세우지 않고도 고상하고, 인의를 내세우지 않고도 자신을 잘 수양하며, 공과 명성을 추구하지 않으면서도 세상을 잘 다스리고, 강호에 머물지 않고도 여유로우며, 양생법을 단련하지 않아도 장수하며, 모든 것을 잊어버리므로 모든 것을 지니며, 무덤덤하고 무심한 태도를 보이지만 군중들이 찬양하며 따르는 경우도 있다. 이것이 바로 천지의 큰 도이며, 성인의 덕이다.

刻意尚行, 離世異俗, 高論怨誹, 為亢而已矣, 此山谷之士, 非世之人, 枯槁赴淵者之所好也. 語仁義忠信, 恭儉推讓, 為修而已矣, 此平世之士, 教誨之人, 遊居學者之所好也. 語大功, 立大名, 禮君臣, 正上下, 為治而已矣, 此朝廷之士, 尊主強國之人, 致功并兼者之所好也. 就藪澤, 處閒曠, 釣魚閒處, 無為而已矣, 此江海之士, 避世之人, 閒暇者之所好也. 吹呴呼吸, 吐故納新, 熊經鳥申, 為壽而已矣, 此道引之士, 養形之人, 彭祖壽考者之所好也. 若夫不刻意而高, 無仁義而修, 無功名而治, 無江海而閒, 不道引而壽, 無不忘也, 無不有也, 澹然無極而眾美從之, 此天地之道, 聖人之德也.

刻意(각의) : 뜻을 엄격하게 세우다

尚行(상행) : 고상하게 행동하다

怨誹(원비) : 원망하며 불만을 말하다

為亢(위항) : 잘난척하다

枯槁赴淵者(고고부연자) : 결연한 태도로 연못으로 뛰어드는 사람. 자신의 뜻을
　　　　　지키기 위해 목숨을 버린 사람들을 가리킨다.

藪澤(수택) : 수풀이 무성한 연못

吹呴呼吸(취구호흡)·吐故納新(토고납신) : 여러 가지 호흡법. 신체 단련 방법의
　　　　　일종

熊經鳥申(웅경조신) : 동물의 모습을 본뜬 체조. 신체 단련 방법의 일종

道引之士(도인지사)·養形之人(양형지인) : 모두 신체를 단련하여 장수를 추구
　　　　　하는 사람들을 가리킨다.

彭祖(팽조) : 오래 산 것으로 유명한 전설의 인물

해설

장자가 활동하던 당시에는 각자의 이상과 정의를 추구하던 다양한 부류
의 사람들이 있었다. 윤리와 도덕을 강조했던 사람들도 있었고, 부국강병
을 추구했던 사람들도 있었고, 혼란한 속세를 떠나 은거하던 사람들도 있
었다. 하지만 이는 가장 중요한 것을 잊은 껍데기에 불과하다. 도를 깨닫고
성인의 덕을 갖추게 되면 이들이 추구하는 결과는 저절로 따라오기 때문
이다.

2

　따라서 이렇게 말한다. "담담하고 고요하게 있으면서 마음을 텅 비우
고 억지로 하려고 하지 않는다. 이것이 천지자연의 모습이며 도와 덕의
실질이다."

"성인은 이러한 경지에서 편안히 휴식한다. 이러한 경지에서 휴식하면 마음이 평온해지며, 마음이 평온해지면 자연스럽게 담담하고 고요해진다. 이처럼 마음이 평온하여 담담하고 고요한 상태가 되면 근심과 걱정이 없게 되고 사악한 기운이 침범하지 못하니, 덕이 온전해지고 정신이 어지러워지지 않을 수 있다."

또한 "성인은 살아 있을 때는 자연의 이치에 맞게 행동하다 죽으면 사물의 변화를 따른다. 움직이지 않을 때는 음기와 함께하고 움직일 때는 양기와 함께한다"라고 말한다.

성인은 복을 위해 행동하지 않고 화를 피하기 위해 먼저 나서지도 않는다. 어떤 사물이나 일에 교감한 뒤에 그에 반응하며, 닥쳐온 뒤에 움직이며, 부득이한 상황에 이르러서야 비로소 나선다. 자신의 사사로운 지식을 버리고 하늘의 이치를 따른다.

따라서 성인은 하늘로부터 입는 재앙을 피할 수 있고 사물에 얽매이지 않으며 사람으로부터 비난을 받지 않고 귀신의 벌도 받지 않는다. 흐름에 따라 살아가는 모습은 마치 물에 둥둥 떠다니는 듯하고, 편안히 휴식하듯 죽음을 맞이한다. 억지로 생각하거나 미리 계획하지 않고, 밝게 빛나되 이를 겉으로 드러내지 않으며, 남에게 믿음을 주지만 확정된 기약을 하지는 않는다. 잠들어도 꿈을 꾸지 않으며 깨어 있을 때는 근심하지 않으니, 정신은 순수하고 영혼은 편안하다. 이러한 성인의 마음은 텅 비어 고요하니 하늘의 덕과 하나가 된다고 말하는 것이다.

또한 이렇게 말한다. "슬픔과 기쁨은 덕이 치우친 것이고, 기쁨과 분노는 도가 어긋난 것이며, 좋아하고 싫어함은 마음을 잃어버린 것이다. 마음에 근심이나 즐거움이 없는 상태가 덕의 극치이며, 마음이 하나로 집중되어 변하지 않는 상태가 고요함의 극치이며, 잡다한 생각이 섞이지 않은 상태가 공허함의 극치이며, 외물과 서로 접촉하지 않는 상태가 담담함의 극치이며, 그 어떤 거슬리는 바도 없는 상태가 순수함의 극치이다.

그러므로 말하기를, "몸을 피로하게 하고 쉬지 않으면 몸이 고갈되어 버리고, 정기를 그치지 않고 계속 사용하면 정기가 고갈된다. 이는 마치 물과 같다. 물의 본성은 다른 것과 섞이지 않으면 맑고 투명하며 움직이지 않으면 평온하다. 하지만 가로막혀 흐르지 못하면 맑은 상태를 유지할 수 없다. 이것이 바로 자연스러운 현상이다."

따라서 말한다. "섞이지 말고 순수함을 유지하며, 변하지 말고 고요함을 유지하며, 인위적으로 행동하지 말고 담담함을 유지하면서 자연에 따라 움직인다. 이것이 바로 정신을 기르는 방법이다."

故曰: "夫恬惔寂寞, 虛無無爲, 此天地之平而道德之質也."
故曰: "聖人休, 休焉則平易矣, 平易則恬惔矣, 平易恬惔, 則憂患不能入, 邪氣不能襲, 故其德全而神不虧."
故曰: "聖人之生也天行, 其死也物化. 靜而與陰同德, 動而與陽同波."
不爲福先, 不爲禍始. 感而後應, 迫而後動, 不得已而後起. 去知與故, 循天之理,
故無天災, 無物累, 無人非, 無鬼責. 其生若浮, 其死若休. 不思慮, 不豫謀. 光矣而不耀, 信矣而不期. 其寢不夢, 其覺無憂. 其神純粹, 其魂不罷. 虛無恬惔, 乃合天德.
故曰: "悲樂者, 德之邪. 喜怒者, 道之過. 好惡者, 德之失. 故心不憂樂, 德之至也. 一而不變, 靜之至也. 無所於忤, 虛之至

也. 不與物交, 惔之至也. 無所於逆, 粹之至也."

故曰:"形勞而不休則弊, 精用而不已則勞, 勞則竭. 水之性,
不雜則清, 莫動則平, 鬱閉而不流, 亦不能清, 天德之象也."

故曰:"純粹而不雜, 靜一而不變, 惔而無為, 動而以天行, 此
養神之道也."

恬惔(염담)·寂寞(적막)·虛無(허무)·無為(무위) : 고요하고 편안하며 텅 빔. 모두
　　　도의 특징을 표현하는 말들이다.

襲(습) : 침범하다

豫謀(예모) : 미리 계획하다. 먼저 억지로 생각하려 하지 않고 일이 닥쳤을 때
　　　적절하게 반응한다는 의미이다.

耀(요) : 빛나다

罷(피) : 피로하다, 고달프다

해설

마음을 순수하고 소박하게 유지해야 함을 말하고 있다. 지나치게 기뻐하
거나 슬퍼하거나 화내면 정신이 한쪽으로 치우쳐서 순수 소박함을 잃어버
리게 된다. 항상 정신을 하나로 모아서 다른 곳에 정신이 팔리지 않도록 조
심해야 한다.

3

　오나라와 월나라에서 생산되는 명검을 가진 자는 궤짝에 칼을 넣어
두고 감히 사용하려고 하지 않는다. 이것이 보물을 간직하는 최고의 방

법이다. 성인의 정신은 사방팔방으로 뻗어나가지 않는 곳이 없고 이르지 못하는 곳이 없다. 위로는 하늘에 닿고 아래로는 땅에 가득 차서 만물을 길러내는데, 그 모습을 드러내지는 않는다. 이런 모습은 마치 천지에 필적한다. 순수하고 소박함을 유지하는 방법은 오직 정신을 잘 지키는 데 있다. 정신을 잘 지켜서 다른 곳에 주의를 빼앗기지 않으면 온전히 집중할 수 있다. 하나가 된 정신은 자연의 이치에 통하게 된다. 이런 속담이 있다. "보통 사람들은 이익을 소중히 여기고, 청렴한 선비는 명예를 중요하게 여기고, 현인은 뜻을 중요하게 생각하고, 성인은 정신을 귀하게 여긴다." 소박하다는 것은 잡다한 것이 하나도 섞이지 않은 것을 말하고 순수하다는 것은 정신이 하나도 일그러지지 않았음을 말한다. 이러한 순수함과 소박함을 체득한 자들을 진인(眞人)이라고 한다.

夫有干, 越之劍者, 柙而藏之, 不敢用也, 寶之至也. 精神四達
並流, 無所不極, 上際於天, 下蟠於地, 化育萬物, 不可爲象,
其名爲同帝. 純素之道, 惟神是守, 守而勿失, 與神爲一, 一之
精通, 合於天倫. 野語有之曰: "衆人重利, 廉士重名, 賢人尙
志, 聖人貴精." 故素也者, 謂其無所與雜也. 純也者, 謂其不
虧其神也. 能體純素, 謂之眞人.

干(간)·越(월) : 간(干)은 오(吳) 나라를 가리킨다. 오나라와 월나라는 좋은 칼을
　　만드는 것으로 유명했다.

四達(사달) : 온갖 방향

際(제) : 닿다

蟠(반) : 두루 미치다

同帝(동제) : 상제와 같은 존재

純素(순소) : 순수하고 소박하다

野語(야어) : 속담, 민담

廉士(염사) : 청렴한 선비

해설

계속해서 정신을 잘 보존해야 하는 이유를 말한다. 보물을 가진 사람은 그
것을 꽁꽁 숨겨서 함부로 사용하지 않을 것이다. 이와 마찬가지로 소중한
정신을 함부로 사용하여 이리저리 정신을 빼앗기게 해서는 안 된다. 보물
처럼 귀중하게 여겨서 헛된 생각이 들어오지 않게 해야 한다.

제9편

선성 繕性

1

세속의 방식으로 본성을 갈고닦으며, 세속의 학문을 통해 근원의 순수한 상태로 돌아가기를 바라는 사람들이 있다. 이들은 세속적인 욕심을 추구하면서 자신의 짧은 생각으로 밝은 지혜를 얻기를 원한다. 이러한 사람들을 가리켜 '무지몽매한 백성'이라고 한다.

繕性於俗, 俗學以求復其初, 滑欲於俗, 思以求致其明, 謂之蔽蒙之民.

繕(선) : 다스리다, 갖추다

初(초) : 헛된 생각이나 욕심이 없어 마음이 고요하고 순수한 상태

蔽蒙(폐몽) : 순수한 마음이 가려진 상태

저 옛날의 도를 잘 다스렸던 사람들은 마음을 고요하게 비움으로써 밝은 지혜를 기르고자 했다. 이들은 지혜가 생겨나도 그 지혜를 가지고

억지로 일을 꾸미려 하지 않았다. 이러한 사람들을 가리켜서 '고요한 상태를 유지함으로써 지혜를 길러나간다'고 말한다. 이처럼 지혜와 고요함이 서로를 길러주면 조화로운 이치가 자신이 가지고 있는 본성에서 저절로 나타나게 된다. 덕이란 만물을 조화시키는 힘이며 도는 만물을 있게 만드는 이치이다. 덕이 모든 만물을 다 포용하는 것을 가리켜 인(仁)이라고 하고, 도가 모든 만물의 근원이 되는 것을 의(義)라고 하고, 의리(義理)가 분명히 드러나 만물이 서로 가까워지는 것을 충(忠)이라고 하고, 마음속에 잡된 생각이 사라져서 순수한 상태로 돌아가는 것을 악(樂)이라고 하고, 행동이 신실하고 거동이 절도에 들어맞는 것을 예(禮)라고 말한다. 그런데 예(禮)와 악(樂)에만 치우치게 되면 천하가 어지러워진다. 각자 자신을 바로잡으면서 자신의 덕을 드러내지 말아야 한다. 만약 자신의 덕을 억지로 남에게 가하려고 하면 만물은 타고난 성질을 잃어버리게 될 것이다.

古之治道者, 以恬養知. 知生而無以知為也, 謂之以知養恬. 知與恬交相養, 而和理出其性. 夫德, 和也. 道, 理也. 德無不容, 仁也. 道無不理, 義也. 義明而物親, 忠也. 中純實而反乎情, 樂也. 信行容體而順乎文, 禮也. 禮樂遍行, 則天下亂矣. 彼正而蒙己德, 德則不冒, 冒則物必失其性也.

遍行(편행) : 한쪽으로 치우쳐서 행하다

蒙(몽) : 덮다, 어리석다

冒(모) : 가리다

해설

세상에서 유행하는 인의예지(仁義禮智)의 덕목을 비판하면서 이러한 가르침이 본성에 어긋난다고 말하고 있다.

2

옛날 사람들은 차별 없는 혼돈 속에 살면서 세상 사람들과 함께 편안하고 고요한 삶을 누리고 있었다. 그 당시에는 음양의 기운이 잘 조화를 이루었고 귀신이 사람들을 괴롭히지 않았으며 사계절이 절도에 맞게 운행했고 만물이 손상되지 않았으며 모든 생물이 타고난 삶을 누렸다. 인간은 지식을 가지고 있었지만 굳이 쓸 데가 없었다. 이런 시대를 가리켜 도와 완전히 일치된 시대라고 말한다. 이때에는 인위적으로 행하는 바가 없었으니, 항상 모든 것이 저절로 흘러갔다.

古之人在混芒之中, 與一世而得澹漠焉. 當是時也, 陰陽和靜, 鬼神不擾, 四時得節, 萬物不傷, 群生不夭, 人雖有知, 無所用之, 此之謂至一. 當是時也, 莫之爲而常自然.

混芒(혼망) : 서로 구분되지 않고 한데 어우러져 있는 상태

澹漠(담막) : 맑고 고요한 상태

擾(요) : 시끄럽다, 요동치다

至一(지일) : 지극한 하나. 도와 완전히 하나가 되었음을 의미한다.

그러다 덕이 점차 쇠퇴하여 수인씨, 복희씨가 천하를 다스리는 시대에 이르게 되었다. 이때에는 사람들이 도를 따르기는 했어도 도와 완전히 하나가 되지는 못했다. 그렇게 점차 시간이 흘러 덕이 더욱 쇠퇴하게 되고 신농씨, 황제(黃帝)가 천하를 다스리는 시대에 이르렀다. 이때에는 제왕의 통치로 천하가 안정될 수는 있었지만, 도에 따라 살지는 못했다. 계속 덕이 쇠퇴하여 요·순임금이 천하를 다스리는 시대에 이르렀다. 이때에는 적극적으로 사람들을 교화하고자 하여 본래의 순박함과 소박함이 사라지게 되었다. 사람들은 도가 아닌 것을 훌륭하다 여겼으며, 부족한 덕으로 일을 실행하였다. 그런 다음에는 타고난 성질을 잃고 각자 사사로운 마음에 따르게 되었는데, 이에 사람들은 서로의 마음을 살펴대기에 바빴으니 천하가 안정될 수 없었다. 더욱 시간이 흘러서는 쓸데없이 몸과 마음을 꾸미고 장식하며, 세속의 학문으로 지식을 더해가기 시작했다. 이에 사람들은 완전히 혼란에 빠져 본래의 성정을 되찾고 처음의 상태로 돌아올 수 없게 되었다.

逮德下衰, 及燧人, 伏羲始為天下, 是故順而不一. 德又下衰, 及神農, 黃帝始為天下, 是故安而不順. 德又下衰, 及唐, 虞始為天下, 興治化之流, 澆淳散朴, 離道以善, 險德以行, 然後去性而從於心. 心與心識知而不足以定天下, 然後附之以文, 益之以博. 文滅質, 博溺心, 然後民始惑亂, 無以反其性情而復其初.

燧人(수인)·伏羲(복희)·神農(신농)·黃帝(황제) : 고대의 전설상의 제왕. 시대 순으로 등장하고 있다.

唐(당)·虞(우) : 각각 요임금과 순임금

文滅質(문멸질) : 꾸며내고 만들어낸 것이 타고난 성질을 사라지게 만든다는 의미

博溺心(박약심) : 얕은 지식이 타고난 마음을 어지럽게 만든다는 의미

해설

인간이 짧은 지식과 기술을 발전시켜 나가면서 점차 도에서 멀어지게 되
었다고 설명한다. 장자는 인간의 유한한 지식이 이상적인 상태를 해친다
고 생각했다. 따라서 인위적인 행동과 생각을 없애고 본래의 상태로 돌아
가야 한다고 주장한 것이다.

3

이것으로 볼 때, 세상은 참된 도를 잃어버렸고, 도 역시 그 도가 실현
될 세상을 잃어버렸다고 할 수 있다. 세상과 도가 서로를 잃어버린 꼴
이 되었으니, 도를 깨달은 자가 어떻게 세상에 나타날 수 있겠으며, 세
상 역시 어떻게 참된 도를 따라 이루어질 수 있겠는가! 도가 세상에 나
타날 수 없고, 세상 역시 참된 도를 따라 이루어질 수 없다면 도를 깨달
은 성인이 산속에 숨어 세상 밖으로 나오지 않는 것과는 무관하게 덕은
이미 가려져 드러나지 않을 것이다. 이는 성인이 억지로 덕을 숨긴 것이
아니다. 옛날의 은둔한 선비들은 일부러 자신의 몸을 숨겨 보이지 않게
만들거나 입을 닫고 아무 말도 하지 않거나 지혜를 감추어서 드러내지
않았던 것이 아니었다. 단지 세상의 상황이 크게 어긋났을 뿐이었다.

때를 잘 만나서 세상에 성인의 덕을 드러낼 수 있을 때에는 사람들을
도로 돌아가게 만들 수 있지만, 때가 아닌 경우에는 깊이 숨어 때를 편

안히 기다렸으니 이것이 성인이 몸을 안전하게 보존하는 방법이었다. 이렇게 몸을 잘 보존했던 옛날의 성인들은 번지르르한 말로 지식을 꾸며내지 않았으며 자신의 짧은 지식으로 천지자연의 원리를 설명하거나 덕을 말하지 않았다. 태연히 자신의 분수를 지키며 타고난 모습으로 돌아가고자 했다. 달리 무엇을 하겠는가! 도는 원래 하찮은 행동으로 이룰 수 있는 것이 아니고, 덕은 짧은 지식으로 설명될 수 있는 것이 아니다. 짧은 지식은 덕을 해치고 하찮은 행동은 도를 해친다. 따라서 "그저 나 자신만을 바로잡을 뿐이다"라고 말하는 것이다.

由是觀之, 世喪道矣, 道喪世矣. 世與道交相喪也. 道之人何由興乎世, 世亦何由興乎道哉! 道無以興乎世, 世無以興乎道, 雖聖人不在山林之中, 其德隱矣. 隱, 故不自隱. 古之所謂隱士者, 非伏其身而弗見也, 非閉其言而不出也, 非藏其知而不發也, 時命大謬也. 當時命而大行乎天下, 則反一無跡. 不當時命而大窮乎天下, 則深根寧極而待. 此存身之道也. 古之行身者, 不以辯飾知, 不以知窮天下, 不以知窮德, 危然處其所而反其性, 己又何為哉! 道固不小行, 德固不小識. 小識傷德, 小行傷道. 故曰:"正己而已矣."

謬(류) : 그르치다

反一(반일) : 참된 도로 돌아가 하나가 됨. 이상적인 상태를 가리킨다.

深根寧極(심근녕극) : 근원의 상태로 깊이 들어가 궁극의 도를 편안히 여김. 이상적인 상태를 가리킨다.

이렇게 자신을 바로잡아서 즐거움이 완전해지는 것을 가리켜 뜻을 이루었다 말한다. 옛날에는 뜻을 이루었다는 말이 요즘과 같이 벼슬자리에 올랐다는 것을 의미하지 않았다. 더 이상 보탤 수 없을 정도로 즐거움이 완전해졌다는 것을 의미했다. 하지만 요즘에는 뜻을 이루었다는 말이 벼슬을 얻었다는 말로 쓰이고 있다. 벼슬은 자신의 타고난 성질과는 아무런 관계가 없는 것으로 그저 바깥의 사물이 우연히 나에게 흘러 들어와 있는 것일 뿐이다. 잠시 나에게 와 있으므로 오는 것을 막을 수도 없고 나가는 것을 붙잡을 수도 없다. 따라서 옛날 뜻을 이룬 사람들은 벼슬에 올랐다고 해서 멋대로 굴지 않고 곤궁한 상황에 처하게 되었다고 해서 세상과 타협하지 않았다. 어떤 상황에 처하건 항상 같은 즐거움을 누려야 마음에 근심거리가 없을 수 있다. 하지만 지금은 잠시 나에게 머무르는 벼슬이 떠났다고 해서 즐거움을 잃어버린다. 이런 점을 생각해 보면 요즘 사람들은 벼슬에 올라 잠시 즐겁다고 한들 마음속은 황폐할 것이 틀림없다. 따라서 이런 말이 있다. "사물에 정신을 빼앗겨 자신을 잃어버리고 세속에 유혹되어 타고난 성질을 상실한 사람을 가리켜 '본말이 전도된 자'라고 말한다."

樂全之謂得志. 古之所謂得志者, 非軒冕之謂也, 謂其無以益其樂而已矣. 今之所謂得志者, 軒冕之謂也. 軒冕在身, 非性命也, 物之儻來, 寄者也. 寄之, 其來不可圉, 其去不可止. 故不為軒冕肆志, 不為窮約趨俗, 其樂彼與此同, 故無憂而已矣. 今寄去則不樂, 由是觀之, 雖樂, 未嘗不荒也. 故曰: "喪己於物, 失性於俗者, 謂之倒置之民."

軒冕(헌면) : 높은 관리가 타던 수레와 쓰던 갓. 높은 벼슬을 가리킨다.

圉(어) : 막다

趣俗(추속) : 세속을 따르다. 세상과 타협하다.

해설

세상이 점차 인위로 가득하게 되면서 올바른 도가 행해질 수 없는 환경이 만들어졌다. 이런 때에 자신의 주장을 고집하다가는 목숨을 해치기 십상이다. 참된 도를 깨달은 사람들은 때와 상황을 파악하고 유연하게 변화할 줄 알았다.

제10편

추수 秋水

1

　가을이 되어 홍수가 찾아왔다. 모든 강물이 불어나 황하로 흘러들었는데 물줄기가 어찌나 컸는지, 반대편 물가에 있는 소나 말을 제대로 구별할 수 없을 정도였다. 이때 황하의 신령인 하백은 매우 우쭐해하며 세상의 모든 아름다움이 자신에게 모여들고 있다고 생각했다. 그가 물의 흐름을 따라 동쪽으로 향하다가 결국 북쪽 바다에까지 이르게 되었는데, 문득 동쪽을 바라보니 여전히 끝을 알 수 없을 정도로 드넓게 물줄기가 펼쳐져 있었다. 하백이 그제야 정신을 차리고 다시 고개를 돌려 북쪽 바다의 신인 약(若)을 올려다보고는 탄식하며 말했다. "속담에 '백 가지 도리를 듣고 나면 나만큼 아는 사람이 없다고 착각한다'는 말이 있는데, 바로 나를 두고 하는 말 같습니다. 옛날부터 나는 공자의 식견이 짧고, 백이의 의로운 행동이 실은 별 볼 일 없는 것이라는 말을 들어왔지만 그런 말을 귀담아듣지는 않았습니다. 그런데 지금 내가 끝없이 광대한 바다를 보니, 만약 이곳으로 찾아오지 않았다면 정말이지 큰일 날 뻔했습니다. 도를 깨달은 자들에게 오랫동안 비웃음을 당할 뻔했으니까요."

秋水時至, 百川灌河, 涇流之大, 兩涘渚崖之間, 不辯牛馬. 於是焉河伯欣然自喜, 以天下之美為盡在己. 順流而東行, 至於北海, 東面而視, 不見水端, 於是焉河伯始旋其面目, 望洋向若而歎, 曰: "野語有之曰 '聞道百, 以為莫己若' 者, 我之謂也. 且夫我嘗聞少仲尼之聞而輕伯夷之義者, 始吾弗信, 今我睹子之難窮也, 吾非至於子之門則殆矣, 吾長見笑於大方之家."

秋水時(추수시) : 가을에 찾아오는 장마철

灌(관) : 흘러 들어가다

涇流(경류) : 흐르는 물

渚崖(저애) : 물가

河伯(하백) : 전설 속에 등장하는 황하강의 신

欣然(흔연) : 매우 기뻐하는 모습을 표현하는 말

旋(선) : 돌리다

望洋(망양) : 올려다보는 모습을 표현하는 말

若(약) : 전설 속에 등장하는 북쪽 바다의 신

野語(야어) : 속담

해설

강의 신 하백과 바다의 신 약의 긴 대화가 시작되고 있다. 하백이 살고 있는 강은 바다에 비해 규모가 매우 작다. 하지만 하백은 바다를 보기 전까지는 자신이 최고라는 생각에 빠져 있었다. 이처럼 사람들은 세상을 다 알지도 못한 채 자신의 생각이 모두 옳다고 여긴다. 이러한 생각은 큰 문제가 된다. 자신이 생각하는 것이 전부라고 착각해서는 안 될 것이다.

2

북쪽 바다의 신령인 약이 말했다. "우물 안 개구리에게 바다 이야기를 들려주어도 소용이 없는 것은 자신이 살고 있는 좁은 환경에 얽매여 있기 때문이오. 여름 한 철만 사는 벌레에게 얼음 이야기를 들려주어도 소용이 없는 것은 자신이 살고 있는 계절에만 얽매여 있기 때문이오. 식견이 좁은 선비에게 도 이야기를 들려주어도 소용이 없는 것은 자신이 배운 하찮은 가르침에 얽매여 있기 때문이오. 하지만 그대는 황하에서 벗어나 큰 바다를 보고 자신의 하찮음을 깨달았으니, 이제 나와 함께 거대한 이치에 관해 이야기할 수준은 된 것이오.

세상의 물은 바다보다 넓은 것이 없소. 모든 강이 바다로 흘러들지만 언제 그치고 언제 가득 찰지를 도무지 알 수 없다오. 또한 바다에서 다시 강으로 물이 빠져나가는데 바닷물이 언제 다 고갈될지 도무지 감을 잡을 수 없소. 바다는 계절에 따라 변하지 않으며 홍수나 가뭄에도 영향을 받지 않는다오. 바다는 그 물의 양을 따진다면 어떤 강이나 하천도 뛰어넘으니 그야말로 헤아릴 수조차 없을 정도요. 하지만 나는 한 번도 이것을 많다고 생각해 본 적이 없다오. 나는 천지자연으로부터 형체를 받고 음양의 기운을 받아서 여기에 머물러 있기 때문에 그저 작은 돌과 나무가 큰 산에 놓여 있는 것과 같은 처지라오. 나 자신의 많고 적음이 뻔히 보이는데 어찌 스스로 많다고 여길 수 있겠소!

잘 생각해 보시오. 이 바다가 천지자연에 놓여 있는 것을 떠올려 보면 개미구멍이 큰 연못가에 있는 것과 같을 것이오. 다시 우리가 사는 나라를 바다와 비교해 보면 좁쌀 낱알이 커다란 창고에 놓여 있는 것과 같을 것이오. 사물의 종류가 만 가지라고 말하는데, 사람은 그중 하나에 불과하며 또 수많은 사람 가운데 나는 그중 하나에 불과하오. 나 한 사람을 만물에 비교해 보면 마치 털 하나가 말 몸에 붙어 있는 것과 같을 것이오.

다섯 명의 제왕이 왕위를 이어오고 삼대의 임금이 서로 왕위를 다투고 어진 사람이 세상을 걱정하고 통치자가 나라를 다스리려고 고생하는 것은 다 이러한 작디작은 세상에서 일어나는 일들이오. 그런데도 백이는 임금과 같은 하찮은 자리를 사양한 덕분에 명성을 얻었고 공자는 하찮은 지식을 말하고 다님으로써 박식하다는 칭찬을 받소. 이들이 스스로 남보다 뛰어나다고 생각하는 것은 좀 전에 당신이 스스로 물이 많다고 생각했던 것과 같지 않겠소?"

北海若曰: "井蛙不可以語於海者, 拘於虛也. 夏蟲不可以語於冰者, 篤於時也. 曲士不可以語於道者, 束於教也. 今爾出於崖涘, 觀於大海, 乃知爾醜, 爾將可與語大理矣. 天下之水, 莫大於海, 萬川歸之, 不知何時止而不盈. 尾閭泄之, 不知何時已而不虛. 春秋不變, 水旱不知. 此其過江河之流, 不可爲量數. 而吾未嘗以此自多者, 自以比形於天地而受氣於陰陽, 吾在天地之間, 猶小石小木之在大山也, 方存乎見少, 又奚以自多! 計四海之在天地之間也, 不似礨空之在大澤乎? 計中國之在海內, 不似稊米之在大倉乎? 號物之數謂之萬, 人處一焉. 人卒九州, 穀食之所生, 舟車之所通, 人處一焉. 此其比萬物也, 不似豪末之在於馬體乎? 五帝之所連, 三王之所爭, 仁人之所憂, 任士之所勞, 盡此矣. 伯夷辭之以爲名, 仲尼語之以爲博, 此其自多也, 不似爾向之自多於水乎?"

井蛙(정와) : 우물 안의 개구리

夏蟲(하충) : 여름 한 철만 사는 곤충

篤(독) : 얽매이다

曲士(곡사) : 식견이 좁은 선비

爾(이) : 너, 2인칭 호칭

壘空(뢰공) : 개미구멍

稊米(제미) : 좁쌀

해설

계속해서 '우물 안 개구리'와 같은 하백의 생각이 잘못된 것임을 지적하고
있다.

3

하백이 말했다. "그렇다면 내가 천지를 크다고 여기고 털끝을 작다고
여기는 것은 맞는 것일까요?"

북쪽 바다의 약이 말했다. "옳지 않소. 사물이란 양을 다 헤아릴 수
없으며 시간은 끝없이 흐르고 변하며 얻고 잃는 것에는 일정함이 없소.
그렇기 때문에 큰 지혜를 가진 사람이라야 가깝고 먼 것을 두루 관찰할
수 있다오. 그런 사람은 작은 것을 부족하다 생각하지 않고 큰 것을 많
다고 생각하지 않소. 사물의 양이란 원래 헤아릴 수 없이 무한하다는 사
실을 잘 알고 있기 때문이오. 또한 그는 과거와 현재를 두루 살필 수 있
소. 그래서 아직 먼 미래의 일이라도 분명하게 알며 급한 일에 허둥대지
않는다오. 시간이란 멈추지 않고 항상 흐른다는 것을 알기 때문이오. 또

한 그는 세상만사가 흥하고 망하는 것을 모두 살필 수 있소. 그래서 얻는 것이 있어도 기뻐하지 않고 잃은 것이 있어도 걱정하지 않소. 얻고 잃는 것에는 일정함이 없다는 것을 알기 때문이오. 또한 그는 죽음과 삶이 하나로 이어진 길임을 알기 때문에 태어난 것을 기뻐하지 않고 죽는 것을 두려워하지 않소. 시작과 끝에 일정함이 없다는 것을 알고 있기 때문이오.

사람이 알고 있는 것을 한번 따져보면, 알지 못하는 것에 비해 한참이나 부족할 것이오. 사람이 살아가는 시간이란 태어나지 않았을 때의 긴 시간에 비하면 지극히 짧다오. 이처럼 지극히 작은 지혜로 지극히 거대한 영역을 이해하고자 하니 혼란에 빠지고 마는 것이오. 이런 것을 볼 때, 어찌 털끝이라고 해서 지극히 미세하다고 단정할 수 있으며, 하늘과 땅이라고 해서 지극히 광대하다고 단정할 수 있겠소!"

河伯曰:"然則吾大天地而小毫末可乎?" 北海若曰:"否. 夫物, 量無窮, 時無止, 分無常, 終始無故. 是故大知觀於遠近, 故小而不寡, 大而不多, 知量無窮. 證曏今故, 故遙而不悶, 掇而不跂, 知時無止. 察乎盈虛, 故得而不喜, 失而不憂, 知分之無常也. 明乎坦塗, 故生而不說, 死而不禍, 知終始之不可故也. 計人之所知, 不若其所不知. 其生之時, 不若未生之時. 以其至小, 求窮其至大之域, 是故迷亂而不能自得也. 由此觀之, 又何以知毫末之足以定至細之倪! 又何以知天地之足以窮至大之域!"

分無常(분무상) : 분(分)은 몫, 가진 것. 즉 소유가 일정하지 않은 것을 말한다.

證驗(증험) : 증명하다, 밝히다

坦塗(탄도) : 평등한 도리

倪(예) : 끝

해설

장자는 인간의 인식에 한계가 있다고 생각한다. 사물은 항상 변화하고 시간은 매순간마다 흘러가지만 인간은 그런 측면을 다 알지 못하고 한 부분만을 알 수 있기 때문이다. 하지만 도를 깨달은 사람은 세상의 근원적인 원리를 이해하기 때문에 사람들이 알지 못하는 것까지 전부 이해할 수 있다.

4

하백이 말했다. "세상의 어떤 사람들은 '지극히 작은 것은 형체조차 없을 정도이고, 지극히 큰 것은 다 에워쌀 수도 없다'라고 말하는데, 믿을 만한 이야기입니까?"

북쪽 바다의 약이 말했다. "작은 것의 처지에서 큰 것을 보면 제대로 알 수 없고 반대로 큰 것의 처지에서 작은 것을 보아도 제대로 알 수 없소. 지극히 작다는 말은 작은 것 중에서도 특히 작다는 말이고, 지극히 크다는 말은 큰 것 중에서도 특히 크다는 말이오. 게다가 작다, 크다 하는 것은 애초에 형체가 있는 대상에 대해 하는 말이지, 형체가 없을 정도로 작은 것은 수량을 다시 나눌 수가 없고, 에워쌀 수조차 없을 정도로 큰 것은 수량을 다 헤아릴 수도 없을 것이오. 사물 가운데 큰 것은 말로 설명할 수 있고 작은 것은 마음으로 이해할 수 있다고 하지만, 그것이 불가능한 것들은 이미 작다, 크다 하는 문제를 넘어서서 있다오.

따라서 위대한 인물은 남을 해하려 하지 않지만 그렇다고 해서 인자함이나 은혜를 베풀고자 하지도 않소. 이익을 위해 움직이지 않지만 그렇다고 해서 돈을 벌기 위해 문지기 노릇하는 것을 천하게 여기지 않소. 재물을 위해 다투지는 않지만 억지로 사양하거나 겸손한 척하지는 않소. 일을 할 때 다른 사람의 힘을 빌리지는 않지만 그렇다고 고고하게 혼자서 해내야 한다고 말하지 않으며, 동시에 탐욕스럽고 추잡한 자들을 천하게 여기지는 않소. 세상과 다르게 행동하지만 그렇다고 해서 편벽되고 기이한 행동을 주장하지는 않소. 백성들을 따라 행동하지만 그렇다고 해서 윗사람에게 잘 보이려고 하는 것을 비판하지는 않소. 이러한 인물은 벼슬자리로 장려할 수도 없고 형벌로써 욕되게 할 수도 없소. 그는 옳고 그름을 분명하게 구분할 수 없으며 작고 큰 것 역시 분명히 구분할 수 없다는 사실을 잘 알고 있소. 내가 듣기로 '도를 터득한 사람은 명성을 들으려 하지 않고, 지극한 덕을 지닌 사람은 덕을 내세우지 않으며, 위대한 인물을 자신을 드러내지 않는다'라고 하던데, 이야말로 세상의 모든 구별과 차별을 잊어버린 극한의 경지가 아닐까 싶소."

河伯曰: "世之議者皆曰: '至精無形, 至大不可圍.' 是信情乎?"
北海若曰: "夫自細視大者不盡, 自大視細者不明. 夫精, 小之微也, 垺, 大之殷也, 故異便. 此勢之有也. 夫精粗者, 期於有形者也. 無形者, 數之所不能分也. 不可圍者, 數之所不能窮也. 可以言論者, 物之粗也. 可以意致者, 物之精也. 言之所不能論, 意之所不能察致者, 不期精粗焉. 是故大人之行, 不出乎害人, 不多仁恩. 動不為利, 不賤門隷. 貨財弗爭, 不多辭讓. 事焉不惜人, 不多食乎力, 不賤貪污. 行殊乎俗, 不多辟

異. 爲在從衆, 不賤佞諂. 世之爵祿不足以爲勸, 戮恥不足以
爲辱. 知是非之不可爲分, 細大之不可爲倪. 聞曰:'道人不聞,
至德不得, 大人無己, 約分之至也.'"

圍(위) : 에워싸다, 포위하다

垺(부) : 크다

殷(은) : 크다

粗(조) : 크다

佞諂(녕첨) : 아첨하다

戮恥(륙치) : 형벌을 받는 수모

해설

'작다, 크다' 하는 것은 상황에 따라 달라지는 상대적인 것이라고 설명한
다. 예를 들어 '키가 크다'는 말은 더 작은 사람에 비해서 크다는 뜻일 뿐,
어떠한 상황에서도 크다는 이야기가 아니다. 이렇듯 사람들이 생각하는
수많은 지식은 '상대적인' 지식이다. 이것을 영원히 옳은 것으로 생각해서
는 안 된다.

5

하백이 말했다. "그렇다면 만물의 안과 밖 어디서 귀하고 천함의 구분
이 생겨나는 것입니까? 어디서 작음과 큼의 구분이 생겨나는 것입니까?"

북쪽 바다의 약이 말했다. "사회적 관점에서 보면 귀하고 천함이란
있을 수가 없소. 하지만 사물의 관점에서 보면 자기 자신을 귀하다고 여

기고 상대방을 천하다고 여기기 마련이오. 그런데 사회적 관점에서 보면 귀하고 천하다는 것은 자신의 생각에 달려 있지 않소. 사람들의 생각을 따라가기 때문이오. 한편 차이라는 관점에서 보면, (어떤 한 사물의) 큰 측면에 근거하여 이를 크다고 여기면 크지 않은 사물이 없고, 작은 측면에 따라 이를 작다고 여기면 작지 않은 사물이 없을 것이오. 이처럼 천지도 좁쌀만큼 작을 수 있고, 솜털도 산봉우리만큼 클 수 있다는 이치를 안다면, 만물의 진정한 차이를 살필 수 있을 것이오.

쓸모라는 관점에서 보면, (사물의) 어떤 한 가지 유용함에 근거하여 이를 쓸모 있다고 여기면 쓸모 있지 않은 사물이 없고, 어떤 한 가지 무용함에 근거하여 이를 쓸모없다고 여기면 쓸모없지 않은 사물이 없소. 동쪽과 서쪽은 서로 반대 방향이지만 상대방이 없어서는 안 되오. 이러한 이치를 이해한다면 쓸모란 것이 어떻게 정해지는지 잘 알 수 있을 것이오. 한편 취향의 차원에서 보면, 자신이 원하는 것을 옳다고 하면 만물은 전부 옳을 수 있소. 반대로 자신이 원하지 않는 것을 옳지 않다고 한다면 만물은 모두 옳지 않을 수 있소. 요임금과 걸임금처럼 정반대의 평가를 받는 사람들조차 서로를 옳지 않다고 말하니, 이 취향이 역시 상대적이라는 사실을 잘 알 수 있을 것이오.

河伯曰: "若物之外, 若物之內, 惡至而倪貴賤? 惡至而倪小大?" 北海若曰: "以道觀之, 物無貴賤. 以物觀之, 自貴而相賤: 以俗觀之, 貴賤不在己. 以差觀之, 因其所大而大之, 則萬物莫不大. 因其所小而小之, 則萬物莫不小. 知天地之為稊米也, 知豪末之為丘山也, 則差數睹矣. 以功觀之, 因其所有而有之, 則萬物莫不有. 因其所無而無之, 則萬物莫不無. 知東

西之相反, 而不可以相無, 則功分定矣. 以趣觀之, 因其所然
而然之, 則萬物莫不然. 因其所非而非之, 則萬物莫不非. 知
堯, 桀之自然而相非, 則趣操睹矣.

差數(차수) : 차별의 이치. 즉 상대적인 이치

睹(도) : 보다

趣(취) : 취향

옛날 요임금은 순임금에게 평화롭게 임금 자리를 물려주었지만 반대로 연나라 쾌임금은 신하 자지에게 임금 자리를 물려주었다가 오히려 나라가 망하고 말았소. 탕임금과 무임금은 전쟁으로 임금 자리를 얻었지만 반대로 초나라 백공은 전쟁으로 임금 자리를 얻으려다 멸망하고 말았소. 이런 사실로 볼 때, 왕위의 쟁탈 혹은 선양이라는 형식, 그리고 요임금과 걸임금의 행동 가운데 어떤 것이 좋고 어떤 것이 나쁜지는 때에 따라 달라지는 것이지 고정불변의 이치가 없음을 알 수 있소. 집의 대들보와 마룻대에 쓰이는 거대한 나무로 성벽을 부술 수는 있어도 작은 구멍을 막을 수는 없소. 즉 각자 다른 쓸모가 있다는 말이오. 이름난 말은 하루에 천 리를 가지만 쥐를 잡을 때는 살쾡이만 못하오. 각자 다른 재주가 있다는 말이오. 야행성인 올빼미나 부엉이는 캄캄한 밤이 되면 벼룩을 잡고 털끝마저 분간해 내지만 낮이 되면 눈을 크게 떠도 커다란 언덕과 산조차 볼 수 없소. 각자 타고난 성질이 다르다는 말이오.

어떤 사람들은 '어찌 옳은 것을 본받아 잘못된 것을 없애지 않는가? 어찌 치세를 본받아 난세를 해결하지 않는가?'라고 말하기도 하는데,

아직 세상의 이치와 만물의 모습을 깨닫지 못한 자들이라고 볼 수 있소. 이는 마치 하늘을 따르고 땅을 무시하거나, 음기를 따르고 양기를 무시하는 것과 같은 짓으로, 계속 이러한 말을 하고 다닌다면 어리석은 자이거나 남을 속이려는 자일 것이오. 옛날의 위대한 제왕들도 왕위를 전하는 방법이 서로 달랐고, 하나라·은나라·주나라의 삼대 임금들도 각자 방법이 달랐소. 그 당시 시대와 사회의 분위기에 어긋난 자들은 '역적'이라 불렸고, 그 당시 시대와 사회의 분위기를 따른 자들은 '정의의 무리'라 불렸소. 잠자코 있으시오 하백! 귀함과 천함, 크고 작음의 문제를 어찌 당신이 알 수 있겠소!"

昔者堯, 舜讓而帝, 之噲讓而絶. 湯武爭而王, 白公爭而滅. 由此觀之, 爭讓之禮, 堯, 桀之行, 貴賤有時, 未可以爲常也. 梁麗可以衝城, 而不可以窒穴, 言殊器也. 騏驥驊騮, 一日而馳千里, 捕鼠不如狸狌, 言殊技也. 鴟鵂夜撮蚤, 察毫末, 晝出瞋目而不見丘山, 言殊性也. 故曰: 蓋師是而無非, 師治而無亂乎? 是未明天地之理, 萬物之情者也. 是猶師天而無地, 師陰而無陽, 其不可行明矣. 然且語而不舍, 非愚則誣也. 帝王殊禪, 三代殊繼. 差其時, 逆其俗者, 謂之簒夫. 當其時, 順其俗者, 謂之義徒. 默默乎河伯! 女惡知貴賤之門, 大小之家!"

堯舜讓而帝(요순양이제) : 요임금이 순임금에게 왕위를 평화롭게 물려준 일을 말함

之噲讓而絶(쾌양이절) : 연나라 쾌(噲)임금이 신하 지(之)에게 왕위를 물려주었으나 나라가 혼란해져 결국 제나라의 침입을 받고 망한 일을 말함

湯武爭而王(탕무쟁이왕) : 탕임금과 무임금이 무력으로 왕위를 얻은 일을 말함

白公爭而滅(백공쟁이멸) : 초나라의 백공이 탕·무임금을 본받아 무력으로 왕위
　　　　를 얻고자 하다가 패가망신한 일을 말함

梁麗(량려) : 대들보와 마룻대

騏(기)·驥(기)·驊(화)·騮(류) : 모두 훌륭한 말의 이름

狸狌(리성) : 살쾡이

鴟鵂(치휴) : 올빼미

蚤(조) : 벼룩

默默乎(묵묵호) : 조용히 하는 모습을 표현하는 말

해설

계속해서 현상 세계의 상대적 이치에 대해 말하고 있다.

6

하백이 말했다. "그렇다면 나는 무엇을 하고 무엇을 하지 말아야 할까요? 어떤 것을 선택하고 어떤 것을 버려야 할까요?"

북쪽 바다의 약이 말했다. "도의 관점에서 볼 때, 귀하고 천한 것은 없소. 무엇을 귀하다고 하며, 무엇을 천하다고 하겠소? 귀천이란 끊임없이 번갈아 뒤집히는 것인데, 이러한 변화 속에서 한쪽에 얽매인다면 도에 어긋나는 것이라 하겠소. 또한 무엇을 적다 하고 무엇을 많다고 할 수 있겠소? 많고 적음이란 번갈아 교체되는 것이니, 하나로 고정된다면 역시 도와 어긋나게 될 것이오. 마치 한 나라의 임금처럼 근엄한 태도로 치우치게 행동하지 말 것이며, 제사를 모시는 사람처럼 넉넉한 태도로

공정하게 행동하며, 넓은 마음으로 경계를 허물고 만물을 고루 포용하시오. 누구를 특별히 편애할 수 있겠소? 이를 '편향되지 않았다'고 한다오. 만물은 하나로 가지런한 법인데 무엇을 짧다고 하고 무엇을 길다고 하겠소?

도에는 끝도 없고 시작도 없지만, 사물에는 죽음이 있고 삶이 있소. 그러니 도에 따라야지 사물의 변화에 따라서는 안 되는 것이오. 사물이란 때로는 텅 비고 때로는 가득 차서 그 모습이 일정하지 않다오. 세월의 흐름이란 막을 수 없으며 시간이 흐르는 것은 멈출 수가 없소. 온갖 모습으로 변화하며 끝없이 흘러간다오. 이것이 내가 참된 도의 방식을 말하고, 만물의 이치를 말하는 까닭이오. 사물은 한번 생겨나면 달리는 말처럼 빠르게 변화하오. 움직여서 변하지 않는 것이 없고, 시간에 따라 흐르지 않는 것이 없소. 그러니 무엇을 하고 무엇을 하지 말아야 하겠소? 그저 스스로 변화하기를 따라서 그에 맞추어 갈 뿐이오."

河伯曰: "然則我何爲乎? 何不爲乎? 吾辭受趣舍, 吾終奈何?"
北海若曰: "以道觀之, 何貴何賤, 是謂反衍, 無拘而志, 與道大蹇. 何少何多, 是謂謝施, 無一而行, 與道參差. 嚴乎若國之有君, 其無私德. 繇繇乎若祭之有社, 其無私福. 泛泛乎(其)若四方之無窮, 其無所畛域. 兼懷萬物, 其孰承翼? 是謂無方. 萬物一齊, 孰短孰長? 道無終始, 物有死生, 不恃其成. 一虛一滿, 不位乎其形. 年不可擧, 時不可止. 消息盈虛, 終則有始. 是所以語大義之方, 論萬物之理也. 物之生也若驟若馳, 無動而不變, 無時而不移. 何爲乎? 何不爲乎? 夫固將自化."

反衍(반연) : 무한히 변화한다는 의미

謝施(사이) : 변화를 따라 움직인다는 의미

參差(참치) : 어긋나다

嚴乎(엄호) : 준엄한 모습을 표현하는 말

繇繇乎(요요호) : 넉넉한 모습을 표현하는 말

泛泛乎(범범호) : 매우 넓은 모습을 표현하는 말

畛(진) : 구역, 경계

無方(무방) : 한쪽으로 치우치지 않는다는 의미

해설

그렇다면 우리는 이러한 상대적인 세상 속에서 어떤 자세를 지녀야 할까?
장자는 어떤 선택이든 그것을 영원한 것으로 생각해서는 안 된다고 주장
한다. 도를 깨달은 사람은 서로 상대적인 것일 뿐인 온 세상의 사물을 다른
것으로 보지 않는다. 이는 모두 상황과 때에 따라 달라지는 것이기 때문이
다. 따라서 사물의 변화를 따를 뿐, 섣불리 짧은 지식으로 판단하지 말라고
말하고 있다.

7

하백이 말했다. "귀하고 천한 것이 정해진 것이 아니라면 도는 왜 귀
하게 여기십니까?"

북쪽 바다의 약이 말했다. "도를 아는 사람은 반드시 이치에 통달하
고, 이치에 통달하는 사람은 모든 상황에 이를 잘 응용할 수 있소. 상황
에 따라 잘 응용하는 사람은 외부의 유혹에 자신을 해치지 않는다오. 높

은 덕을 가진 사람은 불이 그를 뜨겁게 할 수 없고, 물에 빠뜨릴 수 없으며, 추위와 더위가 그를 상하게 할 수 없고 짐승이 그를 해칠 수 없소. 실제로 불에 타지 않는다는 말이 아니라, 미리 안전한 것과 위험한 것을 살핀다는 말이오. 화복에 흔들리지 않고 신중하게 행동하니 아무것도 그를 해칠 수 없는 것이오. 따라서 이런 말이 있소. '하늘의 이치는 사람의 마음속에 있고, 인간의 이치는 사람의 마음 밖에 있으며 덕은 하늘의 이치를 따르는데 있다.' 따라서 하늘과 인간의 이치를 잘 이해하고, 하늘의 이치에 근본을 두어 자신의 덕을 바로 세우면서 상황의 변화에 따라 적절히 행동한다면 근원으로 돌아가 궁극적인 경지에 관해 말할 수 있게 될 것이오."

하백이 물었다. "무엇을 하늘의 이치라고 하고, 무엇을 인간의 이치라고 합니까?"

북쪽 바다의 약이 말했다. "소와 말에 발이 네 개 있는 것을 하늘의 이치라고 하고, 말의 머리에 낙인을 찍고 소의 코에 고삐를 다는 것을 인간의 이치라고 하오. 그래서 '인간의 이치로 하늘의 이치를 없애지 말아야 하고, 인간의 작위적인 타고난 성명(性命)을 없애지 말아야 하며, 헛된 명성을 얻으려고 하지 말아야 한다'고 하는 것이오. 타고난 성질을 잘 지켜서 잃어버리지 않게 하는 것이 중요하오. 이러한 원칙을 '참된 본성으로 돌아간다'고 말한다오."

河伯曰: "然則何貴於道邪?" 北海若曰: "知道者必達於理, 達於理者必明於權, 明於權者不以物害己. 至德者, 火弗能熱, 水弗能溺, 寒暑弗能害, 禽獸弗能賊. 非謂其薄之也, 言察乎安危, 寧於禍福, 謹於去就, 莫之能害也. 故曰: '天在內, 人在外, 德在乎天.' 知天人之行, 本乎天, 位乎得. 蹢躅而屈伸, 反要而語極." 曰: "何謂天? 何謂人?" 北海若曰: "牛馬四足, 是謂天. 落馬首, 穿牛鼻, 是謂人. 故曰: '無以人滅天, 無以故滅命, 無以得殉名.' 謹守而勿失, 是謂反其眞."

權(권) : 도(道)라는 일정한 원칙을 상황에 맞게 응용한 도리

薄(박) : 가까이 가다. 실제 상황에 가까워져서 해를 피하는 것이 아니라, 상황이 닥치기 전에 미리 조심하여 해를 피한다는 의미다.

蹢躅(척촉) : 주위의 상황에 따라 행동함

落馬首(낙마수) : 말의 머리에 낙인을 찍다

穿牛鼻(천우비) : 소의 코에 구멍을 뚫어 고삐를 걸다

해설

세상 만물에는 귀하거나 천함이 절대적으로 결정되어 있지 않다. 따라서 어떤 것도 영원히 절대적으로 옳다고 고집해서는 안 된다. 그런데 역설적으로 이러한 원칙만은 항상 옳다. 위의 이야기에서 도가 귀하다고 말한 것은 바로 이러한 의미로 해석할 수 있다.

8

외발 짐승인 기(夔)는 발이 많은 노래기를 부러워하고 노래기는 발이 없는 뱀을 부러워하고 뱀은 형체가 없이 자유롭게 다니는 바람을 부러워하고 바람은 움직이지 않고도 모든 것을 볼 수 있는 눈을 부러워하고 눈은 보지 않고도 모든 것을 알 수 있는 마음을 부러워한다.

虁憐蚿, 蚿憐蛇, 蛇憐風, 風憐目, 目憐心.

虁(기) : 소와 같은 모양에 발이 하나 달린 전설 속의 동물

憐(련) : 부러워하다

蚿(현) : 노래기

蛇(사) : 뱀

기가 노래기에게 말했다. "나는 한 발로 껑충껑충 뛰어다니는데 이보다 더 간편할 수가 없네. 그런데 자네는 그 많은 발을 가지고 있으니, 대체 어떻게 걸어다니는 것인가?"

노래기가 말했다. "아니야. 그렇지 않네. 자네는 재채기를 하면서 침을 튀기는 사람을 본 적이 있겠지? 재채기를 해서 침을 뿜어내면 큰 것은 마치 구슬 같고 작은 것은 안개 같네. 크고 작은 침이 섞여서 떨어지는데 수를 셀 수 없을 정도지. 내가 움직이는 것도 마찬가지일세. 그저 타고난 기능대로 움직일 뿐, 나도 이 많은 발을 어떻게 움직이는지 알 수 없네."

虁謂蚿曰: "吾以一足趻踔而行, 予無如矣. 今子之使萬足, 獨奈何?" 蚿曰: "不然. 子不見夫唾者乎? 噴則大者如珠, 小者如霧, 雜而下者不可勝數也. 今予動吾天機, 而不知其所以然."

唾(타) : 침을 튀기다

噴(분) : 재채기하다

霧(무) : 안개

天機(천기) : 타고난 기능

노래기가 뱀에게 물었다. "나는 많은 발로 걷는데도 발 없는 자네보다 느리네, 왜 그런가?"

뱀이 말했다. "타고난 기능에 따라 움직이는 것을 어떻게 바꾸겠나? 나는 발을 쓰지 않게 타고났을 뿐이니 발을 쓸 필요가 없는 것이지."

蚿謂蛇曰:"吾以眾足行, 而不及子之無足, 何也?" 蛇曰:"夫天機之所動, 何可易邪? 吾安用足哉!"

이번에는 뱀이 바람에게 물었다. "나는 등허리를 움직여서 이동하니 마치 발이 있는 것과 같다고 할 수 있지. 그런데 자네는 훌쩍 하고 북쪽 바다에서 일어나 곧장 남쪽 바다로 이동해 버리니, 이동한 흔적조차 찾을 수 없는 듯하네. 어찌된 일인가?"

바람이 말했다. "그래. 나는 훌쩍 하고 북쪽 바다에서 일어나 곧장 남쪽 바다로 이동할 수 있지. 하지만 사람이 손가락을 휘휘 젓는 것으로 나를 이길 수 있고, 발길질을 하는 것으로 나를 이길 수 있다네. 반대로 큰 나무를 꺾고 큰 집을 날려버리는 것은 오직 나만 할 수 있어. 이처럼 나는 작은 것은 감당하지 못해도 큰 것은 감당할 수 있다네. 큰 것을 감당할 수 있는 것은 성인만이 가능할 거야."

蛇謂風曰:"予動吾脊脅而行, 則有似也. 今子蓬蓬然起於北海, 蓬蓬然入於南海, 而似無有, 何也?"風曰:"然. 予蓬蓬然起於北海而入於南海也, 然而指我則勝我, 蹈我亦勝我. 雖然, 夫折大木, 蜚大屋者, 唯我能也, 故以眾小不勝為大勝也. 為大勝者, 唯聖人能之."

脊脅(척협) : 등과 겨드랑이

蓬蓬然(봉봉연) : 바람 부는 모습을 표현하는 말

蹈我(추아) : 발길질을 하다

蜚(비) : 날려버리다

해설

외발 짐승인 기와 발이 많이 달린 노래기와 발이 없는 뱀과 형체도 없는 바람의 이야기로 각자 타고난 바가 있음을 말한다. 이들의 능력과 특징은 모두 상대적이므로 어느 한 가지가 옳은 것이라고 말할 수 없다.

9

공자가 광(匡) 지역을 유람할 때였다. 송나라 사람이 공자를 겹겹이 둘러싸고 포위했는데, 그는 태연히 거문고를 타고 노래를 부르기를 멈추지 않았다. 제자인 자로가 들어와 그를 뵙고 말했다. "스승님 이런 위급한 상황에서 어찌 음악 같은 것을 즐기고 계십니까?"

공자가 말했다. "이리 오너라! 너에게 말해주겠다. 나는 오래전부터 고난과 위험을 피하고자 했지만 피하지 못했다. 이것은 나의 운명인 것이다. 또 오래전부터 뜻을 이루고자 했지만 잘되지 않았지. 아직 때가 아닌 것이다. 요임금과 순임금의 시절에는 천하에 뜻을 이루지 못한 사람이 없었는데, 이는 사람들의 지혜가 뛰어났기 때문이 아니었다. 걸왕이나 주왕의 시절에는 천하에 뜻을 이룬 사람이 없었는데, 이 역시 사람들의 지혜가 부족해서가 아니었어. 때가 그러했기 때문이었지. 물을 건너가면서 교룡을 피하지 않는 것은 어부의 용기이고, 육지를 가면서 외뿔소나 호랑이를 피하지 않는 것은 사냥꾼의 용기이며, 번뜩이는 칼날 앞에서 죽음을 두려워하지 않는 것은 열사의 용기다. 고난에 처할 운명이 있음을 알고, 뜻을 이룰 때가 있음을 알아서 큰 고난을 만나더라도 두려워하지 않는 것은 성인의 용기다. 유(由)야! 그냥 편안히 있거라. 다 정해진 운명이 있는 것이다."

얼마 후에 병사들의 우두머리가 찾아와 사과를 하면서 말했다. "선생을 다른 사람으로 착각하여 포위를 하였습니다. 아니라는 것을 알았으니, 물러가고자 합니다. 송구스럽습니다."

孔子遊於匡, 宋人圍之數匝, 而絃歌不惙. 子路入見, 曰: "何夫子之娛也?" 孔子曰: "來! 吾語女. 我諱窮久矣, 而不免, 命也. 求通久矣, 而不得, 時也. 當堯, 舜而天下無窮人, 非知得也, 當桀, 紂而天下無通人, 非知失也, 時勢適然. 夫水行不避蛟龍者, 漁父之勇也. 陸行不避兕虎者, 獵夫之勇也. 白刃交於前, 視死若生者, 烈士之勇也. 知窮之有命, 知通之有時, 臨大難而不懼者, 聖人之勇也. 由處矣! 吾命有所制矣." 無幾何, 將甲者進, 辭曰: "以爲陽虎也, 故圍之. 今非也, 請辭而退."

匡(광) : 땅 이름

數匝(수잡) : 겹겹이 둘러싸다

惙(철) : 그만두다

諱(휘) : 숨기다, 꺼리다

蛟龍(교룡) : 용을 닮은 상상의 동물

兕(시) : 외뿔소

獵(렵) : 사냥하다

白刃(백인) : 날카로운 칼날

해설

장자가 강조하는 것 중 '운명[命]'이라는 개념이 있다. 일상언어에서 '운명'은 '정해진 미래'라는 뜻으로 사용되는 반면, 중국철학에서는 이를 '하늘이 부여하여 인간의 힘으로 바꿀 수 없는 객관적인 상황'이라는 뜻으로 사용한다. 따라서 장자는 자신의 운명을 이해하고 그대로 따르는 것을 '자연', 이를 거스르는 것을 '인위'로 보았다.

10

공손룡이 위모에게 물었다.

"저는 젊어서는 선왕의 도를 배웠고, 나이가 들어서는 인의(仁義)의 행위에 밝게 되었습니다. 또한 사물 간의 같음과 다름을 하나로 합치거나, 흰 돌에서 단단한 속성과 희다는 속성을 서로 구분할 수 있었습니다. 사람들이 그렇지 않다고 하는 것을 그렇다고 하고, 사람들이 불가능하다고 하는 것을 가능하다고 하면서 제자백가의 지식인들을 곤란하게 만들고, 사람들을 논변으로 굴복시켰습니다. 스스로 이치에 통달했다고 여겼지요. 그런데 지금 장자의 말을 듣고는 멍하니 아무것도 알 수 없게 되었습니다. 저의 논변이 그에게 미치지 못하는 것입니까, 아니면 지식이 그에게 미치지 못하는 것입니까? 지금 저는 입도 뻥긋할 수 없습니다. 어떻게 하면 좋을까요?"

公孫龍問於魏牟曰:"龍少學先生之道, 長而明仁義之行, 合同異, 雜堅白, 然不然, 可不可, 困百家之知, 窮眾口之辯, 吾自以為至達已. 今吾聞莊子之言, 汒焉異之, 不知論之不及與, 知之弗若與? 今吾無所開吾喙, 敢問其方."

公孫龍(공손룡): 변론을 즐겨하던 명가 학파의 유명한 학자
魏牟(위모): 위나라의 왕족. 이름을 모(牟)라고 한다.
喙(훼): 부리. 여기에서는 입을 뜻한다.

위나라 공자 모가 그 말을 듣고 비스듬히 기댄 채 한숨을 쉬고는 하늘을 우러러보면서 웃으며 말했다. "자네는 저 우물 안의 개구리 이야기를 듣지 못했는가? 개구리가 동쪽 바다에 사는 자라에게 이렇게 말했다고 하지. '나는 정말로 즐겁다! 우물 밖에 나오면 난간 위에서 폴짝폴짝 뛰어놀다 우물 안으로 들어가면 깨진 벽돌 위에서 쉰다. 물속에 들어가서는 두 겨드랑이를 붙인 채 턱을 받치고 떠다니다 진흙 속에서는 첨벙거리며 돌아다닌다. 장구벌레와 게, 올챙이를 둘러보아도 나만큼 즐거운 것이 없지. 우물에 자리를 잡고 웅덩이의 물을 독차지하면서 편안

히 살아가는 것은 그야말로 더없이 즐거운 일이다! 너도 우물 안에 들어와 보지 않겠나?' 동해의 자라는 그 말을 듣고 우물에 들어가 보려 했지만 왼발이 다 들어가기도 전에 오른쪽 무릎이 그만 꽉 끼어버렸다고 하네. 그래서 어쩔 수 없이 물러나 개구리에게 바다 이야기를 해주었네.

'바다는 천 리나 되는 넓이를 가지고도 그 크기를 다 잴 수 없고, 천 길의 높이로도 그 깊이를 다 잴 수 없어. 하나라 우임금 시절에 10년 동안 아홉 번이나 큰 홍수가 났지만 그래도 바닷물은 더 불어나지는 않았지. 은나라 탕임금 시절에는 8년 동안 일곱 번이나 가뭄이 들었는데 그래도 바닷물이 더 줄어들지 않았어. 시간에 따라 변하는 일이 없고 비가 많이 오건 적게 오던 물이 불어나거나 줄어드는 일이 없으니, 이것 역시 바다의 큰 즐거움이라 할 수 있지 않을까?' 우물 안의 개구리는 이 야기를 듣고 그만 깜짝 놀라서 망연자실 넋을 잃고 말았다고 하네.

그런데 지금 자네는 옳고 그름의 판단도 제대로 할 줄 모르는 짧은 지식을 가지고 장자의 이야기를 이해하려고 하다니, 내가 보기에는 마치 모기가 산을 짊어지거나 노래기가 강을 건너는 것만큼 터무니없어 보이네. 오묘한 이치에 대해 함께 논할 수 없을 정도로 지식이 부족하니 우물에 자리를 잡고 웅덩이의 물을 독차지하면서 편안히 살아가는 것은 그야말로 더없이 즐거운 일이다! 무엇이 다르다고 하겠나? 게다가 장자의 도는 저 아래 황천에서부터 위로는 하늘에까지 이르네. 남쪽 북쪽으로 조금도 막힘없이 이루 헤아릴 수 없을 정도로 사방에 통달하며, 동쪽 서쪽 할 것 없이 그윽이 깊은 곳에서 일어나 모든 것을 아우르는 경지로 돌아온다네.

그런데 자네는 고작 편협한 관찰과 논변으로 이를 궁구하고자 하는데, 마치 대나무 구멍으로 하늘을 바라보고 송곳으로 땅의 깊이를 재는 것이나 마찬가지라고 할 수 있네. 참으로 보잘것없지 않은가? 그만 돌아가게! 자네는 연나라의 수릉에 살던 젊은이가 조나라의 한단에 가서는 걸음걸이를 다시 배웠다는 이야기를 듣지 못했는가? 이 젊은이는 조나라의 걸음걸이를 배우기도 전에 원래 알던 걸음걸이마저 잊어버려서 결국에 엉금엉금 기어서 집에 돌아갔다고 하지. 자네가 얼른 돌아가지 않으면 원래 알고 있던 지식마저 잊어버려서 지금까지 이루어 놓은 것도 다 잃어버릴 것이야."

이 말을 듣고 공손룡은 입을 닫지도 못하고 혀를 집어넣지도 못한 채 뒤돌아보지 않고 도망쳐 버렸다.

公子牟隱机太息, 仰天而笑曰: "子獨不聞夫埳井之䵷乎? 謂東海之鱉曰: '吾樂與! 出跳梁乎井幹之上, 入休乎缺甃之崖, 赴水則接腋持頤, 蹶泥則沒足滅跗, 還虷蟹與科斗, 莫吾能若也. 且夫擅一壑之水, 而跨跱埳井之樂, 此亦至矣, 夫子奚不時來入觀乎?' 東海之鱉左足未入, 而右膝已縶矣. 於是逡巡而卻, 告之海曰: '夫千里之遠, 不足以舉其大. 千仞之高, 不足以極其深. 禹之時, 十年九潦, 而水弗爲加益. 湯之時, 八年七旱, 而崖不爲加損. 夫不爲頃久推移, 不以多少進退者, 此亦東海之大樂也.' 於是埳井之䵷聞之, 適適然驚, 規規然自失也. 且夫知不知是非之竟, 而猶欲觀於莊子之言, 是猶使蚊負山, 商蚷馳河也, 必不勝任矣. 且夫知不知論極妙之言, 而自適一時之利者, 是非埳井之䵷與? 且彼方跐黃泉而登大皇, 無南無北, 奭然四解, 淪於不測. 無東無西, 始於玄冥, 反於大通. 子乃規規然而求之以察, 索之以辯, 是直用管窺天, 用錐

指地也, 不亦小乎! 子往矣! 且子獨不聞壽陵餘子之學行於
邯鄲與? 未得國能, 又失其故行矣, 直匍匐而歸耳. 今子不去,
將忘子之故, 失子之業." 公孫龍口呿而不合, 舌舉而不下, 乃
逸而走.

黿(와) : 개구리

鱉(별) : 자라

井幹(정간) : 우물의 난간

缺甃(결추) : 깨진 벽돌

赴水(부수) : 물에 뛰어들다

接腋持頤(접액지이) : 두 겨드랑이를 붙이고 턱을 들다. 개구리가 물에 떠다니는
　　　　모습을 표현한 말

蹶泥(궐니) : 진흙 속에서 뛰어다니다

滅跗(멸부) : 첨벙거리다

虷(간)·蟹(해)·科斗(과두) : 장구벌레, 게, 올챙이

膝(슬) : 무릎

縶(칩) : 얽매이다

逡巡(준순) : 앞으로 나아가지 못함

潦(료) : 장마, 홍수

旱(한) : 가뭄

適適然(적적연) : 놀라서 보는 모습을 표현하는 말

規規然(규규연) : 놀라서 웅크리는 모습을 표현하는 말

蚊(문) : 모기

大皇(대황) : 하늘

爽然(석연) : 왕성한 모습을 표현하는 말

淪(륜) : 빠지다

壽陵(수릉) : 연나라의 수도

邯鄲(한단) : 조나라의 수도

匍匐(포복) : 기어가다

口呿(구거) : 입을 벌리다

해설

앞서 나왔던 우물 안 개구리의 이야기가 반복되고 있다.

11

장자가 복수라는 강에서 낚시를 하고 있었는데 초나라 임금이 대신을 두 명 보내 자신의 뜻을 미리 전하게 하였다. "우리나라의 정치를 선생께 맡기고 싶습니다."

장자는 낚싯대만 쥐고 있을 뿐 뒤돌아보지도 않고 말했다. "내가 듣기에 초나라에 죽은 지 삼천 년이 되어가는 거북이 한 마리가 있다고 하더군요. 임금께서는 천에 싸서 상자에 넣어서 소중하게 간직하고 있다지요. 그런데 이 거북이는 죽어서 뼈를 남긴 채 귀하게 떠받들어지기를 바랄까요, 아니면 살아서 진흙 속에서 꼬리를 끌고 다니기를 바랄까요?"

두 대신이 말했다. "살아서 진흙 속을 다니기를 바라겠지요."

장자가 말했다. "알았으면 얼른 가시오! 나도 진흙 속을 편안히 돌아다니고 싶소."

莊子釣於濮水, 楚王使大夫二人往先焉, 曰:"願以境內累矣!"
莊子持竿不顧, 曰:"吾聞楚有神龜, 死已三千歲矣, 王巾笥而
藏之廟堂之上. 此龜者, 寧其死為留骨而貴乎, 寧其生而曳尾
於塗中乎?"二大夫曰:"寧生而曳尾塗中." 莊子曰:"往矣! 吾
將曳尾於塗中."

濮水(복수) : 물 이름

竿(간) : 낚시대

12

혜자가 양나라의 재상으로 있을 때 장자가 그를 만나러 찾아갔다. 어
떤 사람이 혜자에게 말했다. "장자는 분명 당신 대신 재상 자리를 차지
하려고 왔을 것이오."

이 말을 듣고 혜자는 두려워져 사흘 밤낮으로 온 나라를 뒤져 장자를
잡으려 했다. 장자는 이 사실을 알고 혜자에게 찾아가 말했다. "남쪽 지
방에 새가 한 마리 살고 있는데 원추라고 하네. 그 새를 알고 있는가?
이 원추라는 새는 남쪽 바다에서 날아올라 북쪽 바다로 날아가는데 오
동나무가 아니면 머물지 않고 멀구슬 나무 열매가 아니면 먹지 않고, 이
슬이 아니면 마시지 않는다지. 그런데 글쎄 올빼미 한 마리가 썩은 쥐를
한 마리 주워서 물고 가는데 그 위를 원추가 날아갔다네. 그걸 보고 올
빼미는 썩은 쥐를 빼앗길까 무서워서 위를 올려다보며 꽥 하고 소리를
질렀다지 뭔가. 지금 자네는 고작 재상 자리를 가지고 나한테 꽥 하고
소리를 지르는구면."

惠子相梁, 莊子往見之. 或謂惠子曰:"莊子來, 欲代子相." 於
是惠子恐, 搜於國中三日三夜. 莊子往見之, 曰:"南方有鳥,
其名為鵷鶵, 子知之乎? 夫鵷鶵發於南海而飛於北海, 非梧
桐不止, 非練實不食, 非醴泉不飲. 於是鴟得腐鼠, 鵷鶵過之,
仰而視之曰:'嚇!' 今子欲以子之梁國而嚇我邪?"

鵷鶵(원추) : 전설의 새. 봉황과 비슷한 종류의 새로 알려져 있다.

練實(련실) : 멀구슬 나무 열매

醴泉(예천) : 이슬

鴟(치) : 올빼미

腐鼠(부서) : 썩은 쥐

嚇(혁) : 화내면서 내지르는 소리

13

장자가 혜자와 함께 호강의 다리 위를 거닐다가 이렇게 말했다. "피
라미가 한가롭게 헤엄치고 있네. 이것이 물고기의 즐거움 아니겠는가?"

혜자가 말했다. "자네는 물고기가 아닌데 어떻게 물고기의 즐거움을
아는가?"

장자가 말했다. "그럼 자네는 내가 아닌데 어떻게 내가 물고기의 즐
거움을 모른다는 사실을 알 수 있는가?"

혜자가 말했다. "나는 자네가 아니니까 당연히 자네의 생각을 알지
못하지. 하지만 자네 역시 물고기가 아니니까 물고기의 생각을 알지 못
할 것 아닌가."

장자가 말했다. "자, 다시 처음의 대화로 돌아가 보세. 자네는 나에게 '어떻게 물고기의 즐거움을 아는가?'라고 했지? 그렇다면 자네는 내가 알고 있다는 사실을 알고서 나에게 그렇게 물은 것 아니겠나. 어디서 알았겠는가? 바로 여기 다리 위에서 알았지!"

莊子與惠子遊於濠梁之上. 莊子曰: "儵魚出遊從容, 是魚樂也." 惠子曰: "子非魚, 安知魚之樂?" 莊子曰: "子非我, 安知我不知魚之樂?" 惠子曰: "我非子, 固不知子矣. 子固非魚也, 子之不知魚之樂全矣." 莊子曰: "請循其本. 子曰 '汝安知魚樂' 云者, 既已知吾知之而問我, 我知之濠上也."

濠(호) : 물 이름
梁(량) : 다리

해설

장자와 혜자가 논리 다툼을 벌이고 있다. 장자는 물고기의 즐거움을 이야기하지만 혜자는 인간인 장자가 물고기의 생각을 어떻게 알 수 있겠느냐며 반박한다. 그런데 혜자의 말은 장자가 물고기의 생각을 모를 것이라고 가정한 말이다. 이미 자신의 처지에서 남의 생각을 판단한 것이다. 따라서 장자는 혜자의 논리대로라면 자신의 처지에서 남의 생각을 판단할 수 있지 않겠느냐며 다시 혜자를 반박한다. 혜자 자신이 장자의 생각을 알 수 있다면 자신도 물고기의 생각을 알 수 있지 않겠냐는 것이다.

1

천하에 궁극의 즐거움이란 과연 있을까, 없을까? 내 한 몸을 편안히 살아가게 하는 방법이란 있을까, 없을까? 만약 있다면, 나는 무엇을 하고 무엇에 따라야 하는가? 무엇을 피하고 무엇에 뜻을 두어야 하는가? 무엇을 택하고 무엇을 버려야 하는가? 무엇을 좋아하고 무엇을 싫어해야 하는가?

天下有至樂無有哉? 有可以活身者無有哉? 今奚爲奚據? 奚避奚處? 奚就奚去? 奚樂奚惡?

至樂(지락) : 세속의 즐거움을 넘어서는 궁극의 즐거움

據(거) : 막다

就(취) : 쫓다, 나아가다

세상 사람들이 중시하는 것에는 부유함, 존귀함, 장수, 명성 등이 있

다. 세상 사람들이 즐기는 것에는 안락한 생활, 맛있는 음식, 아름다운 옷, 화려한 볼거리와 황홀한 음악 등이 있다. 세상 사람들이 하찮게 여기는 것에는 빈곤함, 비천함, 요절, 악명 등이 있다. 세상 사람들이 괴로워하는 것은 생활이 고달프고, 맛있는 음식을 먹지 못하고, 아름다운 옷을 입지 못하고, 화려한 볼거리를 즐기지 못하고, 황홀한 음악을 듣지 못하는 것이다. 이런 즐거움을 얻지 못하면 사람들은 근심하고 두려워하는데, 이는 오직 육체의 욕망을 위한 것들이니, 참으로 어리석지 않을 수 없다!

夫天下之所尊者, 富貴壽善也. 所樂者, 身安, 厚味, 美服, 好色, 音聲也. 所下者, 貧賤天惡也. 所苦者, 身不得安逸, 口不得厚味, 形不得美服, 目不得好色, 耳不得音聲. 若不得者, 則大憂以懼. 其為形也亦愚哉!

厚味(후미) : 맛 좋은 음식

好色(호색) : 화려한 색, 눈이 보기에 즐거운 것을 가리킨다.

音聲(음성) : 황홀한 음악, 귀가 듣기에 즐거운 것을 가리킨다.

부자들은 몸을 괴롭혀 가며 부지런히 일하여 많은 재물을 쌓아놓곤 하지만 그것을 다 쓰지는 못한다. 이는 자신의 한 몸을 돌보지 않고 외적인 것에만 집착하는 짓이다. 신분이 높은 자들은 밤낮으로 쉴 틈도 없이 잘잘못을 따져가며 일한다. 이는 자신의 한 몸을 지나치게 소홀히 하는 짓이다. 인간은 태어난 순간부터 항상 근심 걱정을 하며 살아간다.

장수하는 사람들은 나이를 먹으면 먹을수록 죽음을 걱정하며 정신이 혼미한 상태로 삶을 이어가니, 이 얼마나 고통스러울까? 이 또한 자신의 한 몸을 제대로 기르는 일이 아니다. 충신, 열사들은 세상 사람들로부터 훌륭하다는 평가를 듣지만 정작 제 한 몸을 살리지는 못한다. 훌륭하다고 칭송을 들어도 제 한 몸 살리지 못하고 죽는다면 그것이 정말 훌륭한 일인지는 잘 모르겠다. 만약 그들의 행동이 훌륭하다고 하기에는 정작 자신의 한 몸은 살릴 수 없었고, 훌륭하지 못하다고 하기에는 남의 목숨은 구할 수 있었다. 그래서 옛말에 "임금에게 옳은 말을 간언했는데 받아들여지지 않으면 그저 물러나고 임금과 다투지 말라"라고 했다. 옛날 오자서는 임금에게 억지로 올바른 말을 하면서 다투다가 자신의 몸을 해치고 말았다. 하지만 만약 다투지 않았다면 충신, 열사라는 이름은 얻지 못했을 것이다.

그러니 훌륭하다는 것은 정말로 있는 것일까, 없는 것일까? 세속의 사람들이 하는 행동이나 즐기는 것들을 나는 아직도 그것이 정말로 즐거운 것인지 즐겁지 않은 것인지 알지 못하겠다. 사람들이 즐거워하는 행동을 보면 마치 우르르 몰려다니며 서로 어쩔 수 없어서 하는 것처럼 보인다. 그러면서도 다들 즐겁다고 말하니, 나는 그것이 즐거운지 즐겁지 않은지 모르겠다. 이것이 과연 진정으로 즐거운 것일까? 나는 즐거움을 위해 억지로 무엇인가를 하지 않는 상태를 진정으로 즐거운 상태라고 여기는데, 사람들은 오히려 이를 괴롭다고 여긴다. 따라서 이렇게 말할 수 있겠다. "최고의 즐거움이란 억지스러운 즐거움이 없는 상태[無樂]이고, 최고의 칭찬은 억지스러운 칭찬이 없는 상태[無譽]이다."

夫富者, 苦身疾作, 多積財而不得盡用, 其爲形也亦外矣. 夫

貴者, 夜以繼日, 思慮善否, 其為形也亦疏矣. 人之生也, 與憂
俱生, 壽者惛惛, 久憂不死, 何苦也! 其為形也亦遠矣. 烈士
為天下見善矣, 未足以活身. 吾未知善之誠善邪, 誠不善邪?
若以為善矣, 不足活身. 以為不善矣, 足以活人. 故曰: "忠諫
不聽, 蹲循勿爭." 故夫子胥爭之以殘其形, 不爭, 名亦不成.
誠有善無有哉? 今俗之所為與其所樂, 吾又未知樂之果樂邪,
果不樂邪? 吾觀夫俗之所樂, 舉群趣者, 誙誙然如將不得已,
而皆曰樂者, 吾未之樂也, 亦未之不樂也. 果有樂無有哉? 吾
以無為誠樂矣, 又俗之所大苦也. 故曰: "至樂無樂, 至譽無譽."

疾(질) : 빠르다, 온 힘을 다하다

繼(계) : 잇다

疏(소) : 멀다, 드물다

惛惛(혼혼) : 어두운 모양

諫(간) : 간언하다, 임금에게 옳지 못한 일을 고치도록 말하는 것을 뜻함

蹲循(준순) : 뒷걸음질하다

子胥(자서) : 옛날 오나라의 충신이었던 오자서를 가리킴. 왕에게 바른 말을 하
　　　　　　 였으나 왕이 받아들이지 않고 죽을 것을 명하여 결국 목숨을 잃고 말았다.

殘(잔) : 해치다

舉(거) : 모두

群趣(군취) : 우르르 무리 지어 몰려다님

誙誙然(경경연) : 앞다투어 달려가는 모습을 표현하는 의태어

세상에서 옳고 그름의 판단이란 하나로 확정할 수 없다. 하지만 어느 한쪽에 집착하지 않고 무위의 태도를 취한다면 진정한 옳고 그름을 판단할 수 있다. 궁극의 즐거움은 자신의 몸을 해치지 않고 살리는 것이다. 오직 무위의 태도를 지녀야 몸을 보존할 수 있을 것이다. 시험 삼아 한 번 말해보자. 하늘은 타고난 성질을 거슬러 억지로 행하는 바가 없으니 항상 맑은 상태를 유지하고, 땅 역시 무위하므로 항상 평온한 상태를 유지한다. 따라서 하늘과 땅의 자연스러운 운행이 합쳐져 만물이 탄생하게 되는데, 황홀하여 도무지 어디서 탄생하는지 알 수가 없다. 정말로 황홀하니 그 모습조차 보기 힘들도다! 그럼에도 만물은 무성하게 무위의 작용으로 자라난다. 따라서 이런 말이 있다. "하늘과 땅은 억지로 행하는 법이 없지만 또한 하지 않는 일이 없다." 그런데 사람의 경우는 대체 누가 무위의 경지에 도달할 수 있을 것인가!

天下是非果未可定也. 雖然, 無為可以定是非. 至樂活身, 唯無為幾存. 請嘗試言之. 天無為以之清, 地無為以之寧, 故兩無為相合, 萬物皆化. 芒乎芴乎, 而無從出乎! 芴乎芒乎, 而無有象乎! 萬物職職, 皆從無為殖. 故曰: "天地無為也, 而無不為也." 人也, 孰能得無為哉!

芒乎芴乎(망호홀호) : 매우 황홀한 모습. 하늘과 땅이 작용하는 자연스러운 모습을 표현하는 말이다.

職職(직직) : 무성하게 번식하는 모습

해설

이 구절에서 장자는 궁극의 즐거움을 생각한다. 세상 사람들은 부귀영화나 장수, 명예 등을 원하지만 장자가 보기에 이런 것들은 단지 껍데기에 불과한 것일 뿐이다. 사람들은 오래 사는 것이 좋은 것이라 말하지만 오래 사는 만큼 더 많은 병에 시달리고 더 많이 슬퍼하고 더 많이 걱정한다면 과연 정말로 좋은 것이라고 말할 수 있을까?

사람들은 단지 남들을 따라서 사람들이 좋다고 하는 것을 좋다고 하고, 즐겁다고 하는 것을 즐겁다고 한다. 하지만 진정 좋은 것, 즐거운 것은 이런 것이 아니다. 진정한 즐거움이란 억지로 즐기지 않는 것, 타고난 그대로의 즐거움을 말한다. 바로 무위의 태도를 지녀야만 진정으로 즐거울 수 있다.

2

장자의 아내가 죽어서 그의 친구 혜자가 조문을 갔는데, 마침 장자는 두 다리를 뻗고 앉아 질그릇을 두드리며 노래를 부르고 있었다. 그 모습을 보고 혜자가 말했다. "평생 아내와 함께 살면서 자식까지 낳아 길렀네. 아내가 늙어서 죽었는데 곡을 하지 않는 것까지는 그렇다 쳐도 그릇을 두드리며 노래를 부르는 것은 정말 심하지 않은가!"

장자가 말했다. "그렇지 않네. 아내가 막상 죽었을 때는 난들 슬프지 않았겠나? 그렇지만 따져보니 태초에는 본래 생명이란 존재하지 않았다는 생각이 들었네. 생명뿐이겠는가? 그 어떤 형체조차 없었지. 형체뿐이겠나, 기(氣)조차 없었다네. 그저 황홀한 가운데 여러 가지가 뒤섞여 있다가 변화하여 기가 나타나고, 기가 변화하여 형체가 나타나고, 형체가 변화하여 인간이 태어난 것일 뿐이지. 지금은 다시 삶이 죽음으로 변화해 간 것일 뿐이네. 이는 마치 봄·여름·가을·겨울로 사계절이 흘러가는 것과 같지. 아내는 이제 천지라는 거대한 집에서 편안히 쉴 수 있게 되었는데 내가 괜히 시끄럽게 떠들어대면서 사람들을 따라 곡을 하는 것은 타고난 운명을 모르고 하는 짓 같아서 그만두었다네."

莊子妻死, 惠子弔之, 莊子則方箕踞鼓盆而歌. 惠子曰: "與人居長子, 老身死, 不哭亦足矣, 又鼓盆而歌, 不亦甚乎!" 莊子曰: "不然. 是其始死也, 我獨何能無概然! 察其始而本無生, 非徒無生也, 而本無形, 非徒無形也, 而本無氣. 雜乎芒芴之間, 變而有氣, 氣變而有形, 形變而有生, 今又變而之死, 是相與為春秋冬夏四時行也. 人且偃然寢於巨室, 而我噭噭然隨而哭之, 自以為不通乎命, 故止也."

箕踞(기거) : 두 다리를 뻗고 앉다

鼓盆(고분) : 질그릇을 두드리다

始(시) : 처음

偃然(언연) : 편안히 쉬는 모습을 나타내는 의태어

巨室(거실) : 큰 집. 여기에서는 온 세상천지를 가리킨다.

噭噭然(교교연) : 슬피 우는 소리를 나타내는 의성어

해설

죽음에 대한 장자의 생각이 다시 한번 분명하게 나타나고 있다. 장자는 삶과 죽음이 만물의 수많은 변화 과정 중 하나일 뿐이므로 기뻐할 이유도 없고 슬퍼할 이유도 없다고 생각한다. 사람들이 죽음을 두려워하고 슬퍼하는 것은 운명을 깨닫지 못한 채 그저 남을 따라 두려워하고 슬퍼하기 때문인 것이다.

3

지리숙이 골개숙과 함께 명백의 언덕과 곤륜산의 황야 등 일찍이 황제가 머물러 쉬었던 장소를 찾아가 둘러보았다. 그러던 어느 순간 갑자기 골개숙의 왼쪽 팔꿈치에 혹이 생겨났다. 골개숙은 당황하며 두려워하는 듯했다. 지리숙이 그 모습을 보고 말했다. "자네는 그 혹이 싫은가?" 골개숙이 말했다. "아닐세. 내가 어찌 싫어하겠는가? 생명이란 잠시 빌린 것 아닌가. 잠시 빌려서 살고 있으니, 생명이란 먼지나 티끌처럼 부질없는 것이네. 삶과 죽음이란 마치 밤낮처럼 언제나 뒤바뀌는 것 아니겠나. 또한 나는 자네와 함께 세상 만물의 변화를 꿰뚫어보고 있네. 이제 그 변화가 나에게 찾아왔을 뿐인데 내가 어찌 이 혹을 싫어하겠나?"

支離叔與滑介叔觀於冥伯之丘, 崑崙之虛, 黃帝之所休. 俄而柳生其左肘, 其意蹶蹶然惡之. 支離叔曰: "子惡之乎?"滑介叔曰: "亡. 予何惡? 生者, 假借也. 假之而生生者, 塵垢也. 死生為晝夜. 且吾與子觀化而化及我, 我又何惡焉?"

支離叔(지리숙)·滑介叔(골개숙) : 가상의 인물

冥伯之丘(명백지구) : 명백의 언덕. 가상의 장소

崑崙之虛(곤륜지허) : 곤륜산의 공터. 가상의 장소

柳(류) : 버드나무. 여기에서는 몸에 생기는 혹을 의미하는 '瘤(류)'를 의미한다.

肘(주) : 팔꿈치

蹶蹶然(궐궐연) : 당황하고 불안해하는 모습을 표현하는 의태어

塵垢(진구) : 먼지와 티끌

해설

역시 삶과 죽음 그리고 변화에 대한 이야기가 계속되고 있다. 세상의 모든 일은 자연의 원리인 도를 따라 항상 변화한다. 따라서 세상의 일을 겉모습만 보고 판단해서는 안 되며 모든 일을 가능하게 하는 도를 깨달아야 한다.

4

장자가 초나라로 가다가 속이 빈 해골이 앙상하게 마른 채 형태만 남아 있는 것을 보았다. 장자가 말채찍으로 해골을 치면서 말했다. "그대는 지나치게 삶을 탐하다가 도리에 어긋나 이렇게 되었는가? 아니면 나라가 망해 도끼로 목이 베여 이렇게 죽게 되었는가? 아니면 좋지 못한 일을 저질러 부모와 처자식에게 부끄러운 모습을 보이기 싫어 스스로 목숨을 끊고 말았는가? 아니면 추위와 배고픔으로 고생하다 죽고 말았는가? 아니면 자네의 수명이 다하고 만 것인가?" 이렇게 이야기를 마치고는 해골을 잡아 베고는 누워 잠이 들었다.

莊子之楚, 見空髑髏, 髐然有形, 撽以馬捶, 因而問之曰 : "夫子貪生失理, 而爲此乎? 將子有亡國之事, 斧鉞之誅, 而爲此乎? 將子有不善之行, 愧遺父母妻子之醜, 而爲此乎? 將子有

凍餒之患, 而為此乎? 將子之春秋故及此乎?"於是語卒, 援
髑髏枕而臥.

髑髏(촉루) : 해골

髐然(효연) : 앙상하게 마른 모습을 나타내는 의태어

撽(교) : 치다

馬捶(마추) : 말채찍

斧鉞之誅(부월지주) : 도끼로 목이 베이는 형벌

愧(괴) : 부끄러워하다

遺(유) : 남기다

醜(추) : 부끄러운 일

凍餒之患(동뇌지환) : 추위와 배고픔의 고생

春秋(춘추) : 나이, 수명

援(원) : 잡아당기다

한밤중이 되었는데 해골이 꿈에 나타나서 말했다. "자네의 말은 마치
세상의 논자들과 같더군. 자네가 했던 말을 살펴보니 전부 살아 있는 사
람들이 겪는 걱정거리에 지나지 않았네. 죽고 나면 그런 괴로움은 없어
지지. 한번 죽은 자의 이야기를 들어보겠나?"

장자가 말했다. "그렇게 하지."

해골이 말했다. "죽음의 세계에는 위에 군주가 있거나 아래에 신하가
있거나 하지 않는다네. 또한 사계절의 변화도 없지. 그저 흐름에 따라
천지자연과 함께 나이를 먹는다네. 천하를 다스리는 제왕의 즐거움도

이보다 더할 수는 없을 걸세."

장자가 믿지 못하여 물었다. "내가 생명을 다스리는 신에게 부탁하여 자네의 육체를 다시 생겨나게 하고 뼈와 피부를 만들어 자네의 부모, 처자식, 친구들 곁으로 돌려보내 준다고 하면 어쩌겠는가? 이를 바라겠는가?"

그 말을 들은 해골이 눈살을 찌푸리며 말했다. "내가 어찌 제왕과도 같은 즐거움을 버리고 다시 인간 세상의 고통 속으로 되돌아가겠나?"

夜半, 髑髏見夢曰: "子之談者似辯士. 視子所言, 皆生人之累也, 死則無此矣. 子欲聞死之說乎?" 莊子曰: "然." 髑髏曰: "死, 無君於上, 無臣於下, 亦無四時之事, 從然以天地爲春秋, 雖南面王樂, 不能過也." 莊子不信, 曰: "吾使司命復生子形, 爲子骨肉肌膚, 反子父母妻子, 閭里, 知識, 子欲之乎?" 髑髏深矉蹙頞曰: "吾安能棄南面王樂而復爲人間之勞乎?"

辯士(변사) : 웅변가, 말 잘하는 사람

南面王樂(남면왕락) : 천하를 다스리는 제왕의 즐거움. 임금이 나라의 정사를 돌볼 때, 남쪽 방향을 향해 앉으므로 천하를 다스린다는 의미로 사용된다.

司命(사명) : 사람의 생명을 관장하는 신

閭里知識(려리지식) : 동네의 지인들

해설

이 이야기에서는 오히려 삶보다 죽음을 더 긍정하는 모습이 드러난다. 인간이 살아갈 때는 많은 고민과 걱정을 겪게 되지만 죽고 나면 그런 걱정에

서 벗어날 수 있다는 것이다. 이 구절만 보고 장자가 사는 것보다 죽는 것
이 낫다고 생각했다고 볼 수는 없다. 단지 장자는 인간이 지나치게 삶에 집
착하는 것이 올바르지 않은 일임을 강조하고자 하였다.

5

안연이 제나라를 향해 길을 떠나자 공자의 얼굴에 수심이 가득했다.
자공이 자리에서 내려가 공손히 물었다. "제가 감히 여쭈어보겠습니다.
안회가 제나라로 가는데 스승님께서는 왜 그리 걱정을 하십니까?"

공자가 말했다. "네가 잘 말했구나! 옛날 관자가 했던 말 중에 내가
아주 좋아하는 말이 있다. '주머니가 작으면 큰 것을 담을 수 없고, 두레
박줄이 짧으면 깊은 물을 퍼낼 수 없다'는 말이다. 이 말은 타고난 운명
에는 정해진 바가 있고, 타고난 몸에는 적합한 바가 있으니 함부로 바꿀
수 없다는 뜻이다. 안회가 제나라로 가는데 스승님께서는 왜 그리 걱정
을 하십니까? 너는 이 이야기를 들어본 적이 없느냐? 옛날에 바닷새가
노나라의 교외에 머물러 있었는데, 노나라 임금이 새를 맞이하여 궁궐
안에서 술을 마시게 하고 구소의 음악을 연주해 주며 온갖 고기요리를
차려주었다. 새는 정신이 아득하고 마음이 울쩍한 채로 고기 한 점, 술
한 모금도 입에 대지 않다가 사흘 만에 죽고 말았다. 새가 먹고 마시는
방법대로 대접하지 않고, 인간이 먹고 마시는 방법대로 새를 대접했기
때문이다. 그렇다면 새를 제대로 대하는 방법은 무엇인가? 바로 새를
깊은 숲속에 살게 하여 물가에서 노닐며 강이나 호수 위를 떠다니고 미
꾸라지나 피라미를 먹으면서 같은 무리의 새들과 무리 지어 다니도록
하는 것이다. 저 새들은 사람의 말소리를 듣기 싫어하는데 저 시끄러운

음악 소리를 대체 어떻게 듣겠느냐! '함지'나 '구소'와 같은 음악을 들판
에서 연주하면 새들은 그것을 듣고 저 멀리 날아가 버리고 짐승은 달아
나며 물고기는 물속 깊이 숨어버리고 말지만, 사람들은 이를 둘러싼 채
감상할 것이다. 물고기는 물속에서 살지만 사람은 물에 빠지면 죽는다.
물고기와 사람은 본성이 달라 좋고 싫어하는 것도 같지 않다. 옛날의 성
인들은 만물이 제각기 능력이 다르다고 여겨서 대하는 방식도 서로 달
리했다. 그저 실제와 명칭이 서로 일치하도록 하고 각자 적합한 대로 알
맞은 도리를 세웠다. 이를 가리켜 '조리에 통달하니 복이 늘 머문다'고
하였다."

顏淵東之齊, 孔子有憂色. 子貢下席而問曰: "小子敢問: 回東
之齊, 夫子有憂色, 何邪?" 孔子曰: "善哉汝問! 昔者管子有言,
丘甚善之, 曰: '褚小者不可以懷大, 綆短者不可以汲深.' 夫若
是者, 以爲命有所成而形有所適也, 夫不可損益. 吾恐回與齊
侯言堯, 舜, 黃帝之道, 而重以燧人, 神農之言. 彼將內求於己
而不得, 不得則惑, 人惑則死. 且女獨不聞邪? 昔者海鳥止於
魯郊, 魯侯御而觴之於廟, 奏九韶以爲樂, 具太牢以爲善. 鳥
乃眩視憂悲, 不敢食一臠, 不敢飮一杯, 三日而死. 此以己養
養鳥也, 非以鳥養養鳥也. 夫以鳥養養鳥者, 宜栖之深林, 遊
之壇陸, 浮之江湖, 食之鰍鰷, 隨行列而止, 委蛇而處. 彼唯人
言之惡聞, 奚以夫譊譊爲乎! 咸池, 九韶之樂, 張之洞庭之野,
鳥聞之而飛, 獸聞之而走, 魚聞之而下入, 人卒聞之, 相與還
而觀之. 魚處水而生, 人處水而死, 故必相與異, 其好惡故異
也. 故先聖不一其能, 不同其事. 名止於實, 義設於適, 是之謂

條達而福持."

顏淵(안연)·子貢(자공) : 공자의 제자. '회(回)'는 안연의 이름

管子(관자) : 제나라 관중이라는 인물. 여기에서는 관중의 말을 기록한 《관자》
　　　　라는 책을 의미하기도 함

褚(저) : 주머니

綆(경) : 두레박줄

汲(급) : 물을 퍼내다

燧人(수인)·神農(신농) : 고대 중국 전설상의 황제의 이름

海鳥(해조) : 바닷새

御(아) : 맞이하다

觴(상) : 술잔, 술을 따르다

廟(묘) : 임금이 정사를 처리하던 장소

奏(주) : 연주하다

九韶(구소) : 순임금이 만들었다고 전해지는 유명한 음악의 이름

太牢(태뢰) : 양, 돼지, 소의 고기를 갖춘 최고의 음식

眩(현) : 어지럽다

臠(련) : 고기 조각

栖(서) : 살다, 거처하다

壇陸(단륙) : 물가

鰌鰷(추조) : 미꾸라지, 피라미

委蛇(위이) : 스스로 만족해하는 모습

譊譊(뇨뇨) : 시끄럽고 떠들썩함

咸池(함지) : 옛날 황제가 만들었다고 전해지는 음악의 이름

洞庭(동정) : 땅 이름

義設於適(의설어적) : 각기 적합한 길을 설정하다

해설

모든 만물은 타고난 운명과 성질이 있다. 이것에 맞게 살아가는 것이 중요하다. 성질에 맞지 않는 것을 억지로 강요하면 바닷새와 같이 타고난 것을 다 발휘하지 못한 채 생명을 해치게 된다.

6

열자가 여행 중에 식사를 하고자 길가로 들어섰다가 우연히 백 년 된 해골을 발견하게 되었다. 그는 풀을 헤치고 해골을 보면서 이렇게 말했다. "죽음도 없고 삶도 없는 이치를 나와 자네만이 이해할 수 있을 것이네. 자네는 진정 슬픈 것일까? 나는 진정 즐거운 것일까?"

列子行食於道, 從見百歲髑髏, 攓蓬而指之曰: "唯予與汝知而未嘗死, 未嘗生也. 若果養乎? 予果歡乎?"

攓(건) : 손에 잡다
蓬(봉) : 쑥

7

만물을 이루는 하나의 종자 속에는 미묘한 작용이 들어 있다. 이 종자가 물을 만나면 수초가 되고, 물가의 습지에 가서는 물이끼가 되며, 언덕에서는 질경이가 된다. 질경이가 거름을 얻으면 오족이라는 독초가 되고, 오족의 뿌리는 땅속에서 나무굼벵이가 되고, 그 잎은 나비가 된다. 나비는 시간이 흐른 뒤에 변하여 애벌레가 되는데, 부뚜막 밑에서 살다가 허물을 벗으며 새로운 벌레로 변하게 된다. 이 벌레를 구철이라고 한다. 구철은 천 일이 지나면 새가 되는데, 이 새의 이름은 간여골이다. 간여골의 침은 쌀벌레가 되고, 쌀벌레는 눈에놀이가 된다. 다시 이로라는 벌레가 눈에놀이 벌레에서 생겨나고, 황항이라는 벌레는 구유라는 벌레에서 생기며, 무예라는 벌레는 부권이라는 벌레에서 생겨난다. 양해라는 풀은 더 이상 죽순이 자라지 않는 나이 든 대나무와 교합하여 청녕이라는 대나무뿌리 벌레를 낳고, 청녕은 정이라는 짐승을 낳고, 정은 말을 낳고, 말은 사람을 낳는데, 사람은 죽어서 결국 자연의 미묘한 작용으로 돌아가게 된다. 만물은 이 미묘한 작용으로부터 변화되어 나와서 다시 미묘한 작용으로 돌아간다.

種有幾, 得水則爲㡭, 得水土之際則爲蛙蠙之衣, 生於陵屯則爲陵舃, 陵舃得鬱棲則爲烏足, 烏足之根爲蠐螬, 其葉爲蝴蝶. 胡蝶, 胥也化而爲蟲, 生於灶下, 其狀若脫, 其名爲鴝掇. 鴝掇千日爲鳥, 其名曰乾餘骨. 乾餘骨之沫爲斯彌, 斯彌爲食醯. 頤輅生乎食醯, 黃軦生乎九猷, 瞀芮生乎腐蠸. 羊奚比乎不筍, 久竹生靑寧, 靑寧生程, 程生馬, 馬生人, 人又反入於機. 萬物皆出於機, 皆入於機.

幾(기) : 기미, 조짐, 징조, 낌새

鱖(계) : 수초의 한 종류

蛙蠙之衣(와빈지의) : 갈파래. 물이끼의 한 종류

陵屯(능둔) : 언덕

陵舄(능석) : 언덕에서 자라는 질경이

鬱棲(울서) : 거름더미

烏足(오족) : 풀의 이름. 독초인 부자(附子)를 가리킨다고 한다.

蠐螬(제조) : 나무굼벵이

蝴蝶(호접)·胡蝶(호접) : 나비

胥(서) : 잠깐 동안

蟲(충) : 벌레

灶(조) : 부뚜막

脫(탈) : 껍질, 허물을 벗다

鴝掇(구철) : 귀뚜라미

乾餘骨(간여골) : 새의 이름. 비둘기나 까치를 의미한다고 알려졌으나 분명하지는
　　　　않음

沫(매) : 침

斯彌(시미) : 쌀벌레

食醯(식혜) : 눈에놀이 벌레

頤輅(이로)·黃軦(황황)·九猷(구유)·瞀芮(무예)·腐蠸(부권) : 모두 벌레의 이름.
　　　　어떤 벌레인지 정확하지 않음

羊奚(양해) : 풀의 이름

不筍久竹(불순구죽) : 더 이상 죽순이 자라나지 않는 늙은 대나무

靑寧(청녕) : 벌레의 이름. 어떤 벌레인지는 정확하지 않음

程(정) : 상상 속 짐승의 이름. 뿔 하나에 꼬리가 다섯 달린 짐승이라고 전해진다.

해설

세상 모든 만물은 도의 무한한 작용에 의해 변화된 것이라는 장자의 사상이 드러나 있다. 이렇게 세상을 바라보면 인간 역시 작은 벌레와 다를 바 없을지 모른다. 조금 더 잘살아보려고 자신과 다른 사람을 해쳐가며 억지로 행동하는 것은 무의미한 일이라는 것을 깨달아야 할 것이다.

제12편

달생 達生

1

생명의 실정에 통달한 자는 생명에 대해 불필요한 일에 힘쓰지 않는다. 운명의 실정에 통달한 자는 자신의 힘으로 어떻게 할 수 없는 일에 힘쓰지 않는다. 육체를 잘 기르기 위해서는 의식주와 같은 물질적 요소가 필요하지만, 물질적 요소가 넉넉한데도 육체를 잘 기르지 못하는 경우도 있다. 생명을 잘 기르기 위해서는 우선 육체의 건강이 필요하겠지만, 육체가 건강한데도 생명을 잃는 일도 있다. 생명이 찾아오는 것은 막을 수 없고, 생명이 떠나가는 것 역시 붙잡을 수 없다. 아, 슬프도다! 세상 사람들은 육체를 잘 기르기만 하면 생명을 보존하기에 충분하다고 생각하지만 실제로 육체를 기르는 것만으로는 생명을 보존하기에 부족하다. 만일 그렇다면, 세상에 어떤 일이 할 만한 것이겠는가? 별다른 가치가 없는 일인데도 하지 않을 수 없다면, 수고로움을 피할 길이 없을 것이다.

達生之情者, 不務生之所無以爲. 達命之情者, 不務知之所無奈何. 養形必先之以物, 物有餘而形不養者有之矣. 有生必先無離形, 形不離而生亡者有之矣. 生之來不能卻, 其去不能止. 悲夫! 世之人以為養形足以存生, 而養形果不足以存生, 則世奚足為哉! 雖不足為而不可不為者, 其為不免矣.

務(무) : 힘쓰다

奈何(내하) : 어떻게 하다

養形(양형) : 육체, 형체를 기르다. 의식주와 같이 육체적인 욕구에 해당하는 것을 충족하기 위한 일들 또는 육체의 건강을 위해 힘쓰는 행위

卻(각) : 물리치다

육체에 대한 집착에서 벗어나고자 한다면 세속의 일을 포기하는 것이 가장 좋은 방법이다. 세속의 일들을 벗어던지면 자신을 얽매이는 것이 없게 된다. 얽매이지 않으면 마음이 평온해지고, 마음이 평온해지면 자연에 따라 변화하며 항상 새로워지게 된다. 이러한 경지에 이르면 거의 도에 가까워졌다고 할 수 있다. 그렇다면 왜 세속의 일들을 벗어던져야 하며 생명이라는 것을 왜 잊어버려야 할까? 세속의 일을 벗어던지면 육체가 고생스럽지 않게 되고, 생명에 대한 집착에서 벗어나면 정기가 손상되지 않게 된다. 만약 육체가 온전하고 정기가 회복되면 자연의 이치와 하나 될 수 있다.

천지자연이란 만물을 낳는 부모와 같다. 천지의 기운이 합쳐지면 만물의 형체를 이루게 되고, 흩어지면 만물은 다시 처음의 상태로 돌아간다. 형체와 정기가 손상되지 않는 상태가 되면 자연에 따라 변화해 나갈 수 있다고 한다. 이를 더욱 잘 보존해 나가면 다시 생명이 시작되는 시

점으로 돌아와 천지의 작용을 도울 수 있게 된다.

> 夫欲免爲形者, 莫如棄世. 棄世則無累, 無累則正平, 正平則
> 與彼更生, 更生則幾矣. 事奚足棄而生奚足遺? 棄事則形不
> 勞, 遺生則精不虧. 夫形全精復, 與天爲一. 天地者, 萬物之父
> 母也, 合則成體, 散則成始. 形精不虧, 是謂能移. 精而又精,
> 反以相天.

棄世(기세) : 세속적인 일에서 떠남

彼更生(피갱생) : 육체의 집착에서 벗어난 새로운 방식의 삶

虧(휴) : 손상시키다, 손상되다

移(이) : 변화하다

해설

세상의 일에 관심을 가지게 되면 자신도 모르게 거기에 얽매이게 된다. 특히 우리 사회는 남들이 하는 일을 따라서 하려는 사고가 얼마나 팽배해 있는가? 남들의 시선을 의식해서 실제로는 필요하지도 않은 것들을 추구하게 되면 육체는 얽매이게 되고 정신은 소모되고 말 것이다. 장자는 자신에게 진정으로 필요한 것만을 추구하되 세속의 일에 따라 자신의 삶을 결정하지 말라고 우리에게 경고하고 있다.

2

열자가 관윤에게 물었다. "지인(至人)은 물속을 걸어 다니더라도 숨

이 막히지 않으며 불을 밟아도 뜨거워하지 않으며 온 세상을 내려다보는 높은 곳을 지나도 두려워 떨지 않는다고 합니다. 어떻게 하면 이런 경지에 도달할 수 있는지 가르쳐주십시오!"

관윤이 말했다. "바로 순수한 기를 지니고 있기 때문이지. 지식이나 기교, 용기 따위 때문이 아닐세. 자, 앉게나. 자네에게 말해주겠네. 모습과 소리, 색깔을 지니고 있다면 다 같이 하나의 사물이라 할 수 있는데, 다 같은 사물끼리 뭐 그리 다르다 할 수 있겠나? 그러니 다 같은 사물끼리 먼저 그런 경지에 도달한다는 것은 말이 되지 않네. 사물이란 단지 겉모습에 머무를 뿐이기 때문이지. 하지만 지인은 아직 형체가 드러나지 않았던 본래의 상태로 돌아가 모든 변화를 초월한 경지에 머무르니, 이런 경지에서 이치를 헤아리는 자를 다른 사물이 어떻게 막아설 수 있겠는가? 지인은 자신에게 가장 적합한 상태에 처하여 무궁한 본원에 자신을 감춘 채, 만물의 변화에 자연스럽게 마음을 둠으로써 본성을 지키고 정기를 기르며 덕을 자연과 조화시켜 나가니, 이를 통해 만물이 생겨나는 근원과 서로 통하게 된다네. 이런 인물은 하늘로부터 부여받은 성질을 온전히 지키고 있으며 정신이 한곳에 집중되어 있으니, 사물이 어떻게 그에게로 들어갈 수 있겠나?

예를 들어, 술에 취한 사람이 달리는 수레에서 떨어졌을 경우에는 다치기는 해도 죽지는 않지. 뼈나 관절이 다른 사람들과 다르지는 않지만 보통 사람들보다 덜 다치는 것은 술에 취해 오히려 그 정신이 온전히 보전되었기 때문이네. 수레를 탔다는 것도 모르고 떨어진 것도 알지 못하니 죽느냐 사느냐 하는 생각, 놀라움과 두려움의 감정이 그의 마음속으로 들어가지 못한 것이지. 그래서 술에 취한 사람은 어떤 사물을 만나도 두려워하지 않는 것이야. 술에 취한 사람이 술로 인해 정신의 온전함을 얻은 결과도 저만큼 대단한데, 자연에 도에 정신을 온전히 맡긴 자는 어떻겠는가? 성인은 자연의 이치에 몸을 맡기고 있기 때문에 그 무엇도 성인을 해칠 수가 없다네. 복수를 하려는 사람은 원수를 미워할지는 몰라도 원수가 지닌 막야나 간장과 같은 칼 자체를 미워해서 부러뜨리려고 하지는 않지.

마음씨가 아주 사나운 사람도 바람이 불어 우연히 떨어진 기왓장에 맞았다고 해서 그 기왓장을 원망하지는 않는 법일세. 그러니 세상 모든 사람이 이런 것을 대하듯이 그저 무심하게 남을 대하면 세상은 평화로워질 걸세. 전쟁이나 살육이 사라지는 길은 이처럼 모든 사람이 도에 의지하여 세상을 살아가는 것뿐이네. 지식이나 기교와 같은 인위적인 것들을 생각하지 말고 자연의 원리를 펼쳐야 하네. 자연의 원리를 펼치게 되면 올바른 성품이 생겨나지만 그렇지 않으면 성품을 오히려 해치게 되네. 그러니 자신이 타고난 성질을 억압하지 않고 인간이 억지로 생각해 내는 것들을 조심하면 백성들은 아마도 참다운 삶을 살 수 있을 것이네."

子列子問關尹曰: "至人潛行不窒, 蹈火不熱, 行乎萬物之上而不慄. 請問何以至於此?" 關尹曰: "是純氣之守也, 非知巧果敢之列. 居! 吾語女. 凡有貌象聲色者, 皆物也, 物與物何以相遠? 夫奚足以至乎先? 是色而已. 則物之造乎不形, 而止乎無所化, 夫得是而窮之者, 物焉得而止焉! 彼將處乎不淫之度, 而藏乎無端之紀, 遊乎萬物之所終始, 壹其性, 養其氣, 合其德, 以通乎物之所造. 夫若是者, 其天守全, 其神無郤, 物奚自入焉! 夫醉者之墜車, 雖疾不死. 骨節與人同, 而犯害與

人異, 其神全也, 乘亦不知也, 墜亦不知也, 死生驚懼不入乎
其胷中, 是故遻物而不慴. 彼得全於酒而猶若是, 而況得全於
天乎! 聖人藏於天, 故莫之能傷也. 復讎者不折鏌, 干, 雖有
忮心者不怨飄瓦, 是以天下平均. 故無攻戰之亂, 無殺戮之刑
者, 由此道也. 不開人之天, 而開天之天, 開天者德生, 開人者
賊生. 不厭其天, 不忽於人, 民幾乎以其眞."

子列子(자열자) : 열어구라는 인물을 가리킴. 앞에 붙은 '자(子)'는 존칭

關尹(관윤) : 관문을 지키는 관리라는 뜻

潛行(잠행) : 물속에 들어감

窒(질) : 숨이 막히다

蹈火(도화) : 불 위를 걸어감

慄(율) : 두려워하다

貌象(모상) : 모양, 모습

壹(일) : 하나로 하다, 통일하다

醉(취) : 취하다

骨節(골절) : 뼈와 관절

驚懼(경구) : 놀라고 두려워하다

遻(오) : 만나다

慴(습) : 두려워하다

復讎(복수) : 복수하다

鏌(막)·干(간) : 각각 막야(鏌邪), 간장(干將)을 의미. 둘 다 명검의 이름

忮(기) : 해치다, 사납다

飄瓦(표와) : 바람에 날리는 기왓장

해설

위 단락에서 지인은 물속에서도 숨이 막히지 않고 불 속에서도 뜨거움을 느끼지 않는다고 묘사되고 있다. 물론 이것은 비유적인 설명이다. 이는 장자가 즐겨 사용하는 과장된 표현 방식으로, 내면을 온전히 갖추고 있으면 외부의 사물이나 일이 자신을 방해하지 못함을 말한다.

3

공자가 초나라로 가다가 숲을 지나가면서 한 곱사등이가 장대에 매미를 옮겨 붙이는 광경을 보았다. 공자가 신기해하며 곱사등이에게 물었다. "재주가 좋군요. 무슨 방법이라도 있습니까?"

곱사등이가 말했다. "내게 방법이 있지요. 대여섯 달 정도 장대 위에 큰 구슬 두 개를 올려놓고 떨어지지 않도록 연습을 하면 매미를 잡는 데 놓치는 경우가 더 적어지고, 세 개를 올려놓고 떨어지지 않을 정도가 되면 놓치는 경우가 열 번에 한 번밖에 되지 않습니다. 구슬 다섯 개를 올려놓아도 떨어지지 않을 정도가 되면 땅에 떨어진 물건을 줍듯이 매미를 잡을 수 있습니다. 마음을 마치 말뚝을 박은 것처럼 굳게 하고, 나뭇가지처럼 팔로 장대를 단단히 잡습니다. 천지가 아무리 드넓고 만물이 아무리 많다고 해도 오직 매미의 날갯짓에만 집중합니다. 아무것도 돌아보지도 않고 움직이지도 않은 채 오직 매미의 날개 이외에는 아무것도 마음을 빼앗기지 않으니 어떻게 매미를 잡지 못할 수 있겠습니까?"

공자가 제자들을 돌아보면서 말했다. "뜻을 흐트러트리지 않고 한곳에 두는 것이 정신을 집중하는 길이라고 하더니, 바로 이 곱사등이를 두고 하는 말이었구나!"

仲尼適楚, 出於林中, 見痀僂者承蜩, 猶掇之也. 仲尼曰:"子
巧乎? 有道邪?"曰:"我有道也. 五六月累丸, 二而不墜, 則失
者錙銖. 累三而不墜, 則失者十一. 累五而不墜, 猶掇之也. 吾
處身也若厥株拘, 吾執臂也若槁木之枝, 雖天地之大, 萬物之
多, 而唯蜩翼之知. 吾不反不側, 不以萬物易蜩之翼, 何為而
不得!"孔子顧謂弟子曰:"用志不分, 乃凝於神, 其痀僂丈人
之謂乎!"

痀僂者(구루자) : 곱사등이, 곱추

承(증) : 줍다, 건지다

蜩(조) : 매미

掇(철) : 잡다

墜(추) : 떨어지다

錙銖(치수) : 아주 적은 양

厥株(궐주) : 말뚝

拘(구) : 멈추다, 움직이지 않다

해설

다른 것에 마음을 빼앗기지 않고 집중하면 어떠한 일을 해도 좋은 결과를
낼 수 있다고 말한다.

4

안연이 공자에게 물었다. "제가 전에 상심이라는 연못을 건넌 적이

있는데 사공이 노를 젓는 솜씨가 신비롭기 그지없었습니다. 그래서 제가 '배를 모는 방법도 배워서 되는 것입니까?'라고 물었는데, 사공이 말하기를 '그럼요. 헤엄을 잘 치는 사람은 배를 모는 것도 빨리 익힐 수 있습니다. 잠수를 잘하는 사람은 배를 한 번도 보지 않고도 잘 저을 수 있지요'라고 하였습니다. 어째서 그런지 물어보았지만 저한테 알려주지는 않더군요. 어째서 그렇게 되는지 스승님께서 가르쳐주십시오."

공자가 말했다. "헤엄을 잘 치는 사람이 배 모는 것도 빨리 배울 수 있는 것은 그가 물을 잊어버리기 때문이다. 잠수 잘하는 사람이 배를 보지도 않고 잘 모는 것은 그가 깊은 연못을 언덕처럼 생각하고 배가 뒤집히는 것도 마치 수레가 언덕에서 뒷걸음질하는 정도로만 받아들일 수 있기 때문이다. 배가 뒤집히고 수레가 뒷걸음질하는 등의 일이 눈앞에서 펼쳐져도 마음을 어지럽히지 못하는데, 침착하지 못할 바가 어디 있겠는가? 생각해 보거라. 화살 던지기 시합을 한다고 할 때, 고작 기왓장을 내기로 걸고 던지면 결과에 집착하지 않으므로 아주 잘 던질 것이지만, 이보다 좀 더 귀중한 혁대를 걸고 던지면 주저하다가 잘 던지지 못하게 된다. 만약 황금을 걸고 내기를 하면 완전히 마음이 혼란해져 전혀 맞히지 못한다. 기술은 변함이 없지만 물건을 아끼는 마음이 생겼기 때문이다. 즉 외부의 사물을 더 중시한 것인데, 이처럼 외부의 사물을 지나치게 중시하게 되면 내면의 마음이 좁아지고 만다."

顔淵問仲尼曰: "吾嘗濟乎觴深之淵, 津人操舟若神. 吾問焉, 曰: '操舟可學邪?' 曰: '可. 善游者數能. 若乃夫沒人, 則未嘗見舟而便操之也.' 吾問焉而不吾告, 敢問何謂也?" 仲尼曰: "善游者數能, 忘水也. 若乃夫沒人之未嘗見舟而便操之也, 彼視淵若陵, 視舟之覆猶其車卻也. 覆卻萬方陳乎前而不得入其舍, 惡往而不暇! 以瓦注者巧, 以鉤注者憚, 以黃金注者殙. 其巧一也, 而有所矜, 則重外也. 凡外重者內拙."

觴深(상심) : 연못의 이름

操舟(조주) : 노를 젓다, 배를 몰다

注(주) : 쏘다. 여기에서는 활쏘기 내기를 의미한다.

憚(탄) : 주저하다, 두려워하다

殙(혼) : 흐려지다

矜(긍) : 아끼다

拙(졸) : 옹졸하다

해설

계속해서 다른 곳에 마음을 빼앗기지 말아야 한다는 이야기를 한다. 중요한 상황에서 긴장을 하면 원래의 실력을 다 발휘할 수 없는 것처럼 정신을 집중하는 것이 매우 중요하다. 물질적인 욕망에 마음을 빼앗기지 않도록 항상 조심해야 한다.

5

전개지가 주나라의 위공을 찾아뵈었는데 위공이 전개지에게 말했다. "내가 듣기로 축신이 양생의 방법을 공부하고 궁구한다고 하는데, 그대는 축신과 함께 교류하면서 무엇을 들었는가?"

전개지가 말했다. "저는 그저 빗자루를 쥐고 마당이나 쓸면서 그분을 모시고 있는데, 무엇을 들었겠습니까?"

위공이 말했다. "전 선생, 너무 겸손해하지 말고 내게 이야기를 들려주게나."

전개지가 말했다. "제가 우리 스승님께 듣기로는 '양생을 잘하는 사람은 마치 양을 기르는 것과 같이한다. 뒤처진 양을 보고 채찍질을 하는 식이다'라고 하셨습니다."

위공이 말했다. "그것이 무슨 말인가?"

전개지가 말했다. "노나라에 선표라는 사람이 있었습니다. 이 사람은 산속 동굴에 숨어서 골짜기의 시냇물을 마시면서 살았습니다. 세상 사람들처럼 이익을 좇거나 하지 않아서 나이가 칠십이 되었는데도 마치 갓난아이와 같은 얼굴을 하고 있었다고 합니다. 그런데 불행히 굶주린 호랑이를 만나 잡아먹히고 말았습니다. 한편 노나라에 장의라는 사람도 살았습니다. 그는 문이 높은 부유한 집이건 발을 늘어뜨린 보통 사람들의 집이건 가리지 않고 찾아다니며 사람을 사귀었습니다. 그런데 나이 사십이 되어 열병에 걸려 그만 죽고 말았습니다. 선표는 자신의 내면을 잘 수양했지만 호랑이에게 그만 외부의 육신을 잡아먹혀 버렸고, 장의는 외부의 육체를 풍족하게 보양했지만 병이 내면으로 침입하고 말았습니다. 이 두 사람은 모두 뒤떨어진 부분을 보완할 줄 몰랐던 것입니다."

田開之見周威公. 威公曰: "吾聞祝腎學生. 吾子與祝腎游, 亦何聞焉?" 田開之曰: "開之操拔篲以倚門庭, 亦何聞於夫子!" 威公曰: "田子無讓! 寡人願聞之." 開之曰: "聞之夫子曰: '善養生者, 若牧羊然, 視其後者而鞭之.'" 威公曰: "何謂也?" 田開之曰："魯有單豹者, 巖居而水飮, 不與民共利, 行年七十而猶有嬰兒之色, 不幸遇餓虎, 餓虎殺而食之. 有張毅者, 高門, 懸薄, 無不走也, 行年四十而有內熱之病以死. 豹養其內而虎食其外, 毅養其外而病攻其內, 此二子者, 皆不鞭其後者也."

田開之(전개지) : 사람 이름. 성은 전(田)이며 이름은 개지(開之)

周威公(주위공) : 주나라 임금 위공

祝腎(축신) : 사람 이름

學生(학생) : 삶을 기르는 방법을 배움

拔箒(발수) : 빗자루

讓(양) : 사양하다

牧羊(목양) : 양을 기르다

鞭(편) : 채찍질하다

單豹(선표) : 사람 이름

張毅(장의) : 사람 이름

懸薄(현박) : 문에 발을 매달아 놓은 평민들의 집

6

공자가 말했다. "너무 내면만을 중시하여 감추려고 하지 말고, 너무 외면을 중시하여 밖으로 드러내거나 하지 말라. 마른 나무처럼 그저 무심하게 가운데를 지키고 서 있으라. 이 세 가지를 잘 명심한다면 지극한 경지에 이르렀다고 불릴 수 있을 것이다. 만약 어떤 길에 도적이 자주 출몰하여 열에 한 명이 죽임을 당한다고 하면, 많은 사람이 모여야 겨우 길을 나서며, 가는 중에도 부자, 형제가 서로 힘을 합하여 경계를 늦추지 않을 것이다. 이것이 바로 현명한 방법이다. 그런데 이보다 더욱 두려워하고 조심해야 할 것은 성욕과 식욕 등의 욕구인데, 이를 조심하지 않는 것은 큰 잘못이 아닐 수 없다."

仲尼曰: "無入而藏, 無出而陽, 柴立其中央. 三者若得, 其名必極. 夫畏塗者, 十殺一人, 則父子兄弟相戒也, 必盛卒徒而後敢出焉, 不亦知乎! 人之所取畏者, 衽席之上, 飮食之間, 而不知爲之戒者, 過也."

衽席(임석) : 침실

해설

역시 삶을 잘 기르는 방법을 말한다. 외면의 육체만을 길러서도 안 되고, 내면의 정신만을 길러서도 안 된다. 하지만 가장 중요한 것은 식욕이나 성욕과 같은 욕구에 빠지지 않도록 조심하는 것이다. 지나친 욕망을 항상 조심해야 한다.

7

옛날 제사를 담당하는 관리가 예복을 갖추어 입고 돼지우리로 가서 돼지를 설득하면서 이렇게 말했다고 한다. "너는 어찌하여 죽는 것을 싫어하는가? 나는 이제부터 석 달 동안 너를 잘 기를 것이다. 그러다 열흘간 몸을 단정히 하고, 삼일 간 마음을 깨끗하게 한 뒤, 하얀 띠풀을 자리에 깔고 너의 어깨살과 볼깃살을 요리하여 아름답게 꾸민 제사용 그릇 위에 올려 신에게 바칠 것이다. 기꺼이 제물이 되어주지 않겠는가?"

우리가 돼지의 처지를 대신하여 생각해 보면, 잘 먹고 잘 살다가 결국 제물이 되어 죽임을 당하는 것보다는 겨나 술 찌꺼기를 먹더라도 돼지우리에서 살아가는 것이 더 나을 것이다. 그런데 이를 막상 자신의 상황으로 가져오면, 이렇게 생각하지 못한다. 사람들은 모두 살아서는 부귀영화를 누리다가 죽어서 아름답게 장식된 관에 들어가고자 한다. 돼지의 처지가 되면 마다할 것들을 정작 스스로는 추구하고자 하는데, 대체 돼지의 경우와 선택이 달라지는 것은 어찌해서인가?

祝宗人玄端以臨牢筴, 說彘曰:"汝奚惡死? 吾將三月豢汝, 十日戒, 三日齊, 藉白茅, 加汝肩尻乎彫俎之上, 則汝為之乎?" 為彘謀曰:"不如食以糠糟, 而錯之牢筴之中."自為謀, 則苟生有軒冕之尊, 死得於腞, 楯之上, 聚僂之中, 則為之. 為彘謀則去之, 自為謀則取之, 所異彘者何也?

祝宗人(축종인) : 제사를 담당하는 관리

玄端(현단) : 예복

牢筴(뇌협) : 돼지우리

彘(체) : 돼지

藉(자) : 깔다

肩尻(견고) : 어깨와 엉덩이

彫俎(조조) : 제사용 그릇

糠糟(강조) : 곡식의 껍데기. 좋지 않은 음식을 뜻한다.

軒冕(헌면) : 높은 벼슬아치가 타는 수레

豚楯(전순) : 관을 싣는 수레

聚僂(취루) : 관의 장식

해설

인간의 근시안적인 욕망 추구를 비판한다. 무절제하게 물욕을 쫓아가다 보면 해를 입을 수밖에 없지만, 사람들은 눈앞의 이익밖에는 보지 못한다. 장자 특유의 풍자성 짙은 우화가 빛을 발하며, 우리에게 신선한 충격을 선사하는 대목이다.

8

제나라 환공이 늪지로 사냥을 나가는 길이었다. 관중이 옆에서 환공을 모시고 동석했는데, 마침 환공이 귀신을 보고는 놀라 관중의 손을 붙잡고 이렇게 말했다. "관중 아부는 무언가 보지 못하였습니까?"

관중이 대답했다. "저는 아무것도 보지 못했습니다."

환공은 사냥에서 돌아온 뒤 헛소리를 하며 병을 앓아 며칠 동안 아무 데도 나갈 수 없었다. 제나라의 선비 중에 황자고오라는 사람이 있었는데 그가 환공을 문병하러 찾아와 말했다. "공께서 스스로 병을 만드신 것이지 어찌 귀신이 공을 해칠 수 있겠습니까? 마음속에 가득 맺혀 있던 기가 흩어진 뒤 돌아오지 않으면 몸에 기가 부족하게 되고, 머리로 기가 올라가서 내려오지 않으면 화를 잘 내게 되고, 아래로 내려가서 올라오지 않으면 건망증에 걸리며, 올라가지도 내려가지도 않고 몸 한가운데에 머물러 마음을 막고 있으면 곧 병이 됩니다."

환공이 말했다. "그러면 귀신이란 것이 있긴 있는 것인가?"

황자고오가 말했다. "있습니다. 진흙 속에는 리라는 귀신이 있고, 부뚜막에는 계라는 귀신이 있으며, 쓰레기 더미 속에는 뇌정이라는 귀신이 있습니다. 집의 동북쪽 모퉁이에는 배아, 왜롱이라는 귀신이 뛰어다니고, 서북쪽 모퉁이에는 일양이라는 귀신이 살고 있습니다. 물에는 망상이 있고, 언덕에는 신이 있고, 산에는 기가 있고, 들에는 방황이 있고, 공께서 가셨던 늪지에는 위사라는 귀신이 각각 살고 있습니다."

환공이 말했다. "그럼 그 위사라는 귀신은 어떻게 생겼소?"

황자고오가 말했다. "위사는 크기가 수레바퀴만 하고 길이는 수레의 끌채만 하며 자줏빛 옷에 붉은 관을 쓰고 있다고 합니다. 성질은 천둥 같은 수레 소리를 싫어하는데, 수레 소리를 들으면 고개를 들고 벌떡 일어난다고 합니다. 그런데 이것을 본 자는 천하를 제패할 제왕이 된다고 하는 소문이 있습니다."

환공이 껄껄 웃으며 말했다. "바로 내가 본 것이 그것이오!" 그러고는 이내 병석에서 일어나 의관을 바로하고 황자고오와 함께 이야기를 나누었는데 그날이 다 지나가기도 전에 병이 다 나아 사라져 버렸다.

桓公田於澤, 管仲御, 見鬼焉. 公撫管仲之手曰: "仲父何見?" 對曰: "臣無所見." 公反, 誒詒為病, 數日不出. 齊士有皇子告敖者曰: "公則自傷, 鬼惡能傷公! 夫忿滀之氣, 散而不反, 則為不足. 上而不下, 則使人善怒. 下而不上, 則使人善忘. 不上不下, 中身當心, 則為病." 桓公曰: "然則有鬼乎?" 曰: "有. 沈有履, 灶有髻. 戶內之煩壤, 雷霆處之. 東北方之下者, 倍阿, 鮭蠪躍之. 西北方之下者, 則洗陽處之. 水有罔象, 丘有峷, 山

有愛, 野有彷徨, 澤有委蛇." 公曰 : "請問委蛇之狀何如?" 皇
子曰 : "委蛇, 其大如轂, 其長如轅, 紫衣而朱冠. 其爲物也惡,
聞雷車之聲, 則捧其首而立. 見之者殆乎霸." 桓公囅然而笑
曰 : "此寡人之所見者也." 於是正衣冠與之坐, 不終日而不知
病之去也.

桓公(환공) : 제나라 임금 환공

田(전) : 사냥하다

管仲(관중) : 제나라 환공의 신하

御(어) : 시중들다, 보필하다

仲父(아부) : 관중을 높여서 부르는 말

詼詒(희이) : 헛소리, 잠꼬대

皇子告敖(황자고오) : 제나라의 현인

忿滀之氣(분축지기) : 가슴속에 있는 답답한 기운

沈(침) : 진흙

灶(조) : 부뚜막

煩壤(번양) : 쓰레기 더미

履(리) · 髻(계) · 雷霆(뇌정) · 倍阿(배아) · 鮭蠪(왜롱) · 泆陽(일양) · 罔象(망상) · 辛(신) ·
　　夔(기) · 彷徨(방황) · 委蛇(위사) : 모두 귀신의 종류

轂(곡) : 수레바퀴

轅(원) : 끌채

囅然(천연) : 소리를 내어 크게 웃는 모양

9

기성자가 왕의 명을 받아 싸움닭을 길렀다. 열흘이 지나 왕이 물었다. "닭이 다 자랐는가?"

기성자가 말했다. "아직 멀었습니다. 지금은 괜히 허세를 부리며 자신의 기운만 믿고 있습니다."

다시 열흘이 지나 왕이 상황을 물었다. 기성자가 말했다. "아직도 멀었습니다. 이제는 다른 닭의 울음소리나 그림자에 반응하여 덤벼들려고 하는 정도입니다."

다시 열흘이 지나 왕이 상황을 물었다. 기성자가 말했다. "아직도 멀었습니다. 지금은 다른 닭을 노려보며 성을 내는 정도입니다."

다시 열흘이 지나 왕이 상황을 물었다. 기성자가 말했다. "이제 거의 다 되었습니다. 이제는 다른 닭이 울어도 반응하지 않고 바라보아도 그저 나무로 조각해 놓은 닭처럼 굳건히 자리를 지킬 뿐입니다. 이제 싸움닭으로서의 덕을 온전히 갖추었으니, 다른 닭들이 감히 싸우려 하지 않고 달아나 버릴 것입니다."

紀渻子爲王養鬪雞. 十日而問: "雞已乎?" 曰: "未也. 方虛憍而恃氣." 十日又問. 曰: "未也. 猶應嚮景." 十日又問. 曰: "未也. 猶疾視而盛氣." 十日又問. 曰: "幾矣. 雞雖有鳴者, 已無變矣, 望之似木雞矣, 其德全矣, 異雞無敢應者, 反走矣."

紀渻子(기성자) : 사람 이름

鬪雞(투계) : 싸움닭

虛憍(허교) : 허세

特氣(시기) : 자만하는 태도

疾視(질시) : 노려보다

해설

닭을 통해 온전히 덕을 갖춘 사람의 모습을 비유하고 있다. 온전히 덕을 갖춘 사람은 어떤 상황에서도 마음이 흔들리지 않는다. 어떤 유혹에도 흔들리지 않는 마음을 갖추는 것이 중요하다는 것이다.

10

공자가 여량 지방을 유람하고 있었다. 여량에는 폭포가 있었는데, 높이가 삼십 길이나 되었고, 떨어지는 물길에 물보라가 사십 리까지 튀어 오를 정도였으니 큰 거북, 악어, 물고기, 자라 등이 이 폭포에서 헤엄조차 칠 수 없었다. 그러던 중에 공자는 어떤 사내 한 명이 그곳에서 헤엄치는 것을 발견하였다. 어떤 곤경에 처해 스스로 목숨을 끊으려 뛰어든 것이라 여겨 제자들에게 물길을 따라가 그를 건져내도록 하였다. 몇백 걸음을 따라가 보니 사내는 이미 물에서 나와 머리를 풀어 헤친 채 노래를 부르며 둑 밑에서 어슬렁거리고 있었다. 공자가 그에게 달려가 물었다. "나는 자네를 보고 마치 귀신인 줄로만 알았네. 그런데 자세히 보니 사람이더군. 혹시 물속을 헤엄치는 비법이라도 있는 것인가?"

사내가 말했다. "없습니다. 저는 특별한 방법이 있지는 않습니다. 그저 태어난 그대로의 상태에서 습성에 따라 자라나고 자연에 따라 여기까지 이른 것입니다. 소용돌이를 따라 물에 들어가고 솟아나는 물을 따라 물에서 나옵니다. 항상 물이 흘러가는 법칙을 따를 뿐 그것을 거스르려고 하지를 않습니다. 이것이 방법이라면 방법이지요."

공자가 말했다. "태어난 그대로의 상태에서 습성에 따라 자라나고 자연에 따라 여기까지 이른 것입니다."

사내가 말했다. "애초에 물에서 태어난 것이 아니라 육지에서 태어났으므로 육지를 편안하게 여겼습니다. 이것이 태어난 그대로의 상태라는 말입니다. 물속에서 자라면서 물속을 편안하게 여겼기에 저의 습성이라고 하였습니다. 또한 주어진 환경을 그대로 받아들이고 왜 그러한지를 생각하지 않은 채 그렇게 해왔습니다. 이것이 바로 자연에 따른다는 것입니다."

孔子觀於呂梁, 縣水三十仞, 流沫四十里, 黿鼉魚鼈之所不能游也. 見一丈夫游之, 以為有苦而欲死也, 使弟子並流而拯之. 數百步而出, 被髮行歌而游於塘下. 孔子從而問焉, 曰: "吾以子為鬼, 察子則人也. 請問蹈水有道乎?" 曰: "亡, 吾無道. 吾始乎故, 長乎性, 成乎命. 與齊俱入, 與汩偕出, 從水之道而不為私焉. 此吾所以蹈之也." 孔子曰: "何謂始乎故, 長乎性, 成乎命?" 曰: "吾生於陵而安於陵, 故也. 長於水而安於水, 性也. 不知吾所以然而然, 命也."

呂梁(여량) : 땅 이름

縣水(현수) : 폭포

仞(인) : 길이의 단위 (약 2.4미터)

黿(원)·鼉(타)·魚(어)·鼈(별) : 큰 거북, 악어, 물고기, 자라

塘(당) : 연못

齊(제) : 소용돌이

汨(율) : 샘솟는 물

해설

위 이야기에 등장하는 사내는 주어진 환경과 타고난 성질을 따랐기에 헤엄을 잘 칠 수 있었다. 이는 장자가 늘 강조하는 운명[命]과 본성[性]을 비유하고 있다.

11

재경이라는 목수가 나무를 깎아 악기를 만들었는데 사람들이 그 솜씨를 보고 마치 귀신같다고 칭찬을 하였다. 노나라 임금 역시 그것을 보고는 재경에게 물었다. "자네는 무슨 기술로 악기를 만들었는가?"

재경이 대답했다. "저는 그저 목수일 뿐입니다. 무슨 기술이 있겠습니까? 하지만 이런 한 가지 방법은 있습니다. 제가 악기를 만들려고 할 때는 정신을 집중하여 다른 일에 힘을 쏟지 않습니다. 그리고 몸과 마음을 깨끗이 재계하는데, 3일간 재계하면 상이나 벼슬을 받으려는 마음을 품지 않게 됩니다. 그렇게 5일이 지나면 세상의 온갖 비난과 칭찬으로부터 자유로워질 수 있습니다. 7일이 지나면 태연히 모든 것을 잊어버려서 제가 팔다리를 가지고 있다는 사실조차 까맣게 됩니다. 이때가 되면 오직 기술에만 마음을 쏟아서 다른 곳에 신경을 쓰지 않게 됩니다. 이렇게 몸과 마음을 가다듬은 이후에 산으로 들어가서 나무를 관찰합니다. 악기를 만들기에 좋은 성질을 타고난 나무를 찾는 것이지요. 그런 뒤에 악기의 모습을 마음속으로 그려봅니다. 그러고 나서 나무에 손을 댑니다. 만약 잘되지 않으면 곧바로 멈춥니다. 이처럼 저의 타고난 능력으로 나무의 타고난 성질을 맞추는 것입니다. 제 솜씨가 귀신같다고 하는 것은 이런 이유 때문이 아닐까 싶습니다."

梓慶削木為鐻, 鐻成, 見者驚猶鬼神. 魯侯見而問焉, 曰: "子何術以為焉?" 對曰: "臣工人, 何術之有! 雖然, 有一焉. 臣將為鐻, 未嘗敢以耗氣也, 必齊以靜心. 齊三日, 而不敢懷慶賞爵祿. 齊五日, 不敢懷非譽巧拙. 齊七日, 輒然忘吾有四枝形體也. 當是時也, 無公朝, 其巧專而外骨消. 然後入山林, 觀天性. 形軀至矣, 然後成見鐻, 然後加手焉. 不然則已. 則以天合天, 器之所以疑神者, 其是與?"

梓慶(재경) : 노나라의 유명한 목수. 재(梓)는 그의 벼슬, 경(慶)은 그의 이름

鐻(거) : 악기 이름

耗氣(모기) : 정신을 소모하다

해설

계속해서 악기를 만드는 사람을 통해 이상적 경지에 도달하는 방법을 설명한다. 몸과 마음이 유혹에 흔들리지 않게 하고 타고난 성질에 따라 움직이는 것이 바로 그것이다.

12

동야직이 말을 다루는 솜씨를 장공에게 보였다. 그가 말을 다루면 말

의 움직임이 마치 자로 잰 듯 정확하여 장공은 고운 비단의 무늬도 이처럼 정교하지는 못할 것이라 여겼다. 이에 장공은 동야직에게 말을 타고 백 번 회전하고 돌아오도록 명령하였다. 장공의 신하인 안합이 그 모습을 보고 와서는 장공에게 말했다. "동야직의 말이 곧 지쳐 쓰러지겠습니다."

장공은 아무 대꾸도 하지 않았다. 그런데 잠시 후, 과연 안합의 말대로 동야직의 말은 쓰러져 돌아오지 못했다. 장공이 물었다. "그대는 말이 쓰러질 것을 어떻게 알았는가?"

안합이 말했다. "말이 힘이 다한 것처럼 보였는데도 계속 달리게 했으니, 쓰러져 돌아오지 못할 것이라 말했습니다."

東野稷以御見莊公, 進退中繩, 左右旋中規. 莊公以為文弗過也, 使之鉤百而反. 顔闔遇之, 入見曰: "稷之馬將敗." 公密而不應. 少焉, 果敗而反. 公曰: "子何以知之?" 曰: "其馬力竭矣, 而猶求焉, 故曰敗."

東野稷(동야직) : 사람 이름. 성은 동야(東野), 이름은 직(稷)

進退(진퇴) : 앞뒤로 가는 움직임

繩(승) : 직선을 그리는 도구

左右旋(좌우선) : 좌우로 도는 움직임

規(규) : 둥근 모양을 그리는 도구

文(문) : 정교한 비단의 무늬

顔闔(안합) : 사람 이름

해설

말이 쓰러진 것은 말의 본래 성질과 맞지 않게 움직였기 때문이다. 본성에 어긋나는 행동은 몸과 마음을 힘들게 만든다.

13

공수가 도면을 그리면서 줄을 그으면 자보다 더 정확했다. 그의 손은 물건에 따라 변화하였으니, 굳이 마음속으로 생각하여 헤아릴 필요가 없었다. 따라서 그의 정신은 온전히 집중하여 막히는 법이 없었다. 발을 잊는 것은 신이 꼭 들어맞기 때문이고, 허리를 잊는 것은 허리띠가 꼭 들어맞기 때문이다. 옳고 그름의 판단을 잊는 것은 마음이 적합하여 알맞기 때문이고, 외물에 흔들리지 않아 내면이 변하지 않는 것은 처한 상황이 적합하여 알맞기 때문이다. 타고난 성질에 적합하여 한 번도 본성을 어긋난 적이 없다면, 심지어 적합하다는 사실도 잊게 되니, 적합함조차 잊어버린 적합함이라 할 수 있다.

工倕旋而蓋規矩, 指與物化, 而不以心稽, 故其靈臺一而不桎. 忘足, 履之適也. 忘要, 帶之適也. 知忘是非, 心之適也. 不內變, 不外從, 事會之適也. 始乎適而未嘗不適者, 忘適之適也.

工倕(공수) : 요임금 시절의 유명한 기술자

稽(계) : 막다, 저지하다

事會(사회) : 모든 일이나 상황

정신을 하나로 모아 외물에 마음을 뺏기지 않는 경지를 논했다.

14

　손휴라는 사람이 편경자의 집에 찾아와 물었다. "저는 고향에서 사는 동안 수양이 부족하다는 말을 들어본 적이 없고, 어려운 일을 당했을 때도 용기가 없다는 말을 들어본 적이 없습니다. 그런데도 농사를 지으면 풍년이 들지 않고 임금을 섬겨도 좋은 대접을 받지 못하며 고향에서는 쫓겨났습니다. 제가 하늘에 무슨 죄라도 지어서 이런 운명을 겪는 것일까요?"

　편경자가 말했다. "그대는 도의 경지에 다다른 인물의 행실에 대해 들어본 적이 없는가? 그러한 인물은 자신의 몸과 마음을 잊고 그저 무심하게 세상 밖을 떠돌아다니지. 이를 두고 '일을 이루어도 자랑하지 않고, 만물을 길러내도 다스리려 하지 않는다'라고 하는 것일세. 지금 자네는 지식을 꾸며대서 사람들을 놀라게 하고 자신의 몸을 수양해서 남의 부족한 점을 드러내기에 바쁘지. 마치 해와 달이 하늘에 걸리듯이 자랑을 하고 다닌단 말일세. 하지만 다행인 것은 여전히 제 한 몸을 온전히 보전하고 있지 않은가. 귀머거리, 장님, 절름발이가 되는 화를 피한 것만으로도 다행이거늘, 어찌 하늘을 원망하는가? 썩 물러가게나."

　有孫休者, 踵門而詫子扁慶子曰:"休居鄉不見謂不修, 臨難不見謂不勇, 然而田原不遇歲, 事君不遇世, 賓於鄉里, 逐於州部, 則胡罪乎天哉? 休惡遇此命也?"扁子曰:"子獨不聞夫至人之自行邪? 忘其肝膽, 遺其耳目, 芒然彷徨乎塵垢之外, 逍遙乎無事之業, 是謂 '爲而不恃, 長而不宰.' 今汝飾知以驚愚, 修身以明汙, 昭昭乎若揭日月而行也. 汝得全而形軀, 具而九竅, 無中道夭於聾盲跛蹇而比於人數, 亦幸矣, 又何暇乎天之怨哉! 子往矣!"

孫休(손휴) : 사람 이름. 성은 손(孫), 이름은 휴(休)

田原(전원) : 밭과 들. 농사일을 말함

肝膽(간담) : 간과 쓸개. 몸속의 중요한 내장기관을 의미함

耳目(이목) : 눈과 귀. 듣고 보는 것과 같은 감각작용을 의미함

聾(롱)·盲(맹)·跛蹇(파건) : 귀머거리, 장님, 절름발이

손휴가 나가자 편경자가 방에 들어와 앉아 있었는데 잠시 있다 하늘을 보며 탄식을 하였다. 제자가 그 모습을 보고 물었다. "스승님은 왜 그리 한숨을 쉬십니까?"

편경자가 말했다. "아까 손휴가 왔을 때 내가 지인의 덕에 대해서 알려주었는데, 혹시나 그가 내 말을 듣고 놀라서 정신이 어지러워지지 않았을까 걱정이 되어서 그런다."

제자가 말했다. "그렇지 않습니다. 만약 손휴의 말이 맞고 스승님의 말씀이 틀렸다고 한다면, 틀린 스승님의 말씀이 손휴의 올바른 생각을 혼란시킬 수 없겠지요. 반대로 손휴의 말이 틀리고 스승님의 말씀이 맞다면, 손휴가 혼란스러워한들 무슨 죄가 되겠습니까?"

편경자가 말했다. "그렇지 않다. 옛날에 어떤 새 한 마리가 날아와 노

나라의 교외에 머물렀다. 노나라 임금이 아주 기뻐하면서 온갖 고기 음식을 먹이고 구소의 화려한 음악을 들려주었지. 그런데 새는 오히려 두려워하면서 눈이 어두워져 아무것도 먹지도 마시지도 않으려 했다. 이는 사람을 기르는 방법으로 새를 길렀기 때문에 생긴 일이다. 만약 새를 기르는 방법으로 저 새를 키우려면 마땅히 새를 수풀 속에 살게 하고, 강 위를 날아다니게 하며, 미꾸라지를 먹게 하여 자유롭게 살도록 내버려 두어야 한다. 하지만 지금 손휴는 식견이 좁은 사람인데 내가 위대한 지인의 덕을 알려줬으니 이는 비유하자면 생쥐를 말 수레에 태워주고 메추라기에게 종이나 북소리를 연주해 주는 것과 같은 꼴이다. 그가 내 말을 듣고 놀라지 않을 수 있겠느냐?"

孫子出. 扁子入坐, 有間, 仰天而歎. 弟子問曰: "先生何為歎乎?" 扁子曰: "向者休來, 吾告之以至人之德, 吾恐其驚而遂至於惑也." 弟子曰: "不然. 孫子之所言是邪, 先生之所言非邪, 非固不能惑是. 孫子所言非邪, 先生所言是邪, 彼固惑而來矣, 又奚罪焉?" 扁子曰: "不然. 昔者有鳥止於魯郊, 魯君說之, 為具太牢以饗之, 奏九韶以樂之, 鳥乃始憂悲眩視, 不敢飲食. 此之謂以己養養鳥也. 若夫以鳥養養鳥者, 宜棲之深林, 浮之江湖, 食之以委蛇, 則平陸而已矣. 今休, 款啟寡聞之民也, 吾告以至人之德, 譬之若載鼷以車馬, 樂鴳以鐘鼓也. 彼又奚能無驚乎哉?"

平陸(평륙) : 자유롭게 유유자적하다

款啟(관계) : 생각이 좁다

鼷(혜) : 생쥐

鴳(안) : 메추라기

해설

각자에게 적당한 방법이 있다. 무슨 일을 할 때든 자신에게 맞는 방법과 상황에 적합한 방법을 사용해야 한다. 초등학생에게 고등학교 공부를 가르친다면 초등학생이 어떻게 받아들일 수 있겠는가?

제13편
산목 山木

1

장자가 산길을 가다가 큰 나무 한 그루를 보았다. 그 나무는 가지와 잎사귀가 매우 무성했는데, 어찌된 일인지 산에서 나무를 하던 사람들이 그 옆에 있으면서도 그 나무만은 베지를 않았다. 장자가 사람들에게 그 이유를 물었더니 나무꾼들이 답했다. "쓸데가 없습니다."

장자가 그 말을 듣고 말했다. "이 나무는 재목감으로 쓸 수가 없어서 타고난 목숨을 다 누릴 수 있었던 것이로구나!" 장자가 산을 나와서 옛 친구의 집에 하루 머물게 되었다. 친구는 반가워하며 심부름하는 아이에게 거위를 잡아 요리하라고 시켰다. 아이가 물었다. "거위 가운데 하나는 잘 우는데 하나는 잘 울지 못합니다. 어떤 놈을 잡을까요?" 친구가 말했다. "잘 울지 못하는 놈을 잡거라."

莊子行於山中, 見大木, 枝葉盛茂, 伐木者止其旁而不取也. 問其故. 曰: "無所可用." 莊子曰: "此木以不材得終其天年." 夫子出於山, 舍於故人之家. 故人喜, 命豎子殺雁而烹之. 豎子請曰: "其一能鳴, 其一不能鳴, 請奚殺?" 主人曰: "殺不能鳴者."

盛茂(성무) : 무성하다

伐木者(벌목자) : 나무꾼

天年(천년) : 하늘이 내려준 타고난 수명. 과거에는 하늘이 만물에게 생명을 내려
주었다고 생각했다.

豎子(수자) : 심부름하는 아이

雁(안) : 기러기

烹(팽) : 삶다, 요리하다

鳴(명) : 울다

그다음 날 집을 나서면서 제자가 장자에게 물었다. "어제 산속의 나무는 재목으로 쓸 수 없었기 때문에 제 목숨을 다할 수 있었는데, 주인댁의 거위는 쓸모가 없어서 오히려 죽고 말았습니다. 스승님이시라면 어떤 방식으로 처세를 하시겠습니까?"

그러자 장자가 웃으며 말했다. "나 같으면 쓸모 있음과 쓸모없음의 사이에 머물러 있겠네. 그런데 이런 방식이 완전해 보이기는 하지만, 실은 그렇지 않으니 결국은 고난을 피할 수 없을 것이야. 반면 자연스러운 도와 덕의 이치에 따라 세상에 처한다면 가능하겠지. 이러한 자들은 다른 사람들이 좋다, 나쁘다고 말하는 것에 전혀 영향을 받지 않은 채 한번은 마치 용처럼 하늘 높이 박차 올랐다가 또 어떤 때는 뱀처럼 땅속에 조용히 숨어 지내기도 하지. 때에 따라 자연스럽게 조화를 이루며 살아갈 뿐, 어떤 한 가지 모습에 집착하지 않는다네. 나아가고 물러날 때 남과 조화를 이루는 것을 원칙으로 삼으면서, 마음을 만물의 근원에서 노닐게 한다네. 이런 사람은 사물을 자유롭게 대하면서도 사물에 얽매이

지 않으니, 대체 어떤 사물이 그를 번거롭게 할 수 있겠는가? 이것이 바로 옛날 황제(黃帝)와 신농씨가 따랐던 법칙이네. 그런데 만물의 실제 모습이나 우리가 살아가는 세상사는 반드시 이렇지만은 않지. 합치면 흩어지기 마련이고, 이루어지면 무너지기 마련이고, 예리하면 꺾이기 마련이고, 고귀하면 비방을 받기 마련이고, 인위적으로 하면 빠뜨리는 것이 있기 마련이고, 현능하면 모함을 당하기 마련이고, 불초하면 수모를 당하기 마련이니, 어떻게 한 가지에 고정될 수 있겠는가? 답답하구나! 제자들은 명심하거라. 오직 자연스러운 도와 덕의 경지에 머물러야 할 뿐이다. 슬프구나! 제자들은 명심하여라. 오직 머물러야 할 곳은 도와 덕의 경지일 뿐이다!"

明日, 弟子問於莊子曰: "昨日山中之木, 以不材得終其天年. 今主人之雁, 以不材死. 先生將何處?" 莊子笑曰: "周將處乎材與不材之間. 材與不材之間, 似之而非也, 故未免乎累. 若夫乘道德而浮游則不然. 無譽無訾, 一龍一蛇, 與時俱化, 而無肯專為. 一上一下, 以和為量, 浮游乎萬物之祖. 物物而不物於物, 則胡可得而累邪! 此黃帝, 神農之法則也. 若夫萬物之情, 人倫之傳, 則不然. 合則離, 成則毁, 廉則挫, 尊則議, 有為則虧, 賢則謀, 不肖則欺, 胡可得而必乎哉? 悲夫! 弟子志之, 其唯道德之鄉乎!"

明日(명일) : 다음 날

無譽無訾(무예무자) : 사람들의 시선에 상관없이 자신의 뜻대로 행동함

量(량) : 도량

人倫(인륜) : 인간 무리

虧(휴) : 어그러지다

해설

사람들이 쓸모 있다고 생각하는 나무는 빨리 잘려나가고 오히려 쓸모없다고 생각하는 나무는 오래오래 목숨을 유지할 수 있었다. 그렇다면 우리는 쓸모없어지기 위해 노력해야 하는가? 그렇지는 않다. 가장 훌륭한 것은 쓸모에 연연하지 않는 자세다. 쓸모가 있건 없건 그저 자신이 타고난 그대로의 모습을 지키면서 살면 그것으로 충분하다.

2

시남의료라는 사람이 노나라 임금을 만났다. 그런데 노나라 임금은 어딘가 근심이 가득한 얼굴을 하고 있었다. 시남의료가 궁금하여 물었다. "임금께서는 어딘가 근심이 있어 보이십니다. 무슨 일이신지요?"

노나라 임금이 말했다. "나는 선왕들이 정사를 행하셨던 방법을 공부하고 선왕들이 이루어 놓으신 업적을 이어받으며 귀신을 공경하고 현자를 존중하는 등 열심히 올바른 도리를 실천해 왔소. 잠시도 이를 소홀히 한 적이 없는데도 매번 환난에서 벗어나지 못하고 있다오. 이것이 나의 걱정거리오."

市南宜僚見魯侯, 魯侯有憂色. 市南子曰: "君有憂色, 何也?"
魯侯曰: "吾學先王之道, 修先君之業, 吾敬鬼尊賢, 親而行之,
無須臾離居, 然不免於患, 吾是以憂."

市南(시남) : 저잣거리 남쪽

宜僚(의료) : 사람 이름. 성은 능(能)이고 이름은 의료(宜僚)라고 하며 초나라에
　　　　살았다고 전해진다. 여기에서 시남자(市南子)는 의료를 가리킨다.

須臾(수유) : 잠시

의료가 말했다. "임금께서 환난을 벗어나시려는 방법이 깊이가 없기
때문입니다. 털이 풍성한 여우와 무늬가 아름다운 표범이 산속에 숨어
살며, 동굴에 몸을 감추고 있는 것은 고요함을 지키는 것입니다. 밤에
움직이며 낮에 가만히 머물러 있는 것은 경계하는 것이지요. 아무리 배
가 고프고 목이 말라도 넓은 강이나 호수로부터 멀리 떨어진 곳에서 먹
이를 구하는 것은 정해진 원칙을 지키는 것입니다. 그렇게 조심스럽게
행동하는데도 이들은 그물이나 덫에 걸리는 고난을 피하지 못합니다.
어디 이들에게 죄가 있어서 그런 것이겠습니까? 다만 그들의 가죽이 재
앙을 부르는 것입니다.

　임금의 경우도 마찬가지입니다. 노나라 땅이야말로 임금께서 가지고
계신 가죽이 아니겠습니까? 저는 임금께서 임금이라는 지위와 노나라
라는 가죽을 벗어던지고 아무도 없는 넓은 들판에서 노니셨으면 합니
다. 남쪽 월나라에 어떤 고을이 있는데, 이름이 '덕을 세운 나라'라고 합
니다. 그 나라 백성들은 우직하고 소박하여 이익을 많이 취하려 하지 않
고 욕심을 부리지 않는다더군요. 헛된 지식을 부리지 않고 그저 묵묵히
일할 줄만 알며 남에게 도움을 주어도 보답을 바라지 않고 일반적으로
마땅한 도리라고 하는 것을 따를 줄도 모르고 예절이라는 것도 알지 못
합니다. 그저 마음이 가는 대로 행동하는데도 모두 도에 들어맞으니, 살

아서는 삶을 즐길 수 있고, 죽어서는 편안히 묻힐 수 있습니다. 저는 차라리 임금께서 나라를 버리고 세속을 떠나 도를 따라 이곳으로 가시는 것이 어떨까 합니다."

市南子曰: "君之除患之術淺矣. 夫豐狐文豹, 棲於山林, 伏於巖穴, 靜也. 夜行晝居, 戒也. 雖飢渴隱約, 猶旦胥疏於江湖之上而求食焉, 定也. 然且不免於罔羅機辟之患, 是何罪之有哉? 其皮爲之災也. 今魯國獨非君之皮邪? 吾願君刳形去皮, 洒心去欲, 而遊於無人之野. 南越有邑焉, 名爲建德之國. 其民愚而朴, 少私而寡欲. 知作而不知藏, 與而不求其報. 不知義之所適, 不知禮之所將. 猖狂妄行, 乃蹈乎大方. 其生可樂, 其死可葬. 吾願君去國捐俗, 與道相輔而行."

淺(천) : 얕다, 천박하다

豐(풍) : 풍성하다, 풍부하다

棲(서) : 살다, 거처하다

飢渴(기갈) : 배고프고 갈증이 나다. 굶주림을 뜻함

胥疏(서소) : 멀다

皮(피) : 껍데기

南越(남월) : 남쪽 지방의 월나라

建德之國(건덕지국) : 가상의 나라 이름. '덕을 세운 나라'라는 의미

相輔(상보) : 서로 돕다

임금이 말했다. "그런 곳까지 가려면 길이 험하고 멀지 않은가? 강을 건너고 산을 넘으려면 배와 수레가 있어야 할 텐데, 배와 수레가 없으면 어떻게 하는가?"

의료가 말했다. "거만한 태도를 버리고 편안히 머무르고자 하는 생각을 포기하셔서 그것으로 배와 수레를 가졌다고 생각하십시오."

君曰: "彼其道遠而險, 又有江山, 我無舟車, 奈何?" 市南子曰: "君無形倨, 無留居, 以為舟車."

險(험) : 험하다

倨(거) : 거만하다

임금이 말했다. "길이 험하고 멀어 지나다니는 사람도 없을 텐데 누구와 함께 길동무를 할 수 있겠나? 식량은 또 어떻게 하는가?"

의료가 말했다. "임금께서 낭비를 줄이고 욕심을 적게 하면 식량이 없어도 충분히 도착할 수 있을 것입니다. 임금께서 강을 건너 바다 위에 있게 되면 아마 바라보아도 육지가 보이지 않을 것입니다. 육지에서 임금님을 배웅하던 사람들이 돌아가고 나면 그때부터는 진정으로 세속과 멀어진 것입니다. 백성을 다스리는 자는 번거로운 법이고 백성들에게 얽매인 자는 걱정거리가 많은 법입니다. 따라서 옛날 요임금은 백성을 다스리고자 하지도 않았고, 백성들에게 얽매이고자 하지도 않았습니다. 저는 왕께서 이러한 짐들을 다 벗어 던지고 광활하고 아득한 나라에서 도와 함께 머무르시기를 바랍니다. 예컨대 배를 타고 강을 건너는데 빈 배가 와서 부딪친다고 하면, 아무리 마음이 좁은 사람도 빈 배에 대고 화를 내지는 않을 것입니다. 하지만 한 사람이라도 그 배에 타고 있다면 거리를 벌리고 뒤로 물러나라고 소리를 칠 것입니다. 한 번 소리를 쳐서 듣지 않고 두 번 소리를 질러도 듣지 않으면 세 번째부터는 반드시 욕설이 따르게 마련입니다. 처음의 경우에는 화내지 않다가 지금은 화를 내는 것은 아까는 빈 배였지만 이번에는 사람이 타고 있기 때문입니다. 이런 것처럼 배가 아니라 사람도 마음을 텅 비우고 세상을 살아간다면 그 누가 자신을 해칠 수 있겠습니까?"

君曰: "彼其道幽遠而無人, 吾誰與為鄰? 吾無糧, 我無食, 安得而至焉?" 市南子曰: "少君之費, 寡君之欲, 雖無糧而乃足. 君其涉於江而浮於海, 望之而不見其崖, 愈往而不知其所窮. 送君者皆自崖而反, 君自此遠矣. 故有人者累, 見有於人者憂. 故堯非有人, 非見有於人也. 吾願去君之累, 除君之憂, 而獨與道遊於大莫之國. 方舟而濟於河, 有虛船來觸舟, 雖有偏心之人不怒. 有一人在其上, 則呼張歙之. 一呼而不聞, 再呼而不聞, 於是三呼邪, 則必以惡聲隨之. 向也不怒而今也怒, 向也虛而今也實. 人能虛己以遊世, 其孰能害之!"

幽(유) : 그윽하다, 멀다, 깊다

糧(량) : 식량

大莫之國(대막지국) : 앞에서 나왔던 '덕을 세운 나라'를 표현하는 말. '아무것도
　　　　　존재하지 않는 아득한 나라'라는 의미

歙(흡) : 거두다, 줄어들다

해설

장자는 정신이 외물에 방해받지 않는 절대자유의 경지를 추구한다. 그런데 이러한 경지는 정신을 다스리는 것만으로는 도달하기 힘들다. 외부와 얽혀 있는 것이 많다면 아무리 정신을 고요하게 만들고자 해도 가능하지 않다. 정신의 수양만큼이나 주위의 환경을 다스리는 것도 중요하다.

3

북궁사가 위나라 영공을 위하여 백성들에게 세금을 거두어 종을 만들고자 했다. 종을 만들기 위해 성문 밖에 단을 쌓은 지 불과 석 달 만에 종을 완성하여 걸어놓았다. 그 모습을 왕자인 경기가 보고 물었다. "그대는 무슨 방법을 사용했기에 이렇게 빨리 종을 만들었는가?"

북궁사가 대답했다. "저는 마음속으로 그저 종을 만들 생각만을 했을 뿐 다른 어떤 방법도 쓰지 않았습니다. '이미 잘 갈고닦았으니, 이제 다시 소박한 상태로 돌아간다'라는 말을 들은 적이 있습니다. 저는 그저 아무것도 알지 못한다는 듯한 무심한 태도로 오는 사람은 막지 않고 가는 사람은 잡지 않았으며 말을 잘 듣지 않는 백성들은 말을 듣지 않는 채로 두고, 잘 따르는 백성은 잘 따르는 대로 두면서 스스로 열심히 힘을 쓰게끔 내버려 두었습니다. 그 때문에 아침저녁으로 세금을 거두어들였지만 백성들은 조금도 해를 입지 않았지요. 저조차도 이러한데 큰도를 깨우친 자는 어떠하겠습니까?"

北宮奢爲衛靈公賦斂以爲鐘, 爲壇乎國門之外, 三月而成上下之縣. 王子慶忌見而問焉, 曰: "子何術之設?" 奢曰: "一之間, 無敢設也. 奢聞之: '旣彫旣琢, 復歸於朴.' 侗乎其無識, 儻乎其怠疑. 萃乎芒乎, 其送往而迎來. 來者勿禁, 往者勿止. 從其彊梁, 隨其曲傅, 因其自窮. 故朝夕賦斂而毫毛不挫, 而況有大塗者乎!"

北宮奢(북궁사) : 위나라 대부를 지낸 '사(奢)'라는 이름의 인물. 북쪽 궁궐에 살았
　　　다고 해서 북궁사라고 한다.

衛靈公(위영공) : 위나라 임금인 영공(靈公)

賦斂(부렴) : 세금을 거두다

壇(단) : 단, 제단

慶忌(경기) : 위나라 영공의 아들

侗乎(동호)·儻乎(당호) : 멍하고 어리석은 모습을 표현하는 의태어

萃乎芒乎(췌호망호) : 사물이 어떻게 흘러가는지에 관심을 가지지 않는 무심한
　　　모습을 표현하는 의태어

彊梁(강량) : 사납고 굳세다. 여기에서는 말을 잘 듣지 않는 백성을 가리킨다.

曲傅(곡부) : 부드럽고 온순하다. 여기에서는 말을 잘 듣는 백성을 가리킨다.

塗(도) : 자연의 도리. 도(道)와 같은 의미로 쓰였다.

해설

일을 잘 처리하기 위해서 억지로 쓸데없는 생각을 해서는 안 된다. 오히려 하찮은 기술이 일을 더 방해할 수 있다.

4

공자가 진나라와 채나라 사이의 국경에서 포위되었을 적에 일주일 동안이나 따뜻한 음식을 먹지 못했다. 태공임이 그를 위문하러 가서 말했다. "곧 굶주려 돌아가시겠습니다."

공자가 말했다. "그렇소."

태공임이 말했다. "선생은 죽는 것이 싫습니까?"

공자가 말했다. "그렇소."

孔子圍於陳, 蔡之間, 七日不火食. 大公任往弔之, 曰: "子幾死乎?" 曰: "然." "子惡死乎?" 曰: "然."

圍(위) : 포위하다

陳蔡之間(진채지간) : 진나라와 채나라 사이의 국경. 노나라에 살던 공자가 초나라로 가려고 진나라를 지나갔는데 진나라에 전쟁이 일어나 채나라로 피신했으나 난리를 피하지 못하고 국경 지역에서 꼼짝달싹할 수 없는 상황에 처하게 되었다. 이 때문에 일주일간 식량도 없이 고된 시간을 보냈다.

大公任(태공임) : 사람 이름. 성은 태공(大公), 이름은 임(任)이라고 한다.

태공임이 말했다. "내가 한 번 죽지 않는 방법을 말씀해 드리지요. 동쪽 바다에 새가 살고 있는데 이름을 의태라고 하지요. 그 새는 퍼덕퍼덕 날갯짓만 할 뿐 제대로 날지도 못합니다. 다른 새들이 끌어주면 그제야 겨우 날고 위협을 받으면 그제야 겨우 들어가 숨습니다. 무리 지어 날아갈 때는 남들보다 앞서 날지 않고, 물러날 때도 남들보다 뒤에 서지 않습니다. 먹이를 먹을 때는 먼저 먹으려 하지 않고 그저 남은 것을 먹을 뿐입니다. 그 때문에 능력이 없어도 무리에서 배척당하지 않고 사람들에게 해를 입지 않아서 근심 걱정을 면할 수 있었습니다. 원래 곧은 나무는 먼저 베이고 맛좋은 우물은 먼저 마르기 마련입니다. 선생은 온갖 겉치레와 지식으로 어리석은 자들을 놀라게 하였고, 자신의 행동을 수양해서는 남의 오점을 까발리니, 마치 해와 달처럼 자신을 드러내셨겠지요. 그래서 화를 피할 수 없었던 것입니다.

　옛날에 크게 도를 깨우친 분에게 들은 이야기가 있습니다. '스스로 뽐내는 자는 공을 이루지 못한다. 공이 이루어져도 물러나지 않는 자는 무너지고, 명성을 날려도 이를 감추지 않고 드러내는 자는 패망한다'라고 하였습니다. 누가 쉽게 공과 명성을 버리고 사람들에 파묻혀 살 수 있겠습니까? 자신의 가르침이 세상에 퍼져 있어도 뽐내며 자처하지 않고, 자신의 덕행이 널리 알려져도 명성을 바라지 않습니다. 순수하고 변치 않는 무심한 태도로 마치 어리석고 분별없는 듯한 모습을 취한 채로 행적을 지우고 권세를 버리며 공과 명성을 좇지 말아야 합니다. 이렇게 하면 내가 사람들을 원망할 것도 사람들이 나를 원망할 것도 없습니다. 지인은 명성을 원하지 않는 법인데, 선생은 왜 이를 좋아하는 것입니까?"

任曰:"予嘗言不死之道. 東海有鳥焉, 其名曰意怠. 其爲鳥也, 翂翂翐翐, 而似無能. 引援而飛, 迫脅而棲. 進不敢爲前, 退不敢爲後. 食不敢先嘗, 必取其緒. 是故其行列不斥, 而外人卒不得害, 是以免於患. 直木先伐, 甘井先竭. 子其意者飾知以驚愚, 修身以明汙, 昭昭乎若揭日月而行, 故不免也. 昔吾聞

之大成之人曰: '自伐者無功, 功成者墮, 名成者虧.' 孰能去功
與名而還與眾人! 道流而不明居, 得行而不名處. 純純常常,
乃比於狂. 削跡捐勢, 不爲功名. 是故無責於人, 人亦無責焉.
至人不聞, 子何喜哉?"

意怠(의태) : 가상의 새 이름

翂翂翐翐(분분질질) : 새가 날개만 퍼덕거릴 뿐 제대로 날지 못하는 모습을 표현
　　　하는 말

引援(인원) : 이끌리다

迫脅(박협) : 협박하다

緒(서) : 남다

昭昭乎(소소호) : 밝은 모양을 표현하는 의태어

純純常常(순순상상) : 순수하고 떳떳하다

공자는 "좋은 말씀이오!" 하고 대답하고는 세상 사람들과의 교제를
끊고 제자를 떠나보냈다. 그러고는 광야로 숨어 들어가 무명옷을 입고
도토리를 주워 먹으며 살았는데, 이제는 그가 짐승의 무리 속으로 들어
가도 짐승들이 놀라 흩어지지 않았고 새들 속으로 들어가도 놀라 도망
가지 않았다. 짐승들조차 그를 싫어하지 않는데 사람들이야 어떠하겠
는가?

孔子曰: "善哉!" 辭其交遊, 去其弟子, 逃於大澤. 衣裘褐, 食
杼栗. 入獸不亂群, 入鳥不亂行. 鳥獸不惡, 而況人乎!

裘褐(구갈) : 가죽옷과 삼베옷. 허름한 옷을 의미한다.

杼栗(저률) : 도토리

해설

자신의 능력이나 생각을 겉으로 드러내지 않으면 세상과 다툴 일이 없게
된다.

5

공자가 자상호에게 물었다. "나는 두 번이나 노나라에서 쫓겨나고 송
나라에서는 나무에 깔려 죽을 뻔하고 위나라에서는 추방당했으며 상나
라와 주나라에서는 좀처럼 뜻을 펼치지 못했으며, 진나라와 채나라 사
이에서 포위를 당하기도 했습니다. 이처럼 수차례나 환난을 당해 인간
관계가 멀어지고 제자들은 뿔뿔이 흩어지게 되었습니다. 왜 이런 것일
까요?"

孔子問子桑雽曰: "吾再逐於魯, 伐樹於宋, 削跡於衛, 窮於商,
周, 圍於陳, 蔡之間. 吾犯此數患, 親交益疏, 徒友益散, 何與?"

子桑雽(자상호) : 공자의 제자. 성은 상(桑), 이름은 호(雽). 자(子)는 존칭

伐樹於宋(벌수어송) : 공자가 송나라로 향하던 중에 공자를 미워하는 송나라의
　　　　권력자 '사마 환퇴'가 나무를 쓰러뜨려 공자를 죽이려고 했던 일을 말한다.

削跡於衛(삭적어위) : 공자가 위나라에서 추방당한 일을 말한다.

窮於商周(궁어상주) : 상(商)은 송나라를 말한다. 송나라와 주나라에서 등용되지

못했던 일을 말한다.

圍於陳蔡之間(위어진채지간) : 진나라와 채나라 사이의 국경에서 포위되었던
　　일을 말한다.

자상호가 말했다. "선생은 은나라 사람이 도망친 이야기를 들어보지
못했습니까? 임회라는 사람이 있었습니다. 이 사람은 천금의 가치가 있
는 옥을 버리고 갓난아기를 업고 도망쳤는데, 어떤 사람이 이렇게 물었
습니다. '값이 나가는 것을 생각해서 옥을 버리고 아기를 택한 것이라
면, 아기는 별반 값어치가 없소. 번거로움을 생각해서 아기를 택한 것이
라면 역시 아기가 훨씬 번거로운데, 어째서 천금의 가치가 있는 옥을 버
리고 갓난아기를 짊어지고 도망친 것이오?'

임회는 이렇게 대답했지요. '옥과는 그저 이익으로 맺어진 것이고 아
이는 하늘이 맺어준 것이오.' 이익으로 맺어진 사이는 궁지에 몰리거나
화를 입게 되면 서로 버리기 마련입니다. 하지만 하늘에 의해 맺어진 사
이는 궁지에 몰리거나 화를 입으면 서로 거두어 줍니다. 서로 거두어 주
는 사이와 서로 버리는 사이는 차이가 많지요. 군자의 인간관계는 마치
물과 같이 맑지만, 소인의 인간관계는 술과 같이 달콤합니다. 군자는 이
해에 관계없이 맑게 사람을 사귀므로 서로 친해질 수 있는 것이고, 소인
은 상대방에게서 단물만 취하려고 하므로 관계가 쉽게 끊어집니다. 그
래서 소인들의 관계처럼 이유 없이 모인 사람들은 이유 없이 흩어지기
마련입니다."

공자는 "가르침을 잘 명심하겠습니다"라고 말하고는 느릿느릿한 걸
음으로 돌아갔다. 그러고는 학문을 중단하고 성인의 책들을 버렸으며,

제자들 역시 그의 앞에서 예절을 행하지 않게 되었으나 공자에 대한 제자들의 존경심은 오히려 높아졌다.

子桑雽曰:"子獨不聞假人之亡與? 林回棄千金之璧, 負赤子而趨. 或曰: '爲其布與? 赤子之布寡矣. 爲其累與? 赤子之累多矣. 棄千金之璧, 負赤子而趨, 何也?' 林回曰: '彼以利合, 此以天屬也.' 夫以利合者, 迫窮禍患害相棄也. 以天屬者, 迫窮禍患害相收也. 夫相收之與相棄亦遠矣. 且君子之交淡若水, 小人之交甘若醴. 君子淡以親, 小人甘以絶. 彼無故以合者, 則無故以離."
孔子曰:"敬聞命矣." 徐行翔佯而歸, 絶學捐書, 弟子無挹於前, 其愛益加進.

假人(가인) : 假는 은(殷)을 잘못 쓴 것이다. 은나라 사람을 뜻한다.

林回(임회) : 사람 이름

赤子(적자) : 갓난아기

翔佯(상양) : 이리저리 방황함

絶(절) : 끊다

하루는 자상호가 이렇게 말했다. "순임금이 죽기 전 우에게 다음과 같이 간곡히 조언하였습니다. '그대는 항상 조심하도록 하라! 육체는 그저 자연의 변화를 따라가는 것만큼 좋은 것이 없고, 정신은 순수한 상태로 두는 것만큼 좋은 것이 없다. 자연의 변화에 따르면 육체를 잃는 법이 없고, 정신을 순수한 상태로 두면 번거로운 일이 없다. 육체를 잃거나 정신이 번거로운 일이 없게 되면 허례허식으로 육체를 꾸며대고자 하지 않을 것이니, 이렇게 한다면 외물에 의지하지 않을 수 있다.'"

異日, 桑雩又曰:"舜之將死, 眞泠禹曰:'汝戒之哉! 形莫若緣, 情莫若率. 緣則不離, 率則不勞. 不離不勞, 則不求文以待形. 不求文以待形, 固不待物.'"

眞泠(진령) : 조심히 명령을 내리다

緣(연) : 자연의 변화 또는 이치

6

장자가 여기저기 기운 허름한 옷을 입고 끈으로 여기저기 묶은 낡은 신발을 신고 위왕을 찾아갔다. 위왕이 장자를 보고 말했다. "선생은 왜 그렇게 고달프게 사십니까?"

장자가 말했다. "가난한 것이지 고달픈 것이 아닙니다. 선비가 도와 덕을 지니고도 실행하지 못하면 그것을 고달프다고 하는 것입니다. 옷이 해지고 신발이 낡은 것은 가난한 것이지 고달픈 것은 아닙니다. 말하자면 아직 때를 만나지 못했을 뿐입니다. 왕께서는 나무에 오르는 원숭이를 보지 못하셨습니까? 원숭이는 녹나무나 가래나무와 같이 큰 나무에 올라갔을 때는 그 사이에서 마치 왕처럼 활발하게 행동합니다. 그때는 예나 봉몽과 같이 활을 잘 쏘는 사람이라도 감히 원숭이를 쏘아 맞힐 수 없습니다. 하지만 원숭이가 뽕나무나 가시나무와 같이 가시가 많은 나무 위에 올라갔을 때는 위태위태하게 움직이며 주위를 계속 둘러보면서 나무가 떨릴 때마다 두려워합니다. 이는 원숭이의 뼈나 근육이 힘을 잃어버린 것이 아닙니다. 그저 있는 곳이 불편하여 제 능력을 다 발휘하지 못하는 것입니다. 지금처럼 어리석은 임금과 부패한 신하가 있는 상황에서 어떻게 고달프지 않을 수 있겠습니까? 충신이었던 비간이 형벌을 당해 가슴이 찢긴 일만 보아도 분명하지 않습니까?"

莊子衣大布而補之, 正緳係履而過魏王. 魏王曰: "何先生之憊邪?" 莊子曰: "貧也, 非憊也. 士有道德不能行, 憊也. 衣弊履穿, 貧也, 非憊也, 此所謂非遭時也. 王獨不見夫騰猿乎? 其得枏, 梓, 豫, 章也, 攬蔓其枝, 而王長其間, 雖羿, 蓬蒙不能眄睨也. 及其得柘, 棘, 枳, 枸之間也, 危行側視, 振動悼慄, 此筋骨非有加急而不柔也, 處勢不便, 未足以逞其能也. 今處昏上亂相之間, 而欲無憊, 奚可得邪? 此比干之見剖心, 徵也夫!"

大布而補之(대포이보지) : 여기저기 기운 흔적이 있는 허름한 옷

正緳係履(정혈계리) : 삼끈으로 묶은 신발을 신다

憊(비) : 고달프다

衣弊履穿(의폐리천) : 옷이 해지고 신발이 낡다

枏(남)·梓(재) : 녹나무와 가래나무

豫章(예장) : 녹나무

攬蔓(람만) : 잡다

羿(예)·蓬蒙(봉몽) : 옛날에 활을 잘 쏘기로 유명한 사람의 이름

眄睨(면예) : 곁눈질하다

柘(자)·棘(극)·枳(지)·枸(구) : 각각 산뽕나무, 가시나무, 탱자나무, 호깨나무

해설

가난은 사람을 힘들게 만들기는 하지만 진정으로 삶을 괴롭게 만드는 것은 아니다. 올바른 도와 덕을 깨닫고 있지만 그것을 실행할 수 없는 것이 가장 괴로운 일이다. 우리가 세상을 살아가면서 겪는 어려움은 일시적으로 겪는 순간의 일이므로 너무 괴로워할 필요는 없다.

7

공자가 진나라와 채나라 사이에서 곤경에 처해 7일 동안이나 따뜻한 밥을 지어먹지 못했다. 하지만 공자는 왼손으로 마른 나무에 기대고 오른손으로 마른 나뭇가지를 치면서 신농씨가 지은 노래를 불렀다. 도구를 두드렸지만 따로 장단은 없었고, 소리는 났지만 별다른 음률은 없었다. 하지만 두드리는 나무 소리와 사람의 목소리가 쾌청하여 사람들의 마음에 딱 들어맞았다.

孔子窮於陳, 蔡之間, 七日不火食, 左據槁木, 右擊槁枝, 而歌
焱氏之風, 有其具而無其數, 有其聲而無宮角, 木聲與人聲,
犁然有當於人心.

擊(격) : 두드리다

焱氏(표씨) : 전설 속의 황제인 신농씨(神農氏)를 말함

數(수) : 장단

宮角(궁각) : 음률

안회가 단정히 손을 모으고 조심스럽게 공자를 바라보았다. 공자는 혹시나 안회가 자신을 과대평가하여 이 상황을 심각하게 받아들이거나, 자신을 지나치게 불쌍하게 여겨서 이 상황을 슬퍼하지는 않을까 염려하여 이렇게 말했다. "안회야! 하늘로부터 재난을 받지 않기는 쉬워도 인간 세상의 부귀영화를 받지 않기는 어렵다. 세상의 일에는 시작도 없고 끝도 없는 법이니, 인간과 자연은 결국 하나로 통한다. 그렇다면 지금 노래하고 있는 나는 대체 누구일까?"

顔回端拱還目而窺之. 仲尼恐其廣己而造大也, 愛己而造哀也, 曰: "回! 無受天損易, 無受人益難. 無始而非卒也, 人與天一也. 夫今之歌者其誰乎?"

端拱(단공) : 단정히 손을 모으다

還目(환목) : 조심스럽게 바라보다

廣(광) : 과대평가하다

안회가 말했다. "하늘로부터 재난을 받지 않기는 쉽다는 말이 무엇인지 여쭙고 싶습니다." 공자가 말했다. "굶주림과 목마름, 추위와 더위, 곤궁함 등은 모두 천지의 운행이고 만물의 변화에 따른 것이니, 결국 함께 갈 수밖에 없는 것이다. 예를 들어, 신하는 임금의 명령에서 벗어날

수 없다. 신하의 경우도 그러한데 하늘의 명령을 받은 경우에야 말할 나
위가 있겠느냐?"

回曰: "敢問無受天損易." 仲尼曰: "飢溺寒暑, 窮桎不行, 天地
之行也, 運物之泄也, 言與之偕逝之謂也. 爲人臣者, 不敢去
之. 執臣之道猶若是, 而況乎所以待天乎!"

窮桎(궁질) : 고난, 어려움

泄(설) : 일어나다, 발생하다

안회가 물었다. "그렇다면 인간 세상의 부귀영화를 받지 않기는 어렵
다고 하신 말씀은 무슨 뜻입니까?" 공자가 말했다. "처음 관직에 등용
되어 나갈 적에 관직과 녹봉이 함께 생겨서 곤궁함에서 벗어날 수 있게
된 것은 외물에 의해 이롭게 된 것이지 원래 내가 가지고 있던 것이 아
니다. 일시적으로 나에게 속하게 된 외물일 뿐이다. 군자는 남의 것을
훔치지 않고, 현자는 남의 것을 탐내지 않는다고 했다. 그런데 내가 이
를 어떻게 받아들일 수 있겠는가?

이런 속담이 있다. '새 중에 제비만큼 총명한 새가 없다. 제비는 가서
안 될 곳은 눈길도 주지 않으며, 혹시 열매를 물고 가다가 떨어뜨려도
그대로 버리고 날아간다.' 제비가 이처럼 사람을 두려워하지만, 여전히
사람들 속에 사는 것은 이를 떠나서는 살 곳이 없기 때문이다. 이는 한
곳에 사직을 정했으면 다른 곳으로 옮길 수 없는 것과 같다."

"何謂無受人益難?" 仲尼曰: "始用四達, 爵祿並至而不窮, 物
之所利, 乃非己也, 吾命有在外者也. 君子不為盜, 賢人不為
竊. 吾若取之, 何哉? 故曰: 鳥莫知於鷾鴯, 目之所不宜處, 不
給視, 雖落其實, 棄之而走. 其畏人也, 而襲諸人間, 社稷存
焉爾."

爵祿(작록) : 벼슬과 녹봉

鷾鴯(의이) : 제비

襲(습) : 그대로 따르다

안회가 물었다. "그렇다면 세상일에 시작도 끝도 없다는 말은 무엇입
니까?" 공자가 말했다. "무엇인가 만물을 변화시키는데 그것이 무엇인
지 도무지 알 수가 없으니 어떻게 끝을 알 수 있겠으며 어떻게 시작을
알 수 있겠느냐? 그저 올바른 이치를 지키면서 변화에 따를 뿐이다."

"何謂無始而非卒?" 仲尼曰: "化其萬物而不知其禪之者, 焉
知其所終? 焉知其所始? 正而待之而已耳."

안회가 물었다. "인간과 자연은 결국 하나로 통한다는 말은 무엇입니
까?" 공자가 말했다. "인간은 자연으로부터 나왔고, 자연 역시 자연으
로부터 나왔으나, 평범한 인간들이 자연적 본성을 온전히 지킬 수 없는
것 역시 어쩌면 당연한 일이다. 오직 성인만이 편안히 자연에 따라 변화

해 나갈 수 있다."

"何謂天與人一邪?" 仲尼曰:"有人, 天也. 有天, 亦天也. 人之
不能有天, 性也, 聖人晏然體逝而終矣."

晏然(안연) : 편안한 모습을 표현하는 의태어
體逝(체서) : 몸을 움직이다

해설
자신이 가진 것을 원래부터 항상 가지고 있는 것이라고 믿어서는 안 된다.
인간관계, 돈, 능력과 같은 것은 언제든지 사라질 수 있는 것이다.

8

장주가 조릉이라는 언덕의 울타리 안에서 노닐다가 갑자기 남쪽에서
이상한 까치 한 마리가 날아오는 것을 보았다. 날개의 너비가 일곱 자였
고 눈의 크기가 한 치나 되었다. 이 까치는 장자의 이마를 스쳐 지나가
서는 밤나무숲에 가서 멈추었다.

"이 새는 대체 어떤 새인가? 날개는 크지만 높이 날지 못하고 눈은
크지만 제대로 보지 못하는구나." 장자는 이렇게 말하고는 바지를 걷어
붙이고 살금살금 다가가 활시위를 당기며 새를 쏘려 했다. 그러다 문득
매미 한 마리가 시원한 나무 그늘 속에 자리를 잡고 맴맴 울고 있는 것
을 보았다. 매미는 시원한 나무 그늘에 만족한 나머지 세상 모든 것을
잊은 듯했다. 그런데 어떤 사마귀 한 마리가 매미를 발견하고는 이를 붙

잡았다. 사마귀는 매미를 붙잡는 데 온 정신이 팔려 자신의 상황은 돌보지 못했다. 그 순간 그 기이한 까치가 기회를 포착하여 사마귀를 낚아챘다. 까치 또한 사마귀를 잡는 데 정신이 팔려 자신이 위험하다는 상황을 잊고 있는 듯했다.

장주가 이 모습을 보고는 문득 깨달음을 얻어 이렇게 말했다. "아! 만물이란 원래 이처럼 서로 해를 끼치는 법이구나. 각기 이익을 탐하다가 결국 화를 초래하고 말았도다!" 그러고는 활을 던지고 돌아가려는데, 숲을 관리하던 자가 장주를 도둑으로 착각하고는 장주를 쫓아와 꾸짖으며 질책을 하였다.

莊周遊乎雕陵之樊, 睹一異鵲自南方來者, 翼廣七尺, 目大運寸, 感周之顙而集於栗林. 莊周曰: "此何鳥哉? 翼殷不逝, 目大不覩." 蹇裳躩步, 執彈而留之. 睹一蟬方得美蔭而忘其身. 螳蜋執翳而搏之, 見得而忘其形. 異鵲從而利之, 見利而忘其眞. 莊周怵然曰: "噫! 物固相累, 二類相召也." 捐彈而反走, 虞人逐而誶之.

雕陵之樊(조릉지번): 조릉(雕陵)은 언덕의 이름. 번(樊)은 울타리. 조릉의 언덕에는 밤나무 밭이 있어서 울타리로 막아둔 것이다.

睹(도): 보다

鵲(작): 까치

寸(촌): 치(길이를 재는 단위. 3센티미터 정도)

顙(상): 이마

栗林(율림): 밤나무숲

殷(은) : 크다, 왕성하다

蹇裳躩步(건상곽보) : 바지를 걷어붙이고 살금살금 다가가다

美蔭(미음) : 시원한 나무그늘

螳蜋執翳(당랑집예) : 사마귀가 도끼처럼 생긴 팔을 드는 모습을 표현하는 말

怵然(출연) : 깜짝 놀라는 모습을 표현하는 의태어

召(소) : 초대하다

彈(탄) : 탄알을 쏘는 활의 한 종류

장자가 집에 돌아와서는 사흘 동안 불쾌한 나날을 보냈다. 그의 제자인 인저가 찾아와 장자에게 말했다. "스승님은 요즘 왜 그렇게 심기가 불편하십니까?" 장자가 말했다. "나는 육신을 지키는 일에만 급급하다가 정작 나 스스로를 잊어버리고 말았다. 탁한 물만 바라보다가 맑은 연못을 잃어버리고 만 것이지. 옛날 나의 스승님이 '어떤 지방에 가서는 그 지방의 습속에 따라야 한다'라고 하신 적이 있는데, 이번에 그 말씀을 잊고 조릉의 언덕에서 노닐다가 온 정신이 팔려 나 스스로를 잊어버리고 말았다. 신기한 까치가 날아와 내 이마에 부딪히길래, (거기에 홀려서) 조릉의 밤나무숲에 들어가 정신이 팔려서 노닐다가 그만 관리인에게 수모를 당하고 말았지. 그래서 내가 심기가 불편한 것이다."

莊周反入, 三日不庭. 藺且從而問之: "夫子何為頃間甚不庭乎?" 莊周曰: "吾守形而忘身, 觀於濁水而迷於清淵. 且吾聞諸夫子曰: '入其俗, 從其俗.' 今吾遊於雕陵而忘吾身, 異鵲感吾顙, 遊於栗林而忘眞, 栗林虞人以吾為戮, 吾所以不庭也."

不庭(부정) : 불쾌하다

薾且(인저) : 장자의 제자

해설

이 글에 나오는 매미는 시원한 나무그늘에 있으면서 온 정신이 팔려서 옆의 사마귀가 자신을 잡아먹으려고 기다리는 것도 모른다. 사마귀 역시 매미를 잡아먹으려는 생각에만 정신이 팔려서 옆에서 까치가 자신을 잡아먹으려고 기다리는 것을 모른다. 장자는 이 재미있는 이야기로 인간의 모습을 비판하고 있다. 인간은 돈, 권력, 명예와 같은 것에 정신이 팔려서 그것이 정말로 중요한 것이라고 생각하면서 살아간다. 하지만 그런 것들에 정신이 팔리면 진정으로 중요한 것을 놓칠 수 있다.

9

양자가 송나라에 가서 여관에서 하룻밤을 묵었다. 여관 주인에게는 첩이 둘 있었는데, 한 사람은 미녀였고 한 사람은 추녀였다. 그런데 그 추녀가 귀한 대접을 받고 미녀는 천대받고 있었다. 양자가 이를 이상하게 여겨 여관 주인에게 그 이유를 물었다. 여관 주인은 이렇게 답했다. "저 아름다운 아이는 스스로 아름답다고 여기니 저는 오히려 아름다운 줄 모르겠습니다. 저 못생긴 아이는 스스로 못생겼다고 여기니 오히려 저는 그 아이가 못생긴 줄 모르겠습니다." 양자가 말했다. "제자들아, 잘 기억해 두어라. 행실이 선량하더라도 이를 스스로 자랑하지 않는다면, 어디에서든 사랑받지 않겠느냐?"

陽子之宋, 宿於逆旅. 逆旅有妾二人, 其一人美, 其一人惡, 惡者貴而美者賤. 陽子問其故, 逆旅小子對曰: "其美者自美, 吾不知其美也. 其惡者自惡, 吾不知其惡也." 陽子曰: "弟子記之! 行賢而去自賢之行, 安往而不愛哉?"

陽子(양자) : 사람 이름. 성은 양(陽), 이름은 주(朱)

記(기) : 기억하다

제14편

전자방 田子方

1

전자방이 위나라의 문후를 모시고 앉아서 함께 이야기를 나눌 적에 자주 계공을 칭찬하였다. 문후가 전자방에게 말했다. "계공이라는 분이 그대의 스승인가?"

전자방이 말했다. "아닙니다. 저와 같은 고향 사람입니다. 도에 관해서 자주 이야기를 하는데, 하는 이야기가 전부 합당하여 제가 칭찬한 것입니다."

문후가 말했다. "그렇다면 그대는 스승이 따로 없는가?"

전자방이 말했다. "있습니다."

문후가 말했다. "그대의 스승은 누구인가?"

전자방이 말했다. "동곽순자입니다."

문후가 말했다. "그렇다면 왜 그대의 스승은 한 번도 칭찬하지 않았는가?"

전자방이 말했다. "그분은 사람됨이 참되고 소박하며 인간의 모습을 하고 있지만 마치 하늘처럼 텅 비어 있으며 사물을 따르지만 참된 본성을 지키고 있으며 맑은 마음을 지녔으면서도 모든 사물을 포용합니다.

남이 무도한 짓을 하더라도 자신의 행동을 바르게 하여 남을 깨우쳐 사악한 마음을 없앱니다. 제가 어찌 감히 그분을 칭찬할 수 있겠습니까?"

田子方侍坐於魏文侯, 數稱谿工. 文侯曰: "谿工, 子之師邪?"
子方曰: "非也. 無擇之里人也, 稱道數當, 故無擇稱之." 文侯
曰: "然則子無師邪?" 子方曰: "有." 曰: "子之師誰邪?" 子方曰:
"東郭順子." 文侯曰: "然則夫子何故未嘗稱之?" 子方曰: "其
爲人也眞, 人貌而天虛, 緣而葆眞, 淸而容物. 物無道, 正容以
悟之, 使人之意也消. 無擇何足以稱之!"

田子方(전자방) : 위나라 임금 문후의 스승. 성은 전(田), 이름은 무택(無擇), 자방(子
    方)은 자(字)이다.
魏文侯(위문후) : 위나라 임금 문후
谿工(계공) : 사람 이름. 위나라의 현자로 알려져 있다.
東郭順子(동곽순자) : 전자방의 스승. 이름은 순자(順子)인데 동쪽 성곽에 살았
    으므로 동곽순자라 불렀다.
葆眞(보진) : 참된 본성을 지키다

전자방이 나간 뒤 문후는 하루 종일 멍하니 아무 말도 하지 않다가 앞에 있던 신하를 물러서 이렇게 말했다. "덕을 온전히 갖춘 군자란 참으로 깊고 넓구나! 나는 원래 성인의 지혜와 인의의 행실이 가장 훌륭하다고 생각했으나, 전자방의 스승에 관한 이야기를 듣고 나서는 너무도 놀라 내 몸이 말을 듣지 않고 입은 재갈을 물린 듯 아무 말이 나오지 않

는구나. 내가 지금까지 배워온 것도 단지 흙으로 만든 인형처럼 부질없는 것이었을 뿐이구나. 이 위나라는 참으로 나에게 짐이 될 뿐이로다!"

子方出, 文侯儻然終日不言, 召前立臣, 而語之曰: "遠矣全德之君子! 始吾以聖知之言, 仁義之行為至矣, 吾聞子方之師, 吾形解而不欲動, 口鉗而不欲言. 吾所學者直土梗耳, 夫魏眞為我累耳!"

儻然(당연) : 멍한 모습을 표현하는 의태어

口鉗(구겸) : 입을 다물다

土梗(토경) : 흙으로 만든 인형

해설

도를 깨달은 이상적인 인간의 경지에 관해 말하고 있다. 지극히 높은 경지는 말로는 표현할 수 없다는 것을 강조한다.

2

온백설자가 제나라로 가다가 노나라에 잠시 머물렀는데, 노나라 사람 가운데 그를 만나려고 청한 사람이 있었다. 온백설자는 그에게 이렇게 말을 전했다. "만날 수 없습니다. 내가 듣기로 노나라의 군자는 예의범절에는 밝아도 사람의 마음을 파악하는 것은 서툴다 들었습니다. 만나고 싶지 않습니다."

제나라로 간 온백설자는 돌아오는 길에 다시 노나라에 와서 잠시 머물게 되었다. 예전에 그를 만나고자 했던 자가 이번에도 역시 그를 만나고자 요청했다.

"예전에도 나를 만나자고 하더니 이번에도 나를 만나려고 하는구나. 그렇다면 아마도 나를 깨우쳐 줄 무언가가 있을지도 모르겠구나." 온백설자는 이렇게 말하고 그를 만나러 갔다가 돌아와서 크게 탄식을 하였다. 다음 날에 다시 그를 만나러 갔다가 돌아와서는 탄식을 늘어놓았다.

그를 모시는 종이 말했다. "스승님께서는 그 손님을 만날 때마다 매번 돌아와서 탄식을 하십니다. 왜 그러시는 것인지요?"

온백설자가 말했다. "내가 원래 자네에게 알려주기를 '노나라의 군자는 예의범절에는 밝아도 사람의 마음을 파악하는 것은 서툴다'고 했지. 아니나 다를까 어제 만났던 자는 행동 하나하나가 예의범절을 벗어나지 않았고, 그 거동과 용모가 용과 같았다가 호랑이 같기도 하였다. 나에게 충고를 해줄 때는 마치 자식과 같이 간곡했고, 나를 가르쳐줄 때는 마치 어버이와 같이 근엄했다. 그러니 내가 탄식할 수밖에 없지 않은가."

溫伯雪子適齊, 舍於魯. 魯人有請見之者, 溫伯雪子曰: "不可. 吾聞中國之君子, 明乎禮義而陋於知人心, 吾不欲見也." 至於齊, 反舍於魯, 是人也又請見. 溫伯雪子曰: "往也蘄見我, 今也又蘄見我, 是必有以振我也." 出而見客, 入而歎. 明日見客, 又入而歎. 其僕曰: "每見之客也, 必入而歎, 何邪?" 曰: "吾固告子矣: '中國之民, 明乎禮義而陋乎知人心.' 昔之見我者, 進退一成規, 一成矩. 從容一若龍, 一若虎. 其諫我也似子, 其道我也似父. 是以歎也."

溫伯雪子(온백설자) : 초나라의 도인 . 성은 온(溫), 이름은 백(伯), 설자(雪子)는 자(字)이다.

齊(제)·魯(노) : 나라 이름

中國(중국) : 여기에서는 노나라를 말한다.

蘄(기) : 바라다

振(진) : 알려주다

歎(탄) : 탄식하다

從容(종용) : 가만히 머물러 있는 모습

공자가 온백설자를 만나고서는 아무 말도 하지 않았다. 자로가 말했다. "스승님은 예전부터 온백설자를 만나보고 싶어 하셨는데, 정작 만나고 나서 아무 말씀도 하지 않으시는 것은 어째서입니까?"

공자가 말했다. "그런 분은 한 번 보기만 해도 도의 경지에 있는 사람임을 알 수 있다. 내가 더 이상 말로 표현할 필요가 없다."

仲尼見之而不言. 子路曰:"吾子欲見溫伯雪子久矣, 見之而不言, 何邪?"仲尼曰:"若夫人者, 目擊而道存矣, 亦不可以容聲矣."

해설

앞의 이야기와 마찬가지로 진정으로 도를 깨달은 사람의 모습은 말로 설명할 수 없다고 한다.

3

안회가 공자에게 물었다. "스승님께서 걸으면 저도 걷고 스승님께서 빨리 걸으면 저도 빨리 걷고 스승님께서 달리면 저도 달립니다. 그런데 스승님께서 먼지 하나 남기지 않을 정도로 질주하시게 되면 저는 그저 휘둥그레 놀라는 수밖에 없습니다."

공자가 말했다. "안회야, 그게 무슨 말이냐?"

안회가 말했다. "스승님이 걸으면 저도 걷는다는 것은 스승님이 말씀하시는 대로 저도 따라서 말한다는 뜻입니다. 스승님이 빨리 걸으면 저도 빨리 걷는다는 것은 스승님이 변론을 하시면 저도 따라서 변론을 한다는 뜻입니다. 스승님께서 달리면 저도 달린다는 것은 스승님께서 도에 대해 말씀하시면 저도 따라서 도에 대해 말한다는 뜻입니다. 그런데 스승님이 질주하실 때 제가 뒤에서 눈만 휘둥그레 뜨고 놀란다는 것은 스승님께서는 아무 말씀을 하지 않으시는데도 사람들에게 신뢰감을 주고 남과 친하게 지내지 않아도 두루 사랑을 받고 지위나 명예가 없어도 백성들이 스승님께 모여드는데 저로서는 도무지 까닭을 알 수 없다는 뜻입니다."

顔淵問於仲尼曰:"夫子步亦步, 夫子趨亦趨, 夫子馳亦馳, 夫子奔逸絕塵, 而回瞠若乎後矣." 夫子曰:"回, 何謂邪?" 曰:"夫子步亦步也, 夫子言亦言也, 夫子趨亦趨也, 夫子辯亦辯也, 夫子馳亦馳也, 夫子言道, 回亦言道也. 及奔逸絕塵, 而回瞠若乎後者, 夫子不言而信, 不比而周, 無器而民滔乎前, 而不知所以然而已矣."

趨(추) : 빠른 걸음으로 걷다

馳(치) : 달리다

奔逸絕塵(분일절진) : 먼지조차 날리지 않을 정도로 아주 빨리 달리다

瞠若(당약) : 눈을 크게 뜨고 놀라는 모습을 표현하는 의태어

공자가 말했다. "아! 제대로 살피지 못한 게로구나! 사람의 슬픔 중에서 가장 슬픈 일은 마음이 죽는 것이다. 육체가 죽는 것은 그다음의 일이지. 해는 동쪽에서 떠서 서쪽으로 진다. 모든 만물이 여기에 따르지 않는 법이 없다. 눈이 달려 있고, 발이 달려 있는 것들은 해가 뜬 뒤라야 행동할 수 있기에 해가 뜨면 모든 세상이 일을 하고 해가 지면 모든 세상이 일을 쉬게 되지. 모든 만물이 이러해서 죽고 사는 일도 다 이런 변화에 따르는 것이지. 우리가 지금 이 몸을 타고 태어난 이상, 이를 억지로 변화시킬 수는 없는 법이다. 그저 천수가 다하기를 기다릴 뿐이지. 사물에 따라 움직이면서 밤낮없이 변화하지만, 언제 어디서 끝이 나는지는 결코 알 수 없다. 기가 모여 스르르 이루어진 것이니, 앞으로 어떻게 될지는 알 수 없는 법이지. 나는 이렇게 나날이 변화하며 나아갈 뿐이야. 내가 항상 자네와 가까이서 함께하는데, 자네가 아직도 이러한 도리를 알아채지 못했으니, 이 어찌 슬프지 않겠는가? 자네는 나의 외면만을 보는 것 같네. 하지만 겉모습이란 이미 지나간 일에 불과한데 그것을 찾고 있으니 이는 마치 말이 잠시 쉬다 이미 지나갔는데 뒤늦게 와서 말을 찾으려고 하는 것과 같다. 내 마음속에서 생각하는 자네의 모습은 금방 잊혀 사라지고, 자네의 마음속에서 생각하는 나의 모습 또한 금방 잊혀 사라진다. 그런데 자네는 무엇을 걱정하는가? 나의 옛날 모습을 잊

어버렸다 한들 잊히지 않는 참된 모습은 여전히 남아 있지 않은가."

仲尼曰:"惡! 可不察與! 夫哀莫大於心死, 而人死亦次之. 日
出東方而入於西極, 萬物莫不比方. 有目有趾者, 待是而後成
功, 待晝而作. 是出則存, 是入則亡. 萬物亦然, 有待也而死,
有待也而生. 吾一受其成形, 而不化以待盡, 效物而動, 日夜
無隙, 而不知其所終, 薰然其成形, 知命不能規乎其前, 丘以
是日徂. 吾終身與汝交一臂而失之, 可不哀與! 女殆著乎吾
所以著也. 彼已盡矣, 而女求之以為有, 是求馬於唐肆也. 吾
服女也甚忘, 女服吾也亦甚忘. 雖然, 女奚患焉! 雖忘乎故吾,
吾有不忘者存."

察(찰) : 살피다
薰然(훈연) : 연기가 올라가는 듯 자연스러운 모습을 표현하는 의태어
唐肆(당사) : 빈 마구간

해설

자연은 항상 변화하면서 흘러간다. 사람의 모습이 항상 변하는 것도 같은
이치다. 그렇기 때문에 겉으로 드러난 모습에 집착하는 것은 단지 껍데기
만을 바라보는 것일 뿐이다. 변하지 않는 원리를 깨달아야 할 것이다.

4

공자가 노담을 만났는데 노담은 막 머리를 감고 난 뒤에 풀어헤쳐서

햇볕에 말리고 있었다. 그런데 꼼짝하지 않고 머리를 말리는 모습이 마치 살아 있는 사람 같지 않았다. 공자가 자리를 피해 그를 기다리다가 잠시 후에 다시 만나서 말했다. "제 눈이 이상한 것일까요, 아니면 정말로 그랬던 것일까요? 조금 전 몸을 곧게 세우고서 움직이지 않던 모습은 마치 마른 나무와 같았습니다. 흡사 세상을 초월하여 홀로 존재하는 듯하였습니다."

노담이 말했다. "나는 마음을 만물의 근원에서 노닐게 했소."

孔子見老聃, 老聃新沐, 方將被髮而乾, 慹然似非人. 孔子便而待之, 少焉見曰:"丘也眩與? 其信然與? 向者先生形體掘若槁木, 似遺物離人而立於獨也." 老聃曰:"吾遊心於物之初."

新沐(신수) : 막 머리를 감다

被髮(피발) : 머리를 풀어헤치다

乾(건) : 말리다

慹然(집연) : 마치 말라버린 나무와 같이 고요한 모습을 표현하는 의태어

眩(현) : 눈이 침침하다

掘(굴) : 우뚝 솟다

공자가 말했다. "무슨 말씀입니까?"

노담이 말했다. "참된 도는 마음을 아무리 괴롭혀도 알 수 없으며 입을 아무리 크게 열어 말을 해보려 해도 말할 수 없소. 하지만 그대를 위해서 도에 대해서 간단히 이야기를 해보겠소. 순수한 음기는 고요하고

차며 순수한 양기는 빛나고 뜨겁소. 고요하고 찬 음기는 하늘에서 나와 땅으로 흘러가고 빛나고 뜨거운 양기는 땅에서 나와 하늘로 올라간다오. 이 순수한 음양의 기운이 서로 통하고 조화를 이루어 만물이 생겨나는데 무엇인가 이루어지는 것이 있는 것 같으면서도 그 형체를 볼 수는 없소. 만물이 생겨나고 사라지고 흥하고 망하고, 날이 밝았다가 어두워지고, 해가 지고 달이 뜨는 등 날마다 작용이 일어나지만, 어떤 노력을 기울여서 이렇게 된 것인지는 확인할 수 없소. 생겨나는 것은 새롭게 싹트는 곳이 있으며 사라져 없어지는 것이 죽어 돌아가는 곳이 있소. 이처럼 시작과 끝이 계속 맞물리며 순환하니 그 끝을 알 수가 없다오. 이 모든 사물의 변화를 있게 하는 것이 바로 도인데, 이 도를 제외하고 대체 무엇이 근원일 수 있단 말이오!"

孔子曰:"何謂邪?"曰:"心困焉而不能知, 口辟焉而不能言, 嘗爲汝議乎其將. 至陰肅肅, 至陽赫赫. 肅肅出乎天, 赫赫發乎地. 兩者交通成和而物生焉, 或爲之紀而莫見其形. 消息滿虛, 一晦一明, 日改月化, 日有所爲, 而莫見其功. 生有所乎萌, 死有所乎歸, 始終相反乎無端, 而莫知其所窮. 非是也, 且孰爲之宗!"

辟焉(벽언) : 입이 다물어지지 않는 모습

議(의) : 의논하다, 이야기하다

肅肅(숙숙) : 춥다

赫赫(혁혁) : 뜨겁다

消息(소식) : 사라지고 생겨남. 만물의 변화를 비유적으로 표현하는 말

萌(맹) : 싹

공자가 말했다. "그렇다면 그러한 경지에서 마음을 노닐게 한다는 말은 무엇입니까?"

노담이 말했다. "도의 근원에 들어가게 되면 지극한 아름다움과 지극한 즐거움을 느끼게 된다오. 이러한 경지를 얻은 사람을 지인이라고 하오."

공자가 말했다. "지인이 되는 방법을 듣고 싶습니다."

노담이 말했다. "풀을 뜯어 먹는 짐승은 수풀이 바뀌는 것을 꺼리지 않고 물에 사는 동물은 물이 바뀌는 것을 꺼리지 않소. 행동이 다소 변하긴 해도 삶의 방식 자체가 크게 바뀌지는 않기 때문에 희로애락의 감정이 굳이 생길 이유가 없소. 천하라는 것은 만물 모두가 살아가는 곳이오. 그러니 만물이 살아가는 그 공통의 방식을 체득하여 그에 따라서 살아간다면 나 스스로를 마치 티끌이나 먼지와 같은 존재로 여길 수 있고, 삶과 죽음을 그저 낮과 밤의 변화처럼 느낄 수 있으니 아무것도 나의 마음을 어지럽힐 수 없을 것이오. 하물며 이득과 손해, 화복 같은 것이 내 마음속에 개입할 수가 있겠소? 따라서 이런 부차적으로 딸려오는 것들을 마치 진흙을 내다 버리듯 하는 것은 진정으로 중요한 것을 알기 때문이오. 내 마음속으로 귀중한 것을 지키고 있으니 어떠한 변화에도 이를 잃어버리지 않는다오. 만물의 변화란 시종일관 끝없이 진행되는 것인데, 어찌하여 그것이 마음을 괴롭힐 수 있겠소? 도를 얻은 자만이 이러한 이치를 이해할 수 있을 것이오."

孔子曰: "請問遊是." 老聃曰: "夫得是, 至美至樂也. 得至美而遊乎至樂, 謂之至人." 孔子曰: "願聞其方." 曰: "草食之獸不疾易藪, 水生之蟲不疾易水, 行小變而不失其大常也, 喜怒哀樂不入於胸次. 夫天下也者, 萬物之所一也. 得其所一而同焉, 則四支百體將為塵垢, 而死生終始將為晝夜而莫之能滑, 而況得喪禍福之所介乎! 棄隸者若棄泥塗, 知身貴於隸也, 貴在於我而不失於變. 且萬化而未始有極也, 夫孰足以患心! 已為道者解乎此."

藪(수) : 늪, 수풀

隸(예) : 종, 노비, 속하다

泥塗(니도) : 진흙

공자가 말했다. "선생의 덕이 천지에 들어맞고, 또 이렇게 지극한 말씀으로 마음을 수양하시니, 옛날의 그 어떤 군자가 이를 넘어설 수 있겠습니까?"

노담이 말했다. "아니요, 그렇지 않소. 물이 솟아 나오는 것은 억지로 그렇게 만들어서가 아니라 원래 물의 성질이 그러해서요. 지인이 덕을 기르는 것도 마찬가지라서 억지로 수양하지 않아도 만물이 다가와 영향을 받는다오. 마치 하늘이 저절로 높고 땅이 저절로 두꺼우며 해와 달이 저절로 밝은 것과 같으니, 무엇을 더 수양할 필요가 있겠소?"

孔子曰: "夫子德配天地, 而猶假至言以修心, 古之君子, 孰能

脫焉?"老聃曰:"不然. 夫水之於汋也, 無為而才自然矣. 至人
之於德也, 不修而物不能離焉, 若天之自高, 地之自厚, 日月
之自明, 夫何修焉!"

配天(배천) : 하늘 또는 자연과 짝하다. 자연의 이치에 버금갈 정도로 높은 경지
라는 의미

공자가 나와서 안회에게 이렇게 말했다. "내가 도에 대해서 아는 바
라고는 실로 독 안의 초파리만큼밖에 되지 않는구나. 선생이 나의 어리
석음을 일깨워주지 않았다면 나는 천지자연의 온전한 면모를 결코 알
지 못했을 것이다."

孔子出, 以告顏回曰:"丘之於道也, 其猶醯雞與! 微夫子之發
吾覆也, 吾不知天地之大全也."

醯雞(혜계) : '독 안의 초파리'라는 뜻의 옹리혜계(甕裏醯雞)를 줄인 말

해설

도는 모든 사물이 살아가는 공통의 방식이자 원리다. 이 공통의 원리를 깨
닫는다면 모든 사물의 변화에 대응할 수 있게 된다.

5

장자가 노나라 애공을 만났다. 애공이 장자에게 말했다. "우리 노나라에는 공자의 말을 따르는 유자들은 많은 것 같지만 선생의 말을 따르는 선비들은 적은 것 같소."

장자가 말했다. "노나라에는 공자의 말을 따르는 유자 역시 적습니다."

애공이 물었다. "노나라 전체에 유자들의 옷을 입은 사람들이 가득한데 어찌 적다고 말하시오?"

장자가 말했다. "제가 듣기로는 유자들이 둥근 갓을 쓰고 있는 것은 천문에 관한 지식을 상징한다고 하고 네모난 신발을 신고 있는 것은 지리에 관한 지식을 상징한다고 하며 옥으로 만든 장식을 허리에 차고 있는 것은 모든 일에서 올바른 판단을 내릴 수 있음을 상징한다고 합니다. 그런데 진정으로 도를 아는 군자라면 굳이 그런 복장을 하지는 않을 것입니다. 그리고 그런 복장을 하고 있다고 해서 반드시 모든 지식을 깨우친 것도 아니지요. 공께서 정말로 제 말을 못 믿으시겠다면 한번 나라에 명을 내려 '도를 알지 못하면서 유자의 복장을 하는 자는 사형에 처하겠노라'고 해보십시오."

이 말을 듣고 애공이 나라에 명을 내렸는데 5일 만에 노나라 전체에 유자의 복장을 하고 다니는 자가 아무도 없게 되었다. 그런데 단 한 사람만이 유자의 복장을 하고 애공의 궁궐문 앞에 서 있었다. 애공이 그를 불러 나랏일에 관해 물었는데 어떠한 물음에도 막힘이 없었다.

장자가 말했다. "노나라에는 유자가 단 한 명뿐이군요. 어찌 많다고 할 수 있겠습니까?"

莊子見魯哀公. 哀公曰: "魯多儒士, 少為先生方者." 莊子曰:

"魯少儒." 哀公曰: "舉魯國而儒服, 何謂少乎?" 莊子曰: "周聞
之: 儒者冠圜冠者, 知天時. 履句屨者, 知地形. 緩佩玦者, 事
至而斷. 君子有其道者, 未必爲其服也. 爲其服者, 未必知其
道也. 公固以爲不然, 何不號於國中曰: '無此道而爲此服者,
其罪死?'" 於是哀公號之五日, 而魯國無敢儒服者. 獨有一丈
夫儒服而立乎公門, 公即召而問以國事, 千轉萬變而不窮. 莊
子曰: "以魯國而儒者一人耳, 可謂多乎?"

魯哀公(노애공) : 노나라 임금 애공

儒士(유사) : 유학을 공부하는 선비

先生方者(선생방자) : 여기에서 선생(先生)은 장자, 방(方)은 기술[術]. 즉 장자의
            사상을 따르는 사람들을 말함

圜冠(환관) : 둥근 갓. 둥근 모양은 하늘을 본뜬 것이다.

句屨(구구) : 네모난 신. 네모난 모양은 땅을 본뜬 것이다.

緩(완) : 끈으로 묶다

佩玦(패결) : 옥으로 만든 장식

해설

진정으로 안다는 것은 겉으로 드러나는 형식을 의미하지 않는다. 장자는
유가가 갖가지 예절과 법도로 형식을 꾸며대는 모습을 비판하였다.

6

백리해는 관직과 녹봉 따위를 마음에 담아두지 않았으니, 오직 소를

먹이는 데만 전념하여 소를 잘 기를 수 있었다. 진나라 목공이 그것을 알고는 그의 신분을 잊고 정치를 맡겼다. 또 유우씨는 삶과 죽음에 대한 관념을 마음에 담아두지 않았으므로 사람들을 감동시킬 수 있었다.

百里奚爵祿不入於心, 故飯牛而牛肥, 使秦穆公忘其賤, 與之政也. 有虞氏死生不入於心, 故足以動人.

百里奚(백리해) : 진나라의 현자. 백리해는 자(字)이다.
秦穆(목공) : 진나라 임금 목공

해설
어떤 의도도 지니지 않고 사람을 대하거나 일을 처리해야 좋은 결과를 얻을 수 있다.

7

송나라 임금이 그림을 그리려고 화가들을 불러 모으자 많은 화가가 모였다. 임금이 명령을 내리자 화가들은 예절에 맞추어 절을 올린 뒤 각자 자리로 돌아가 먹을 갈고 붓을 적시기 시작했는데, 어찌나 많은 화가가 몰렸는지 채 들어오지 못한 화가들이 절반이 넘었다. 뒤늦게 화가 한 명이 도착했는데 그는 서두르지 않고 느긋하게 임금과 예를 주고받은 뒤에도 그림을 그리러 가지 않고 그대로 숙소로 돌아가 버렸다. 임금이 사람을 시켜 그를 엿보게 했는데 그는 옷을 벗어 던진 채 다리를 쭉 뻗고 편히 앉아 있었다. 임금이 그 말을 듣고는 "그래, 이 사람이 진정한 화가다"라고 하였다.

> 宋元君將畫圖. 衆史皆至, 受揖而立. 舐筆和墨, 在外者半. 有
> 一史後至者, 僶僶然不趨, 受揖不立, 因之舍. 公使人視之, 則
> 解衣般礴, 臝. 君曰: "可矣, 是眞畫者也."

宋元君(송원군) : 송나라 임금 원공

衆史(중사) : 많은 화가

受揖而立(수읍이립) : 임금과 신하 사이의 예절로 신하가 먼저 절을 올리면 임금
    이 손을 모아 읍(揖)이라는 답례를 한다. 즉 임금의 답례를 받고 각자의
    자리로 돌아갔다는 뜻이다.

舐筆和墨(지필화묵) : 먹을 갈고 붓을 적시다

僶僶然(천천연) : 느긋한 모습을 표현하는 의태어

般礴(반박) : 다리를 뻗고 앉다

臝(라) : 벌거벗다

해설

겉치레만 화려한 사람은 내면이 부실한 사람이다. 겉보다는 내면을 중시
해야 한다.

8

문왕이 장이라는 고을을 유람하다가 한 노인이 낚시를 하고 있는 것
을 보았다. 그런데 그는 낚시를 하면서도 물고기를 낚으려 하지 않았

다. 낚시에 뜻을 두지는 않은 채 그저 유유자적하게 낚싯대만 드리우고 있었다.

文王觀於臧, 見一丈夫釣, 而其釣莫釣, 非持其釣, 有釣者也, 常釣也.

文王(문왕) : 주나라 임금

臧(장) : 땅 이름

釣(조) : 낚시, 낚시하다

문왕이 그의 비범함을 알아보고 그를 등용하여 정치를 맡기려고 하였는데, 한편으로는 대신들과 왕족들이 불안해할 일이 걱정되었다. 그렇다고 그를 포기하자니, 백성들이 훌륭한 인물의 비호를 받지 못하는 것이 안타까워 참을 수가 없었다. 그래서 다음 날 아침에 신하들을 불러 모아서 이렇게 말했다. "내가 어제 꿈을 꾸었는데 얼굴이 검고 구레나룻을 길게 늘어뜨린 현인이 한쪽 발굽만이 붉은 기이한 말을 타고 와서는 이렇게 말을 하는 거요. '정사를 장 고을에 있는 노인에게 맡기거라. 그러면 백성들의 고통도 다 구제될 것이다.'"

모든 신하가 놀라 말했다. "그분은 돌아가신 선대 임금님이 아닐까요."

문왕이 말했다. "그렇다면 점을 쳐서 어떻게 할지 결정해 보시오."

신하들이 말했다. "선대 임금님의 명령인데 무엇을 따지겠습니까. 굳이 점을 칠 필요가 있겠습니까!"

文王欲擧而授之政, 而恐大臣父兄之弗安也. 欲終而釋之, 而
不忍百姓之無天也. 於是旦而屬之夫夫曰: "昔者寡人夢, 見
良人黑色而髥, 乘駁馬而偏朱蹄, 號曰: '寓而政於臧丈人,庶
幾乎民有瘳乎!'" 諸大夫蹴然曰: "先君王也." 文王曰: "然則卜
之." 諸大夫曰: "先君之命王, 其無它, 又何卜焉!"

髥(염) : 구레나룻

駁馬(박마) : 얼룩말

偏朱蹄(편주제) : 한쪽만 붉은 발굽

寓(우) : 맡기다

瘳(추) : 병이 낫다

蹴然(축연) : 공경하는 모습을 나타내는 의태어

　　그리하여 계획했던 대로 문왕은 장 고을의 노인을 맞이하여 정치를
맡겼다. 그는 법과 제도를 함부로 고치는 일도 없었고, 편파적인 명령을
내는 법도 없었다. 이렇게 3년이 지나고 문왕이 나라의 정세를 살펴보
니 관리들은 모두 파벌을 해산하고 다투지 않게 되었으며, 높은 관직에
있는 책임자들은 공덕을 내세우지 않았으며, 나라의 규격에 맞지 않는
사사로운 도량형이 나라 안에 들어오지 않게 되었다. 파벌을 세우지 않
았다는 것은 모두 한마음으로 군주를 따랐다는 뜻이며, 공덕을 내세우
지 않았다는 것은 서로 하나로 힘을 합쳐 노력했다는 뜻이며, 사사로운
도량형이 나라 안에 들어오지 않았다는 것은 제후들이 다른 마음을 품
지 않았다는 뜻이다. 문왕은 이를 보고 노인을 더욱 훌륭하게 여겨 스승

으로 모시게 되었다. 문왕이 겸손한 자세로 노인에게 물었다. "이러한 정치를 온 천하에 펼칠 수 있을까요?"

장 고을의 노인은 아무것도 모른다는 듯 요청에 화답하지 않은 채 무심한 태도로 물러나기를 청했다. 낮에는 평소와 다름없이 정사를 펼치는가 싶더니 밤이 되자 자취를 감추고 달아나 버렸는데, 평생 그의 행방을 찾을 수 없었다.

遂迎臧丈人而授之政. 典法無更, 偏令無出. 三年, 文王觀於國, 則列士壞植散群, 長官者不成德, 鉚斛不敢入於四竟. 列士壞植散群, 則尙同也. 長官者不成德, 則同務也. 鉚斛不敢入於四竟, 則諸侯無二心也. 文王於是焉以爲大師, 北面而問曰: "政可以及天下乎?" 臧丈人昧然而不應, 泛然而辭, 朝令而夜遁, 終身無聞.

迎(영) : 맞이하다

偏令(편령) : 치우친 명령

列士(열사) : 벼슬하는 관리

壞植散群(괴식산군) : 빗장을 부수고 무리를 해산하다. 파벌이나 당파를 없앴다는 의미

鉚(유)·斛(곡) : 모두 곡식을 세는 단위

안연이 공자에게 물었다. "문왕은 사람들의 신임을 얻지 못했던 것입니까? 어찌해서 꿈을 빌려서 말을 한 것일까요?"

공자가 말했다. "쉿, 함부로 입을 놀리지 말거라! 문왕은 할 수 있는 최선을 다했다. 어떻게 그를 비난할 수 있겠느냐? 그저 사람들이 인정할 수 있도록 임시방편의 선택을 했을 뿐이다."

顏淵問於仲尼曰: "文王其猶未邪? 又何以夢為乎?" 仲尼曰: "默! 汝無言! 夫文王盡之也, 而又何論刺焉! 彼直以循斯須也."

해설

계속해서 겉보기에 마음을 빼앗기는 사람들을 비판한다. 사람의 능력보다는 신분이나 출신이 중요하게 여겨지는 상황은 요즘의 모습과도 일치한다.

9

열자가 백혼무인에게 활쏘기를 선보였는데, 그가 활시위를 당겼더니 자세가 얼마나 반듯한지 물이 가득 담긴 잔을 왼쪽 팔꿈치 위에 올려놓아도 흔들림 없이 활을 쏠 정도였다. 화살을 하나 쏘고 다음 화살을 쏘려고 시위를 당기는 동작이 빈틈없이 정교하여 마치 나무 인형처럼 흔들림이 없었다.

하지만 이를 보고 있던 백혼무인이 말했다. "자네는 활을 잘 쏘려는 마음을 가득 담은 채 활을 쏘고 있구나. 아직 마음을 다 비우지 못한 듯하네. 만약 자네와 함께 높은 산에 올라가서 위험하게 흔들리는 바위 위에서 백 길이나 되는 절벽의 냇가를 향해 활을 쏘아본다고 해도 이처럼 잘 쏠 수 있겠는가?"

이렇게 말하고 백혼무인은 열자를 데리고 높은 산으로 올라갔다. 자신이 먼저 흔들리는 바위 위에 올라서서 절벽의 연못을 등지고 뒷걸음질 쳐서 발의 3분의 2쯤을 절벽에 내놓고 열자를 불렀다. 하지만 열자는 땅바닥에 바짝 엎드린 채 발꿈치까지 식은땀을 흘렸다.

백혼무인이 말했다. "지인(至人)은 위로는 푸른 하늘을 살피고 아래로는 황천의 밑바닥까지 들여다보면서 세상 끝까지 비상하는데 그 정신과 기운이 조금도 변하지 않는다. 그런데 너는 고작 이 정도에 벌벌 떨면서 두려워하는 수준에 머물러 있구나. 그래서는 화살을 맞힐 수 없을 것이야!"

列御寇為伯昏無人射, 引之盈貫, 措杯水其肘上, 發之, 適矢復沓, 方矢復寓. 當是時, 猶象人也. 伯昏無人曰: "是射之射, 非不射之射也. 嘗與汝登高山, 履危石, 臨百仞之淵, 若能射乎?" 於是無人遂登高山, 履危石, 臨百仞之淵, 背逡巡, 足二分垂在外, 揖御寇而進之. 御寇伏地, 汗流至踵. 伯昏無人曰: "夫至人者, 上闚青天, 下潛黃泉, 揮斥八極, 神氣不變. 今汝怵然有恂目之志, 爾於中也殆矣夫!"

列御寇(열어구) : 사람 이름. 열자(列子)라고도 불린다.

伯昏無人(백혼무인) : 사람 이름. 열자의 스승

引之盈貫(인지영관) : 활시위를 끝까지 잡아당기다

肘(주) : 팔꿈치

復沓(복답) : 겹쳐지다

背逡巡(배준순) : 뒷걸음질로 물러나다

足二分垂在外(족이분수재외) : 발의 3분의 2를 바깥에 걸치다

闚(규) : 바라보다

潛(잠) : 잠기다

해설

어떤 상황에도 흔들리지 않는 마음을 가지는 것이 중요하다. 똑같은 일을 하더라도 마음이 흔들리면 제 능력을 발휘하지 못하게 된다.

10

견오가 손숙오에게 물었다. "선생께서는 세 번이나 초나라의 영윤 자리에 올랐으면서도 그것을 부귀영화라고 생각하지 않으셨습니다. 세 번 모두 높은 관직을 버리고 떠나셨는데도 우울한 기색이 전혀 없으셨습니다. 저는 처음에 그 이야기를 듣고 귀를 의심했으나 지금 스승님은 아주 편안한 모습을 하고 계시는 듯 보입니다. 스승님은 어떤 마음가짐을 가지고 계시는지요?"

손숙오가 말했다. "내가 남보다 뛰어난 점이 어디 있겠습니까? 나는 그저 찾아오는 것을 거절하지 않고 떠나가는 것을 붙잡지 않는다는 마음이었을 뿐입니다. 관직을 얻고 잃는 것은 나에게 달려 있는 것이 아니라고 생각했기 때문에 우울할 필요가 없었던 것이지요. 내가 남보다 뛰어난 것이 아닙니다. 나는 존귀하다고 하는 것이 높은 관직에 달려 있는지, 아니면 나 자신에게 달려 있는지 모르겠습니다. 만약 관직에 있다면 나와는 상관이 없을 테고, 나에게 있다면 역시 굳이 관직이 아니라도 상관없겠지요. 그러니 스스로 만족하면서 유유자적하며 살 뿐이지 사람

들이 귀하다 천하다 따지는 것에 신경 쓸 겨를이 없습니다."

肩吾問於孫叔敖曰: "子三為令尹而不榮華, 三去之而無憂
色. 吾始也疑子, 今視子之鼻間栩栩然, 子之用心獨奈何?"孫
叔敖曰:"吾何以過人哉! 吾以其來不可卻也, 其去不可止也,
吾以為得失之非我也, 而無憂色而已矣. 我何以過人哉! 且
不知其在彼乎, 其在我乎? 其在彼邪, 亡乎我. 在我邪, 亡乎
彼. 方將躊躇, 方將四顧, 何暇至乎人貴人賤哉!"

肩吾(견오) : 가상의 인물

孫叔敖(손숙오) : 사람 이름. 초나라 출신으로 알려져 있다.

令尹(영윤) : 벼슬의 이름. 지방의 장관에 해당함

栩栩然(허허연) : 마음이 여유롭고 즐거운 모습을 표현하는 말

躊躇(주저) : 편안히 유유자적하는 모습을 표현하는 말

공자가 이 말을 듣고 말했다. "옛날의 진인은 어떤 지식인도 그를 설
득하지 못했으며 어떤 미인도 그를 유혹하지 못했으며 어떤 도적도 그
를 위협하지 못했으며 복희씨나 황제와 같은 훌륭한 임금도 그를 친구
로 삼지 못했다. 죽고 사는 문제와 같은 커다란 문제도 진인의 마음에
영향을 줄 수 없는데, 그처럼 작은 문제들이 영향을 줄 수 있었겠는가!
그러한 자들은 태산 옆을 지나가더라도 아무런 정신적인 방해를 받지
않고, 깊은 물속에서도 젖지 않으며, 낮은 지위에 있으면서도 고달프다
고 여기지 않는다. 그의 정신은 온 천지를 가득 메우고 있는데, 남에게

베풀어 주면서도 오히려 자신은 더욱 충만해진다."

仲尼聞之曰: "古之眞人, 知者不得說, 美人不得濫, 盜人不得
劫, 伏戲, 黃帝不得友. 死生亦大矣, 而無變乎己, 況爵祿乎!
若然者, 其神經乎大山而無介, 入乎淵泉而不濡, 處卑細而不
憊, 充滿天地, 旣以與人, 己愈有."

濫(람) : 탐하다, 훔치다

劫(겁) : 위협하다

伏戲(복희)·黃帝(황제) : 전설로 전해지는 위대한 제왕

卑細(비세) : 낮은 지위

해설

마음이 흔들리지 않는 방법을 설명한다. 스스로 생각하고 판단하지 않고
그저 상황이 흘러가는 대로 따르는 것이 중요하다.

11

초나라 왕이 범나라 왕과 좌담을 하고 있었는데, 잠시 후에 초나라
신하들이 건너와 범나라가 곧 패망할 것이라고 왕에게 수차례나 아뢰
었다.

범나라 왕은 이렇게 말했다. "범나라가 망한다 해도 나의 존재를 없
어지게 할 수는 없소. 범나라가 망한 것이 나의 존재를 없어지게 할 수
없다면 반대로 생각해서 초나라가 아직 유지되고 있다고 해서 그것이

초나라가 망하지 않으리라는 보장을 해주지는 못할 것이오. 이렇게 본
다면, 범나라가 망했다고 볼 수 없으며, 초나라가 살아남았다고도 볼 수
없을 것이오."

楚王與凡君坐, 少焉, 楚王左右曰 凡亡者三. 凡君曰:"凡之亡
也, 不足以喪吾存. 夫凡之亡也, 不足以喪吾存, 則楚之存不
足以存存. 由是觀之, 則凡未始亡而楚未始存也."

凡(범) : 나라 이름

左右(좌우) : 주변. 여기에서는 신하를 가리킨다.

제15편

지북유 知北遊

1

지(知)가 북쪽의 현수 물가에 놀러가서 은분이라는 언덕에 올랐을 때 우연히 무위위를 만났다. 지가 무위위에게 말했다. "당신에게 묻고 싶은 것이 있습니다. 첫째, 어떻게 생각해야 도를 알 수 있습니까? 둘째, 어떻게 처신하고 행동해야 도에 편안히 머무를 수 있습니까? 셋째, 어떤 가르침을 따라야 도를 얻을 수 있습니까?"

지는 무위위에게 이렇게 세 가지 질문을 던졌으나 무위위는 아무 대답도 하지 않았다. 일부러 대답하지 않은 것이 아니라, 무슨 대답을 해야 할지 몰랐던 것이다. 지는 질문에 대한 답을 듣지 못한 채 남쪽의 백수 물가로 내려와서는 호결이라는 언덕에 올랐다. 그곳에서는 광굴을 만났는데 아까와 같은 질문을 이번에는 광굴에게 던졌다.

광굴은 "아! 내가 알고 있다. 가르쳐주지"라고 말하고는 대답을 하려다가 그만 도중에 할 말을 잊어버리고 말았다. 이번에도 지는 질문에 대한 대답을 얻을 수가 없어서 궁궐로 돌아가 황제(黃帝)를 만나서 물었다. 황제가 대답했다. "아무것도 생각하지 않아야 비로소 도를 알게 되네. 아무런 행동도 아무 처신도 하지 말아야 도에 편안히 머무를 수 있다네. 아무 가르침에도 따르지 않으면 도를 얻을 수 있겠지."

知北遊於玄水之上, 登隱弅之丘, 而適遭無爲謂焉. 知謂無爲謂曰: "予欲有問乎若: 何思何慮則知道? 何處何服則安道? 何從何道則得道?" 三問而無爲謂不答也, 非不答, 不知答也. 知不得問, 反於白水之南, 登狐闋之丘, 而睹狂屈焉. 知以之言也問乎狂屈. 狂屈曰: "唉! 予知之, 將語若." 中欲言而忘其所欲言. 知不得問, 反於帝宮, 見黃帝而問焉. 黃帝曰: "無思無慮始知道, 無處無服始安道, 無從無道始得道."

知(지) : 가상의 사람 이름

玄水(현수) : 가상의 지명. 아래의 백수(白水)와 서로 대비된다.

隱弅(은분) : 가상의 지명

無爲謂(무위위) : 가상의 사람 이름

白水(백수) : 가상의 지명

狐闋(호결) : 가상의 지명

狂屈(광굴) : 가상의 사람 이름

지가 다시 황제에게 물었다. "저와 당신은 도에 대해서 잘 아는데, 저 무위위와 광굴은 도에 대해서 알지 못하는 것 같습니다. 어느 쪽이 옳은 것일까요?"

황제가 말했다. "무위위야말로 진짜로 도를 안다고 할 수 있지. 광굴 역시 비슷하네. 자네와 나는 아직 멀었어. 정말로 안다는 것은 말로 표현될 수 없고, 말로 표현된다는 것은 사실 알지 못한다는 뜻이지. 따라서 성인은 무언의 가르침을 행하는 것일세. 도나 덕은 말로는 다가갈 수 없는 것이거든. 하지만 인이란 것은 억지로 꾸며낼 수 있고, 의는 아무렇게나 내세울 수 있으며, 예절은 거짓으로 행할 수 있어. 따라서 '도를 잃어버린 이후에 덕이 나타나고, 덕을 잃어버린 이후에 인이 나타나고, 인을 잃어버린 이후에 의가 나타나고, 의를 잃어버린 이후에 예가 나타나게 되니, 예란 도를 꾸며낸 것에 불과하며 모든 혼란의 시작이다'라고 말하는 것이지.

또한 '도를 추구하는 자는 날마다 가식을 벗겨내야 한다. 가식을 벗겨내고 또 벗겨내면 무위의 경지에 다가갈 수 있게 된다. 무위의 경지에 다다른 자는 아무것도 하는 것이 없어 보이지만 실제로는 하지 않는 일이 없다'라는 말도 비슷한 말이네. 지금 우리는 이미 만물 가운데 하나로 이루어져 있는 상태인데, 만물의 근원인 도로 돌아가고자 하는 것이 어찌 쉬운 일이겠나? 쉽게 도에 다가갈 수 있는 사람은 정말로 위대한 인물만이 가능할 걸세. 삶이 있으면 반드시 죽음이 그에 뒤따르며 죽음은 다시 삶의 시작이 되지. 이렇게 끊임없이 변화하는데 누가 그 끝을 알 수 있겠나?

인간의 생명이란 기가 모여서 이루어지는 것이네. 기가 모이면 살아 있고 흩어지면 죽는 것이지. 만약 삶과 죽음이 다 같은 무리임을 안다면 세상에 무슨 걱정거리가 있겠나! 이처럼 세상 모든 만물은 다 하나의 종류일세. 그런데 사람들은 흔히 아름답다고 하는 것들을 신비하다고 여기고, 혐오스럽다고 하는 것들을 냄새나고 더럽다고 여기지만, 실은 냄새나고 더러운 것이 변화해서 신비한 것이 되고 다시 신비한 것이 변화해서 냄새나고 더러운 것이 되는 법일세. 이 때문에 '천하는 모두 하

나의 기운으로 통한다'라는 말이 있는 것이네. 성인은 그래서 만물의 근
원이 되는 것을 중시한다네."

知問黃帝曰: "我與若知之, 彼與彼不知也, 其孰是邪?" 黃帝
曰: "彼無爲謂眞是也, 狂屈似之, 我與汝終不近也. 夫知者不
言, 言者不知, 故聖人行不言之敎. 道不可致, 德不可至. 仁可
爲也, 義可虧也, 禮相僞也. 故曰: '失道而後德, 失德而後仁,
失仁而後義, 失義而後禮. 禮者, 道之華而亂之首也.' 故曰:
'爲道者日損, 損之又損之, 以至於無爲, 無爲而無不爲也.' 今
已爲物也, 欲復歸根, 不亦難乎! 其易也, 其唯大人乎! 生也
死之徒, 死也生之始, 孰知其紀! 人之生, 氣之聚也, 聚則爲
生, 散則爲死. 若死生爲徒, 吾又何患! 故萬物一也, 是其所
美者爲神奇, 其所惡者爲臭腐. 臭腐復化爲神奇, 神奇復化爲
臭腐. 故曰: '通天下一氣耳.' 聖人故貴一."

僞(위) : 속이다

復歸根(복귀근) : 가장 근원적인 원리인 도로 돌아가다

臭腐(취부) : 냄새나고 더럽다

貴一(귀일) : 일(一)은 도(道)를 의미한다. 도는 모든 것의 근본이 되는 유일한 원
리이므로 종종 '하나'라고 표현된다.

지가 황제에게 말했다. "내가 무위위에게 질문했더니 무위위는 대답
하지 않았습니다. 그런데 그것은 일부러 대답하지 않은 것이 아니라 무

슨 대답을 해야 할지 몰랐던 것입니다. 내가 광굴에게 질문했을 때는 광굴이 대답하려다가 도중에 멈추어 버렸습니다. 역시 일부러 알려주지 않은 것이 아니라 대답을 해주려다가 도중에 잊어버린 것이지요. 그런데 내가 지금 당신에게 질문을 했더니 당신은 잘 알고 있었습니다. 그런데 어째서 아직 멀었다고 하는 것입니까?"

황제가 말했다. "무위위가 진정으로 도를 깨달았다고 하는 것은 그가 원래부터 아무런 지식조차 지니지 않았기 때문이네. 광굴이 거의 근접했다고 하는 것은 자신이 알고 있던 것을 잊어버렸기 때문이네. 나와 자네가 아직 한참 멀었다고 하는 것은 바로 도를 알고 있기 때문일세."

知謂黃帝曰: "吾問無爲謂, 無爲謂不應我, 非不我應, 不知應我也. 吾問狂屈, 狂屈中欲告我而不我告, 非不我告, 中欲告而忘之也. 今予問乎若, 若知之, 奚故不近?" 黃帝曰: "彼其眞是也, 以其不知也. 此其似之也, 以其忘之也. 予與若終不近也, 以其知之也."

광굴이 이를 듣고 황제는 진정으로 '말'에 대해 이해하고 있다고 여겼다.

狂屈聞之, 以黃帝爲知言.

해설

도는 말로 표현할 수 없다. 이러한 생각은 장자의 매우 핵심적인 사상 가운데 하나다. 장자는 우리가 살고 있는 이 세계를 마치 무지개와 같이 연속된 것으로 보았다. 무지개는 흔히 빨강, 주황, 노랑, 초록, 파랑, 남색, 보라 등 총 7가지 색깔로 이루어져 있다고 여겨지지만, 실제로는 7개로 구분할 수 없는 무한한 색의 연속으로 이루어져 있다. 우리의 '생각'과 '말'은 이처럼 구분할 수 없는 것을 구분하여 나타낸다. 이 때문에 무지개가 7개 색깔을 가지고 있다고 말을 한다면 무지개를 완전히 표현했다고 볼 수는 없는 것이다. 도 역시 마찬가지다. 도를 말로 표현하는 순간 도를 제대로 표현할 수 없게 되어버린다. 따라서 장자는 도를 말로 표현하는 사람은 제대로 도를 깨달은 사람이 아니라고 말하고 있다.

2

천지는 큰 아름다움을 지니고 있지만, 이는 언어로 표현되지 않는다. 사계절은 분명한 법칙을 가지고 흘러가지만, 이를 변론할 수는 없다. 만물의 생성에는 일정한 이치가 있지만, 이를 말로 설명할 수는 없다. 성인은 이러한 천지 아름다움의 근원에 다가가고자 하고 만물의 이치에 통달하였다. 따라서 지인(至人)은 무위하고 성인은 억지로 일을 꾸미지 않는다고 하는 것은 천지의 이치를 꿰뚫고 있음을 말한 것이다.

天地有大美而不言, 四時有明法而不議, 萬物有成理而不說. 聖人者, 原天地之美而達萬物之理. 是故至人無爲, 大聖不作, 觀於天地之謂也.

大美(대미) : 위대한 아름다움. 도를 표현한 것이다.

明法(명법) : 분명한 법칙. 사계절은 항상 '봄 → 여름 → 가을 → 겨울'의 순서로
만 흘러갈 뿐 거꾸로 흘러가는 법은 없다.

천지는 신명스럽고 순수하여 우주만물의 각종 변화에 참여한다. 만물은 태어나기도 하고 죽기도 하고 둥근 모습을 하기도 하고 네모난 모습을 하기도 하지만, 그 변화를 일으키는 근원을 알지 못한다. 만물은 다양한 모습으로 본래부터 그렇게 존재해 왔을 뿐이다. 만물을 담고 있는 우주가 지극히 거대하다고 하나 그 근원의 범위를 벗어나지 않고, 가을 짐승의 털이 지극히 미세하다고 하나 그 근원에 의지해야만 미세한 형체를 이룰 수 있다. 세상의 모든 만물은 뜨고 가라앉고 하는 변화를 반복하면서 영원히 정해진 모습을 지니지 않는다. 음양과 사시의 운행은 각기 알맞은 질서가 있다. 이러한 모든 일의 근원은 흐릿하여 마치 존재하지 않는 것 같으면서도 분명히 존재하며, 어떤 형체도 없는 듯 보이지만 신묘한 작용이 있으니, 만물은 그 작용에 의해 길러지면서도 이를 자각조차 하지 못한다. 이를 가리켜 만물의 본원이라고 하니, 만물의 본원을 이해하면 자연의 이치를 꿰뚫을 수 있다.

今彼神明至精, 與彼百化, 物已死生方圓, 莫知其根也, 扁然而萬物自古以固存. 六合為巨, 未離其內. 秋豪為小, 待之成體. 天下莫不沈浮, 終身不故. 陰陽四時運行, 各得其序. 惛然若亡而存, 油然不形而神, 萬物畜而不知. 此之謂本根, 可以觀於天矣.

秋豪(추호) : 가을에 털갈이를 하는 동물의 털. 매우 작고 미세하다는 의미로 사

용된다.

本根(본근) : 가장 근본의 뿌리. 역시 도를 가리킨다.

해설

계속해서 자연의 원리는 말로 표현될 수 없다는 점을 설명한다. 이러한 원리를 '어둡고 흐리다'고 표현하는 것은 말이나 형태를 통해 분명히 드러낼 수 없다는 점을 강조하는 것이다.

3

설결이 피의에게 도에 관해 물었다. 피의가 대답했다. "몸을 바르게 하고, 주의를 한곳에 집중하면 자연의 조화로운 기가 너에게 이르게 될 것이다. 헛된 지식을 거두고 모든 것을 차별 없이 바라보면 정신이 모이고, 덕이 너의 미덕이 되며, 도가 너의 거처가 될 것이니, 너는 그저 갓 태어난 송아지처럼 무심한 모습을 하며 그 까닭에 대해서 억지로 추궁하지 않으면 그만이다."

그런데 피의의 말이 채 끝나기도 전에 설결은 꾸벅꾸벅 졸고 있었다. 그 모습을 본 피의는 설결이 참된 도를 이해하고 있다고 여겨 크게 기뻐했다. 기쁜 나머지 이렇게 노래를 부르고는 이내 떠나가 버렸다.

"육체는 흡사 마른 가지와도 같고, 마음은 불이 꺼진 재와 같구나. 참된 진실을 알고 있으면서도 스스로 자랑하지 않는다네. 무심하고 흐리멍덩한 태도로 어떤 꾀도 부리지 않는 저 사람은 과연 어떠한 자인가!"

齧缺問道乎被衣, 被衣曰: "若正汝形, 一汝視, 天和將至. 攝

汝知, 一汝度, 神將來舍. 德將為汝美, 道將為汝居, 汝瞳焉如
新出之犢而無求其故!" 言未卒, 齧缺睡寐. 被衣大說, 行歌而
去之, 曰:"形若槁骸, 心若死灰, 眞其實知, 不以故自持. 媒媒
晦晦, 無心而不可與謀. 彼何人哉!"

齧缺(설결) : 가상의 사람 이름. 왕예의 제자로 설정되어 있다.

被衣(피의) : 가상의 사람 이름. 왕예의 스승으로 설정되어 있다.

攝(섭) : 거두다

瞳焉(동언) : 무심한 모습을 표현하는 말

睡寐(수매) : 졸다

媒媒晦晦(매매회회) : 흐릿하고 어둑한 상태를 표현하는 말

謀(모): 의논하다, 상의하다

해설

제대로 도를 깨달은 사람은 '밝게' 드러나지 않는다. 자랑할 것도 없고 보
여줄 것도 없다. 말이나 지식으로 도를 구분하려 하지 않기 때문에 그저 무
심한 태도를 가지고 있을 뿐이다.

4

순임금이 승에게 물었다. "도라는 것은 깨달아서 가질 수 있는 것입
니까?"

승이 말했다. "당신의 몸조차도 당신이 지녔다고 할 수 없소. 어떻게
도를 지닐 수 있단 말이오?"

순임금이 말했다. "내 몸이 내 것이 아니라면 대체 누구 것이란 말입니까?"

승이 말했다. "천지자연이 잠시 당신에게 맡겨둔 형체일 뿐이오. 삶이란 것은 당신이 지니고 있는 것이 아니라 천지자연이 잠시 당신에게 맡겨둔 변화의 한 과정이라오. 타고난 성질과 운명이라는 것 역시 당신이 가진 것이 아니오. 천지자연이 당신에게 맡겨둔 순리라오. 자손도 역시 마찬가지요. 천지자연이 당신에게 번식을 맡겨둔 것이오. 따라서 어디로 갈지도 모르면서 움직이고 왜 머무르는지도 모르고 살아가고 맛도 느끼지 못한 채 음식을 먹는 것은 다 천지의 강한 기가 운동하여 일어나는 일일 뿐인데, 어찌 이 모든 것을 자신이 얻어서 지닐 수 있겠소?"

舜問乎丞曰: "道可得而有乎?" 曰: "汝身非汝有也, 汝何得有
夫道?" 舜曰: "吾身非吾有也, 孰有之哉?" 曰: "是天地之委形
也. 生非汝有, 是天地之委和也. 性命非汝有, 是天地之委順
也. 孫子非汝有, 是天地之委蛻也. 故行不知所往, 處不知所
持, 食不知所味. 天地之強陽氣也, 又胡可得而有邪?"

丞(승) : 사람 이름. 순임금의 스승으로 알려져 있다.

天地之委形(천지지위형) : 천지가 잠시 맡겨둔 형체. 형체라는 것은 영원한 것이
아니라 잠시 받아서 가지고 있는 것이라는 생각이 드러난다.

性命(성명) : 타고난 성질과 운명

蛻(태) : 허물을 벗다

해설

도는 겉으로 드러나지 않기 때문에 도를 지니고 있는 모든 사물은 자신이 도를 지니고 있다는 것을 알지 못한다. 마치 인간의 몸에 피가 흐르고 있지만 아무도 피가 흐른다는 사실을 느끼지 못하는 것처럼 말이다.

5

공자가 노담에게 말했다. "오늘은 한가하신 듯하니 지극한 도에 관해 여쭈어보고 싶습니다."

노담이 말했다. "그대는 우선 몸가짐을 깨끗이 하고 마음을 말끔히 씻어내며 쓸데없는 지식을 머릿속에서 비워내시오. 도는 까마득하여 도무지 말로는 설명할 수 없지만 당신을 위해 간단히 이야기를 해주겠소. 눈으로 볼 수 있는 밝은 것은 눈으로 볼 수 없는 어두운 것에서 생겨난다오. 형체가 있는 것은 형체가 없는 것으로부터 생겨나지요. 정신은 도에서 생겨나고 형체는 정기로부터 생기며 만물은 이 형체들이 서로 결합하여 생겨나는 것이오. 아홉 구멍을 가진 사람과 같은 짐승은 어미의 배 속에서 생겨나고 여덟 구멍을 가진 물고기와 같은 짐승은 알에서 생겨나오. 생겨날 적에는 어디서 오는지 흔적을 알 수 없고 죽어서 떠나갈 때도 어디로 가는지 끝을 알 수 없소. 들어오고 나가는 문도 없고 머무르는 방도 없으며 그저 삶과 죽음이 사방이 탁 트인 드넓은 공간에서 생겨나고 사라진다오. 이 오묘한 도에 따르는 자는 신체가 건강하고 생각이 순통하며 눈과 귀가 총명해지니 헛된 곳에 마음을 쓰지 않으며 사물을 대할 때도 막힘이 없소. 하늘도 도를 얻지 못하면 높을 수 없고 땅도 도를 얻지 못하면 넓을 수 없으며 해와 달도 도를 얻지 못하면 운행할 수 없고 만물도 도를 얻지 못하면 번창할 수 없소. 이것이 바로 도라는 것이오!

孔子問於老聃曰："今日晏閒, 敢問至道." 老聃曰："汝齊戒, 疏瀹而心, 澡雪而精神, 掊擊而知! 夫道, 窅然難言哉! 將為汝言其崖略. 夫昭昭生於冥冥, 有倫生於無形, 精神生於道, 形本生於精, 而萬物以形相生, 故九竅者胎生, 八竅者卵生. 其來無跡, 其往無崖, 無門無房, 四達之皇皇也. 邀於此者, 四肢彊, 思慮恂達, 耳目聰明, 其用心不勞, 其應物無方. 天不得不高, 地不得不廣, 日月不得不行, 萬物不得不昌, 此其道與!

晏閒(안한) : 편안하고 여유롭다

齊戒(제계) : 몸과 마음을 단정히 하고 조심히 하는 것

疏瀹(소약) : 씻어내다

澡雪(조설) : 깨끗하게 만들다

掊擊(부격) : 물리치다

窅然(요연) : 까마득히 깊은 모습을 표현하는 말

崖略(애략) : 대략

昭昭(소소) : 밝게 드러나 형체를 볼 수 있는 것

冥冥(명명) : 드러나지 않은 이면의 원리

胎生(태생) : 어미의 배 속에서 자라서 태어나는 것

卵生(난생) : 알에서 태어나는 것

四達(사달) : 사방으로 통하다

皇皇(황황) : 넓고 큰 모습을 표현하는 말

恂達(순달) : 통달하여 막힘이 없다

또한 박식하다고 해서 참된 앎을 지니고 있다고 할 수 없고, 논변에 능하다고 해도 참된 지혜가 있다고 할 수 없소. 도를 깨달은 성인은 이미 그런 것들을 끊어버렸소. 더하려 해도 더 이상 더할 수 없고, 덜어내려 해도 더 이상 덜어낼 수 없는 그 무언가가 바로 성인이 굳게 간직하고 있는 바요. 이는 마치 바다와 같이 깊으면서 산과 같이 우뚝 솟아 있고, 끊임없이 순환하고 운행하면서 만물을 빠뜨림 없이 움직이게 한다오. 그러니 세상의 군자들이 말하는 도란 모두 참된 도의 껍데기에 불과하오. 만물은 모두 이 도를 얻어 운행하지만, 도는 결코 부족해지는 법이 없소. 이것이 바로 도의 참된 모습이라오. 온 나라 안에 사람이 살고 있지만 이들은 음기나 양기 어느 하나로 이루어지지 않았소. 천지자연의 속에서 음양의 조화에 의해 잠시 사람의 형태를 빌려 살고 있는 것이오. 하지만 언젠가는 그 빌려온 모습을 버리고 근원으로 돌아갈 것이오. 만물의 근본이 되는 도의 상황에서 생각해 보면 삶이란 기운이 아주 일시적으로 모여 있는 것에 불과하다오. 그러니 그 가운데 오래 사는 것도 있고 일찍 죽는 것도 있겠으나, 서로 얼마나 차이가 나겠소? 인간의 일생이란 일순간에 지나지 않는데, 요임금은 옳고 걸임금은 그르다고 하는 판단이 어떻게 가능하겠소?

나무나 풀, 열매 하나하나에도 다 도의 이치가 깃들어 있소. 인륜의 도리 역시 참으로 복잡하고 어렵다고는 하나 이치가 서로 맞물려 이루어지는 것이라오. 성인은 어떤 일을 당해도 거스르지 않고 어떤 일이 지나가도 거기에 집착하지 않소. 자연의 운행에 따라 변화하면서 그저 일이 닥쳐오면 그대로 반응하는 것이 덕이요, 만나서 호응하는 것이 도니, 이 원리에 따라 제왕이 출현하게 되는 것이오.

인간이 천지자연 속에서 살아가는 것은 마치 달리는 말이 쏜살같이 지나가는 것과 같이 순식간이오. 모든 것은 스르륵하고 생겨났다가 다시 스르륵하고 사라진다오. 변화해서 생겨나는가 하면 변화해서 죽기도 하오. 이러한 과정을 생물이나 인간은 슬퍼하기 마련이지만, 실은 속박과 굴레에서 벗어나는 자연스러운 과정으로, 정신과 육체가 흩어져 원래의 상태로 돌아가는 것일 뿐이오. 그야말로 가장 위대한 회귀가 아니겠소? 무형이 유형으로 변하고, 유형에서 다시 무형으로 돌아가는 것은 모든 사람이 다 알고 있는 바요. 하지만 도를 깨우친 자는 이를 억지로 추구하려 하지 않소. 모든 사람이 이에 대해 왈가왈부 말을 하지만 도를 깨우친 자는 이에 대해 말하지 않소. 이를 논하는 자들이라면 도에 이를 수 없을 것이오. 도는 밝게 드러난 곳에서 찾을 수 없으니, 말로 논하려 하기보다는 침묵 속에서 깨달아야 하오. 도는 귀로 들을 수 없으니 귀를 막고 스스로 깨닫는 것이 더 나을 것이오. 이렇게 눈과 귀를 막고 스스로 깨닫는 것이 진정으로 도를 깨닫는 길이오."

且夫博之不必知, 辯之不必慧, 聖人以斷之矣. 若夫益之而不加益, 損之而不加損者, 聖人之所保也. 淵淵乎其若海, 魏魏乎其終則復始也, 運量萬物而不匱, 則君子之道, 彼其外與! 萬物皆往資焉而不匱, 此其道與! 中國有人焉, 非陰非陽, 處於天地之閒, 直且爲人, 將反於宗. 自本觀之, 生者, 暗醷物也. 雖有壽夭, 相去幾何? 須臾之說也. 奚足以爲堯, 桀之是非? 果蓏有理, 人倫雖難, 所以相齒. 聖人遭之而不違, 過之而不守. 調而應之, 德也. 偶而應之, 道也. 帝之所興, 王之所起也. 人生天地之間, 若白駒之過郤, 忽然而已. 注然勃然, 莫不出焉. 油然漻然, 莫不入焉. 已化而生, 又化而死, 生物哀之, 人類悲之. 解其天弢, 墮其天裘, 紛乎宛乎, 魂魄將往, 乃身從之, 乃大歸乎! 不形之形, 形之不形, 是人之所同知也, 非將至之所務也, 此眾人之所同論也. 彼至則不論, 論則不至. 明見無值, 辯不若默. 道不可聞, 聞不若塞. 此之謂大得."

淵淵乎(연연호) : 매우 깊은 모습을 표현하는 말

魏魏乎(위위호) : 끝없이 넓은 모습을 표현하는 말

匱(궤) : 다하다

中國(중국) : 온 나라 안

暗醷(음애) : 기가 잠깐 모이는 것

果蓏(과라) : 나무 열매와 풀 열매

白駒之過郤(백구지과극) : 빠른 말이 틈새를 지나가는 것과 같은 순식간의 일

油然漻然(유연류연) : 자연이 저절로 변화하는 모습을 표현하는 말

弢(도) : 활 통

裘(질) : 칼집

紛乎宛乎(분호완호) : 이리저리 흩날리는 모습을 표현하는 말

해설

도는 형체가 없고 드러나지 않으며 모든 것에 깃들어 있음을 계속 이야기하고 있다.

6

동곽자가 장자에게 물었다. "도라는 것은 대체 어디에 있습니까?"

장자가 말했다. "어디에도 없는 곳이 없소."

동곽자가 다시 물었다. "분명히 짚어 말씀해 주셔야 알 것 같습니다."

장자가 말했다. "땅강아지나 개미에게 있소."

동곽자가 말했다. "왜 그리 하찮은 곳에 있습니까?"

그러자 장자가 말했다. "돌피나 피와 같은 곡식에 있소."

동곽자가 말했다. "왜 더욱 하찮은 곳으로 내려가십니까?"

장자가 말했다. "기왓장이나 벽돌에 있소."

동곽자가 말했다. "더욱 심해지는군요."

장자가 말했다. "똥이나 오줌 속에 있소."

동곽자는 말문이 막혀 아무 대답도 하지 못했다.

장자가 말했다. "당신의 질문은 애초에 틀려먹었소. 시장을 감독하는 관리가 담당자에게 돼지를 눌러보아 살찐 모양을 확인할 때도 돼지의 넓적다리를 밟아보라고 시킨다오. 아래쪽을 살필수록 전체의 모습을 잘 알 수 있기 때문이오. 그러니 도가 구체적으로 어떤 사물 속에 있는지를 생각하려 하지 마시오. 모든 사물 속에 도가 있으며, 도는 사물을 넘어서 있지 않기 때문이오. 지극한 도는 바로 이런 것이고 위대한 가르침 역시 그러하오. 어디에나 있는 것이라오.

東郭子問於莊子曰:"所謂道, 惡乎在?"莊子曰:"無所不在."
東郭子曰:"期而後可."莊子曰:"在螻蟻."曰:"何其下邪?"曰:
"在稊稗."曰:"何其愈下邪?"曰:"在瓦甓."曰:"何其愈甚邪?"
曰:"在屎溺."東郭子不應. 莊子曰:"夫子之問也, 固不足質.

正獲之問於監市履狶也, 每下愈況. 汝唯莫必, 無乎逃物. 至
道若是, 大言亦然.

東郭子(동곽자) : 사람 이름. 동쪽 성곽에 산다고 해서 동곽자라는 이름이 붙었다.

螻蟻(루의) : 땅강아지와 개미. 하찮은 생물을 의미한다.

稊稗(제패) : 돌피와 피

瓦甓(와벽) : 기왓장과 벽돌

屎溺(시닉) : 똥과 오줌

正獲(정획) : 도축을 담당하는 관리

監市(감시) : 시장을 감독하는 관리

履狶(리시) : 돼지의 넓적다리를 밟음. 가장 살이 찌기 힘든 부분을 살펴 살이
쪘는지를 살펴보는 것. 가장 하찮은 곳에도 도가 있다는 이야기를 설명
하기 위한 사례다.

'두루', '널리', '모두' 이 세 단어는 이름은 다르지만 뜻은 모두 같소.
자, 그럼 시험 삼아 그 어떤 것도 존재하지 않는 광활한 경지에 마음을
두고, 만물과 혼연히 일체가 된다는 가정을 해보지 않겠소? 그 변화와
작용이 끝없이 무궁하지 않소? 다시 자연의 이치에 따르며 무위를 행해
보지 않겠소? 담담하고 고요하지 않소? 적막하고 청정하지 않소? 조화
롭고 느긋하지 않소? 그런 태도를 지니면 마음이 사물을 향해 흔들리는
법이 없고 마음이 다다르는 곳도 알지 못하오. 마음이 이리저리 오간다
고 해도 한 가지 일에 집착하는 경우가 없으니 어디에 머무를지도 알 수
가 없소. 그저 끝없이 넓은 세상에서 유유자적할 뿐이오. 위대한 지혜는

이 광활하고 적막한 경지에서 도와 함께 하나가 되지만, 결국 도의 끝을 알 수는 없다오.

만물을 이루는 조물자와 만물 간에는 서로 구분이 없소. 만물에 구분이 있다고 하는 것은 구체적 사물 간의 구분이오. 도의 처지에서 볼 때는 실제로 전혀 다르지 않은 차이이므로 실제로는 하나도 다르지 않은 거요. 차고 비며 높아지고 줄어드는 등의 현상에 대해 말하자면, 도는 만물을 차오르게 하고 비게 하지만, 정작 스스로는 차오르지 않고 비지도 않으며, 만물을 높아지고 줄어들게 하지만, 정작 스스로는 높아지거나 줄어들지 않으며, 만물을 시작하게 하고 끝나게 하지만, 정작 스스로는 시작되지 않고 끝나지 않으며, 만물을 모이고 흩어지게 하지만, 정작 스스로는 모이거나 흩어지는 법이 없소.”

周, 遍, 咸三者, 異名同實, 其指一也. 嘗相與游乎無何有之宮, 同合而論, 無所終窮乎! 嘗相與無爲乎! 澹而靜乎! 漠而淸乎! 調而閒乎! 寥已吾志, 無往焉而不知其所至. 去而來而不知其所止, 吾已往來焉而不知其所終. 彷徨乎馮閎, 大知入焉而不知其所窮. 物物者與物無際, 而物有際者, 所謂物際者也. 不際之際, 際之不際者也. 謂盈虛衰殺, 彼爲盈虛非盈虛, 彼爲衰殺非衰殺, 彼爲本末非本末, 彼爲積散非積散也.”

澹(담) : 맑다

寥(요) : 고요하다, 쓸쓸하다

馮閎(풍굉) : 커다란 공간

無際(무제) : 경계가 없다

積散(적산) : 모이고 흩어지다

해설

도라는 것은 특별한 곳에 있는 것이 아니다. 도는 모든 세상의 가장 근원의 원리다. 장자는 도가 땅강아지나 개미는 물론이고 벽돌이나 똥, 오줌에도 있다고 말하고 있다. 생각해 보자. 똥은 거름이 되어 다른 식물을 자라게 만들어 준다. 그 식물을 먹고 동물이 자라고 동물은 다시 죽어 흙으로 돌아간다. 이처럼 생물이든 무생물이든 모두 어떤 자연의 법칙에 따라 생겨나고 사라진다. 장자는 이러한 자연의 법칙을 도라고 불렀던 것이다.

7

아하감이 신농씨와 함께 노룡길에게서 가르침을 받았다. 하루는 신농씨가 책상에 기대어 잠을 청하고 있는데 아하감이 문을 열고 들어와 "스승님께서 돌아가셨소!" 하고 외쳤다.

신농씨는 책상에 기대어 있다가 지팡이를 짚고 일어나더니, 휙 지팡이를 집어 던지고는 웃으며 말했다. "스승님께서 내가 식견이 좁고 방탕한 인간이라는 것을 알고 계셔서 나를 버리고 돌아가신 것이다. 이제 끝이구나! 나를 깨우쳐 줄 참된 말씀을 남기지 않고 돌아가셨구나!"

婀荷甘與神農同學於老龍吉. 神農隱几闔戶晝瞑, 婀荷甘日中奓戶而入, 曰: "老龍死矣!" 神農隱几擁杖而起, 曝然放杖而笑, 曰: "天知予僻陋慢訑, 故棄予而死. 已矣! 夫子無所發予之狂言而死矣夫!"

婀荷甘(아하감) : 사람 이름. 성은 아(婀), 하감(荷甘)은 자(字)

老龍吉(노룡길) : 사람 이름. 도를 깨달은 사람으로 묘사된다.

隱几(은궤) : 책상에 비스듬히 기대다

晝暝(주명) : 낮잠

擁杖(옹장) : 지팡이를 짚다

㗲然(박연) : 지팡이를 내던지는 소리

僻陋慢訑(벽루만이) : 속이 좁고 거짓말을 잘하고 엉터리 같은 사람

엄강적이 이 이야기를 듣고 말했다. "도를 체득한 사람은 천하의 모든 군자가 그에게 와서 귀의하기 마련이다. 그런데 노룡길은 도에 대해 털끝 한 올의 만분의 일조차도 알지 못하는데도 참된 말을 마음속에 감출 줄을 알고 죽었다. 그런데 도를 진정으로 체득한 사람은 어떻겠는가? 도는 보고자 해도 형체가 없으며, 듣고자 해도 소리가 없다. 그래서 도를 표현할 때에 어둑어둑하다고 말하는 것이니, 우리가 말로 논하는 도는 진정한 도가 아니다."

弇堈弔聞之, 曰:"夫體道者, 天下之君子所繫焉. 今於道, 秋豪之端, 萬分未得處一焉, 而猶知藏其狂言而死, 又況夫體道者乎! 視之無形, 聽之無聲, 於人之論者, 謂之冥冥, 所以論道, 而非道也."

弇堈弔(엄강적) : 사람 이름. 도를 깨달은 사람으로 묘사된다.

繫(계) : 매달리다

태청이 무궁에게 물었다. "당신은 도를 알고 있소?"

무궁이 말했다. "나는 모르오."

태청이 이번에는 무위에게 물었다.

무위가 말했다. "나는 도를 알고 있소."

태청이 말했다. "당신은 도를 안다고 했는데, 도에 무슨 특징이라도 있는 것이오?"

무위가 말했다. "있소."

태청이 말했다. "그 특징이란 어떤 것이오?"

무위가 말했다. "나는 도가 귀해질 수 있음을 알고 도가 천해질 수 있음을 알며 도가 모일 수 있음을 알고 도가 흩어질 수 있음을 안다오. 이 것이 내가 도를 이해하는 방식이오."

태청이 이 이야기를 무시에게 하면서 물었다. "무궁은 도에 대해 아무것도 모른다고 하고, 무위는 도에 대해 알고 있다고 하는데 무엇이 옳고 무엇이 그른 것이오?"

무시가 말했다. "알지 못한다고 말하는 것은 도를 깊이 깨닫고 있기 때문이고 도를 안다고 말하는 것은 도를 얕게 깨닫고 있기 때문이네. 알지 못한다고 한 것은 도의 심오한 내면을 가리키고, 알고 있다고 한 것은 도의 외피에 불과하네."

이 말을 듣고 태청이 크게 탄식하며 말했다. "아, 알지 못하는 것이 실은 아는 것이고, 아는 것이 실은 알지 못하는 것이로구나! 알지 못하는 것이 실제로 아는 것임을 그 누가 이해하겠는가?"

무시가 말했다. "도는 들을 수 없으니 만약 들을 수 있다면 도가 아니오. 도는 볼 수 없으니 볼 수 있다면 도가 아닌 것이오. 또한 도는 말해질 수 없으니 말해진다면 그것은 도가 아니라오. 형체를 드러나게 하는 것은 정작 형체가 없다는 사실을 이해할 수 있겠소? 따라서 도에는 어떠한 이름도 붙일 수 없는 것이오."

무시가 말했다. "도에 관해 물었을 때 그에 대해 대답한다면 실은 도를 알지 못하는 것이니, 도에 관해 묻더라도 제대로 된 답을 들을 수 없소. 도는 물을 수 없는 것이니 대답할 수도 없는 것이기 때문이오. 물을 수 없는 것에 대해서 물었다면 이는 없는 것을 질문한 셈이고, 대답할 수 없는 것을 대답했다면 이는 아무것도 아닌 대답일 것이오. 물을 수 없는 질문에 아무것도 아닌 대답을 내놓는 자가 있다면 이는 밖으로는 우주의 신비함을 알지 못하고 안으로는 만물이 시작되는 태초의 근원을 알지 못하는 자라고 할 수 있소. 이런 자는 결코 곤륜과 같은 높은 경지에 오를 수 없고, 태허의 세계에서 노닐지 못할 것이오."

於是泰清問乎無窮曰:"子知道乎?"無窮曰:"吾不知." 又問乎無為. 無為曰:"吾知道." 曰:"子之知道, 亦有數乎?"曰:"有." 曰:"其數若何?"無為曰:"吾知道之可以貴, 可以賤, 可以約, 可以散. 此吾所以知道之數也."泰清以之言也問乎無始, 曰: "若是, 則無窮之弗知, 與無為之知, 孰是而孰非乎?"無始曰: "不知深矣, 知之淺矣. 弗知內矣, 知之外矣."於是泰清中而歎曰:"弗知乃知乎! 知乃不知乎! 孰知不知之知?"無始曰: "道不可聞, 聞而非也. 道不可見, 見而非也. 道不可言, 言而非也. 知形形之不形乎? 道不當名."無始曰:"有問道而應之者, 不知道也. 雖問道者, 亦未聞道. 道無問, 問無應. 無問問之, 是問窮也. 無應應之, 是無內也. 以無內待問窮, 若是者, 外不觀乎宇宙, 內不知乎太初, 是以不過乎崑崙, 不遊乎太虛."

泰淸(태청) : 가상의 사람 이름

無窮(무궁) : 가상의 사람 이름

無爲(무위) : 가상의 사람 이름

無始(무시) : 가상의 사람 이름

해설

계속해서 도의 특징을 설명한다. 도는 말할 수도 표현할 수도 없어서 볼 수도 없고 들을 수도 없는 것이다.

8

광요가 무유에게 물었다. "스승님은 대체 있는 것입니까, 없는 것입니까?"

하지만 무유는 아무 대답도 하지 않아 광요는 더 이상 물을 수 없었다. 그 모습을 찬찬히 바라보니 아득하고 휑하여 마치 텅 빈 것만 같았다. 온종일 그를 바라보아도 보이지 않았으며 그의 인기척을 들으려고 해도 들리지 않았으며 잡으려 해도 잡히지 않았다.

광요가 말했다. "지극한 경지로구나! 과연 누가 이처럼 지극히 높은 경지에 오를 수 있을까! 나는 무(無)의 경지에는 이를 수 있을지언정 무(無)조차 없는 경지에는 이르지 못했구나. 여전히 유(有)와 무(無)를 구분하면서 어떻게 이러한 경지에 이를 수 있겠는가?"

光曜問乎無有曰: "夫子有乎, 其無有乎?"光曜不得問, 而孰視其狀貌, 窅然空然, 終日視之而不見, 聽之而不聞, 搏之而不得也. 光曜曰: "至矣! 其孰能至此乎! 予能有無矣, 而未能無無也, 及為無有矣, 何從至此哉!"

光曜(광요) : 가상의 사람 이름

無有(무유) : 가상의 사람 이름

狀貌(상모) : 모습

窅然空然(요연공연) : 아무것도 없는 허무한 모습을 표현하는 말

9

초나라 대사마의 집안에 창이나 극과 같은 병기를 만드는 장인이 있었다. 그는 나이가 80세가 되었는데도 실수 하나 없이 완벽했다. 대사마가 그것을 보고 말했다. "그대의 기술은 참으로 뛰어나구나. 무슨 특별한 방법이라도 있는 것인가?"

장인이 말했다. "특별한 방법은 없지만 마음속에 간직한 원칙이 하나 있습니다. 저는 20세 때부터 창과 같은 병기를 만드는 것을 좋아했는데 다른 것에는 눈길도 주지 않고 오직 병기가 아니면 살펴보지 않았습니다." 병기를 만들 때에 다른 곳에 마음을 두지 않고 오직 병기에만 마음을 두었기에 좋은 물건을 만들 수 있었다. 그런데 마음을 다른 곳에 두지 않는다는 의식조차 없는 완전한 무심의 상태에 이른 자라면 과연 무엇이 그를 돕지 않을 수 있겠는가?

大馬之捶鉤者, 年八十矣, 而不失豪芒. 大馬曰:"子巧與? 有
道與?"曰:"臣有守也. 臣之年二十而好捶鉤, 於物無視也, 非
鉤無察也."是用之者, 假不用者也以長得其用, 而況乎無不
用者乎! 物孰不資焉?

大馬(대마) : 벼슬 이름. 대사마(大司馬)를 가리킨다.

鉤(구) : 갈고리 창

豪芒(호망) : 아주 작은 실수나 허점

해설

특정한 '생각'과 '말'과 '기술'로는 제대로 도를 담아낼 수 없다. 자신의 생
각을 비우고, 나아가 생각을 그러한 의식조차 없앤 완전한 무위와 무심의
상태에 이르러야 온전히 사물을 받아들일 수 있게 된다.

10

염구가 공자에게 물었다. "세상이 존재하기 이전의 일을 알 수가 있
습니까?"

공자가 말했다. "알 수 있다. 옛날이나 지금이나 같다."

염구는 더 이상 물을 수 없어 물러났다가 다음 날 다시 공자를 찾아
뵙고 말했다. "어제 제가 세상이 존재하기 이전의 일을 알 수가 있느냐
고 여쭈었을 때, 스승님께서는 '알 수 있다. 옛날이나 지금이나 같다'고
답하셨습니다. 어제는 그 말을 듣고 저도 분명히 이해를 할 수 있을 것
같았는데 오늘이 되니 다시 알지 못하게 되었습니다. 무슨 말씀이신지

다시 여쭙고 싶습니다." 공자가 말했다. "어제 네가 밝게 알았던 것은 정신의 작용으로 이해했기 때문이다. 하지만 오늘 알지 못하게 된 것은 정신의 작용으로 이해하려 하지 않고 억지로 뜻을 생각하려 했기 때문일 것이다. 옛날이 없으면 지금도 없고, 시작이 없으면 끝도 없다. 자손을 낳지 않았는데 자손이 이어진다는 것이 말이 되겠느냐?"

염구가 대답하지 못하자 공자가 계속해서 말했다. "그만두어라. 대답할 수 없을 것이다. 자연의 원리는 다음과 같다. 살아 있는 것을 기준으로 하여 죽은 것을 살리는 법도 없고, 죽은 것을 기준으로 하여 살아 있는 것을 죽이는 법도 없다. 삶과 죽음이란 서로 맞닿아 있는 것 아니겠느냐? 넓은 관점에서 보면 모두 다 똑같은 것이다. 천지보다 앞서서 있는 사물이 있을까? 그렇지 않다. 사물을 생기게 하는 도는 사물이 아니다. 사물은 사물이 나타나기 전의 더 앞선 상태에서는 나타날 수가 없다. 이미 사물이 생겨난 상태에서 사물이 사물을 낳아서 그침이 없는 것이 자연의 원리인 것이다. 성인이 사람을 사랑할 때에 그침이 없는 것도 다 여기에서 배운 것이다."

冉求問於仲尼曰: "未有天地可知邪?" 仲尼曰: "可. 古猶今也." 冉求失問而退, 明日復見, 曰: "昔者吾問 '未有天地可知乎', 夫子曰: '可. 古猶今也.' 昔者吾昭然, 今日吾昧然, 敢問何謂也?" 仲尼曰: "昔之昭然也, 神者先受之. 今之昧然也, 且又為不神者求邪? 無古無今, 無始無終. 未有子孫而有子孫, 可乎?" 冉求未對. 仲尼曰: "已矣, 末應矣! 不以生生死, 不以死死生. 死生有待邪? 皆有所一體. 有先天地生者物邪? 物物者非物. 物出不得先物也, 猶其有物也. 猶其有物也, 無已. 聖人之愛人也終無已者, 亦乃取於是者也."

冉求(염구) : 공자의 제자
古猶今(고유금) : 옛날과 지금은 같다. 시간이 변해도 변하지 않는 자연의 법칙이
　　　있다는 의미

11

안연이 공자에게 물었다. "제가 예전에 스승님께 들었던 말 가운데
'가는 것을 환송하지 말고, 오는 것을 환영하지 말라'라는 말이 있습니
다. 어떻게 하면 그러한 경지에서 노닐 수 있을까요?"

공자가 말했다. "옛날의 사람들은 겉으로는 변화에 따라 대응하면서
도 내면이 변하는 경우는 없었다. 하지만 지금 사람들은 내면이 흔들려
오히려 외부의 변화에는 제대로 대응하지 못하고 있지. 외물의 변화에
그대로 따르면 내면은 오히려 고요히 한곳에 머무르니 변화하지 않을
수 있다. 이렇게 한다면, 변화하거나 변화하지 않으나 그저 자연의 흐름
에 편안히 따라 한쪽에 치우치지 않을 수 있다. 희위씨의 동산과 황제의
들판과 유우씨의 궁전과 탕왕, 무왕의 집이 바로 그런 곳이었다. 하지만
나중에 이르러서는 군자라고 하는 자들조차 유가나 묵가의 가르침을
배워서는 옳고 그름을 따지며 서로 싸워대는데, 평범한 사람들이야 말
할 것이 있겠는가?

顏淵問乎仲尼曰: "回嘗聞諸夫子曰: '無有所將, 無有所迎.'
回敢問其遊." 仲尼曰: "古之人, 外化而內不化. 今之人, 內化

而外不化. 與物化者, 一不化者也. 安化安不化, 安與之相靡,
必與之莫多. 狶韋氏之囿, 黃帝之圃, 有虞氏之宮, 湯, 武之室.
君子之人, 若儒, 墨者師, 故以是非相韲也, 而況今之人乎!

靡(미) : 따르다

狶韋氏(희위씨) : 고대의 전설상의 제왕

囿(유) : 동산, 유원지

圃(포) : 들판

성인은 다른 것들과 함께 처하면서도 이들에게 해를 입히는 법이 없
다. 다른 것에게 해를 입히지 않으므로 자신도 해를 입지 않는다. 이처
럼 해를 끼치지 않는 자만이 남들과 잘 어울릴 수 있다. 저 산림과 숲을
보라! 그 아름다운 경치는 나를 즐겁게 만들어 준다. 하지만 이 즐거움
이 가시기도 전에 슬픔이 잇달아 찾아오기도 한다. 즐거움과 슬픔의 감
정이 찾아오고 떠나는 것은 내가 막을 방법이 없다. 참으로 슬프도다!
세상 사람들은 외물에 의해 감정이 이리저리 끌려다니는 감정의 집합
소나 다름이 없구나. 사람들은 자신이 경험해 본 것은 알지만, 경험해
보지 못한 것은 알지 못한다. 능력이 미치는 것은 할 수 있지만, 능력이
미치지 못하는 것은 하지 못한다. 이처럼 알지 못하는 것과 하지 못하는
것은 사람에게 불가피한 것이나, 이러한 불가피한 것을 억지로 추구하
고자 하니 어찌 슬프지 않겠는가? 지극한 말이란 말을 떠나서 존재하고
지극한 행동이란 행동을 떠나서 존재하는 것이다. 인간이 알 수 있는 것
을 가지고 모든 것을 다스리려고 한다면 그저 천박한 지식에 지나지 않

을 것이다."

聖人處物不傷物. 不傷物者, 物亦不能傷也. 唯無所傷者, 為
能與人相將, 迎. 山林與! 皐壤與! 使我欣欣然而樂與! 樂未
畢也, 哀又繼之. 哀樂之來, 吾不能禦, 其去弗能止. 悲夫! 世
人直為物逆旅耳! 夫知遇而不知所不遇, 知能能而不能所不
能. 無知無能者, 固人之所不免也. 夫務免乎人之所不免者,
豈不亦悲哉! 至言去言, 至為去為. 齊知之所知, 則淺矣."

皐壤(고양) : 늪지 땅

欣欣然(흔흔연) : 기뻐하는 모습을 표현하는 말

畢(필) : 마치다, 다하다

禦(어) : 막다, 금지하다

해설

사람을 사귀는데 어떤 조건에 들어맞는 사람만 만난다고 생각하면 모든
사람과 사귈 수 없다. 조건에 맞는 사람만 만날 수 있다. 이와 마찬가지로
자신이 어떤 생각을 가지고 사물을 대하면 그 생각에 맞추어 사물을 대하
므로 모든 사물을 제대로 대할 수 없다. 예를 들어, 산의 경치를 바라보는
데 밝은 부분을 보아야겠다고 생각하면 밝은 부분을 볼 수 있지만 동시에
어두운 부분도 알게 되는 것과 마찬가지다. 그래서 장자는 인간이 좁은 지
식으로 모든 것을 이해하려는 태도가 위험하다고 강조하는 것이다.

슬기바다 16

장자-외편(莊子-外篇)

초판 1쇄 인쇄일 2021년 09월 24일
초판 1쇄 발행일 2021년 10월 01일

지은이	장자
옮긴이	오현중
발행인	이지연
주간	이미숙
책임편집	정윤정
책임디자인	이경진
	권지은
마케팅	이운섭
경영지원	이지연

발행처	도서출판 홍익
출판등록번호	제 2020-000321 호
출판등록	2020년 08월 24일
주소	서울시 마포구 독막로18길 12, 2층(상수동)
대표전화	02-323-0421
팩스	02-337-0569
메일	editor@hongikbooks.com

제작처	갑우문화사

ISBN 979-11-9180-502-4 (04100)